卞尺丹几乙し丹卞と

Translated Language Learning

Siddhartha

- **Eine Indische Dichtung**
- An Indian Novel

Hermann Hesse

Deutsch / English

Copyright © 2022 Tranzlaty
All rights reserved
Published by Tranzlaty
Siddhartha – Eine Indische Dichtung
Siddhartha – An Indian Novel
ISBN: 978-1-83566-099-7
Original text by Hermann Hesse
First published in German in 1922
www.tranzlaty.com

Erster Teil – Part One
***

1. **Der Sohn des Brahman**
   The Son of the Brahman
24. **Mit den Samanas**
   With the Samanas
50. **Gotama**
75. **Erwachen**
   Awakening

Zweiter Teil – Part Two
***

87. **Kamala**
122. **Mit den kindlichen Menschen**
   With the Childlike People
145. **Sansara**
170. **Am Fluss**
   By the River
202. **Der Fährmann**
   The Ferryman
236. **Der Sohn**
   The Son
262. **Om**
281. **Govinda**

Erster Teil – Part One
***
Der Sohn des Brahman
The Son of the Brahman

Im Schatten des Hauses
In the shade of the house
in der Sonne des Flussufers
in the sunshine of the riverbank
in der Nähe der Boote
near the boats
im Schatten des Sal-Waldes
in the shade of the Sal-wood forest
im Schatten des Feigenbaums
in the shade of the fig tree
hier wuchs Siddhartha auf
this is where Siddhartha grew up
er war der schöne Sohn eines Brahmanen, des jungen Falken
he was the handsome son of a Brahman, the young falcon
er wuchs mit seinem Freund Govinda auf
he grew up with his friend Govinda
Govinda war auch der Sohn eines Brahmanen
Govinda was also the son of a Brahman
Am Ufer des Flusses bräunte die Sonne seine hellen Schultern
by the banks of the river the sun tanned his light shoulders
Baden, die heiligen Waschungen vollziehen, heilige Opfergaben darbringen
bathing, performing the sacred ablutions, making sacred offerings
Im Mangogarten fiel Schatten in seine schwarzen Augen
In the mango garden, shade poured into his black eyes
als er als Junge spielte, als seine Mutter sang
when playing as a boy, when his mother sang
als die heiligen Opfergaben dargebracht wurden
when the sacred offerings were made

als sein Vater, der Gelehrte, ihn unterrichtete
when his father, the scholar, taught him
als die Weisen redeten
when the wise men talked
Schon lange hatte Siddhartha an den Gesprächen der Weisen teilgenommen
For a long time, Siddhartha had been partaking in the discussions of the wise men
er übte sich im Debattieren mit Govinda
he practiced debating with Govinda
er übte die Kunst der Reflexion bei Govinda
he practiced the art of reflection with Govinda
und er praktizierte Meditation
and he practiced meditation
Er wusste bereits, wie man das Om leise spricht
He already knew how to speak the Om silently
Er kannte das Wort der Worte
he knew the word of words
Er sprach es leise in sich hinein, während er einatmete
he spoke it silently into himself while inhaling
Er sprach es leise aus sich heraus, während er ausatmete
he spoke it silently out of himself while exhaling
Er tat dies mit der ganzen Konzentration seiner Seele
he did this with all the concentration of his soul
Seine Stirn war von der Glut des klar denkenden Geistes umgeben
his forehead was surrounded by the glow of the clear-thinking spirit
Er wusste bereits, Atman in den Tiefen seines Wesens zu spüren
He already knew how to feel Atman in the depths of his being
Er spürte das Unzerstörbare
he could feel the indestructible
Er wusste, was es heißt, eins mit dem Universum zu sein
he knew what it was to be at one with the universe
Freude hüpfte im Herzen seines Vaters
Joy leapt in his father's heart

weil sein Sohn schnell lernte
because his son was quick to learn
Er war wissbegierig
he was thirsty for knowledge
Sein Vater konnte sehen, wie er zu einem großen weisen Mann heranwuchs
his father could see him growing up to become a great wise man
Er konnte sich vorstellen, Priester zu werden
he could see him becoming a priest
er konnte sehen, wie er ein Prinz unter den Brahmanen wurde
he could see him becoming a prince among the Brahmans
Bliss sprang in die Brust seiner Mutter, als sie ihn gehen sah
Bliss leapt in his mother's breast when she saw him walking
Glückseligkeit hüpfte in ihrem Herzen, als sie sah, wie er sich setzte und aufstand
Bliss leapt in her heart when she saw him sit down and get up
Siddhartha war stark und schön
Siddhartha was strong and handsome
Er, der auf schlanken Beinen ging
he, who was walking on slender legs
Er begrüßte sie mit vollkommenem Respekt
he greeted her with perfect respect
Liebe berührte die Herzen der jungen Töchter der Brahmanen
Love touched the hearts of the Brahmans' young daughters
sie waren entzückt, als Siddhartha durch die Gassen der Stadt ging
they were charmed when Siddhartha walked through the lanes of the town
seine leuchtende Stirn, seine Augen eines Königs, seine schlanken Hüften
his luminous forehead, his eyes of a king, his slim hips
Vor allem aber wurde er von Govinda geliebt
But most of all he was loved by Govinda
Govinda, sein Freund, der Sohn eines Brahmanen

Govinda, his friend, the son of a Brahman
Er liebte Siddharthas Auge und seine süße Stimme
He loved Siddhartha's eye and sweet voice
Er liebte die Art und Weise, wie er ging
he loved the way he walked
und er liebte den vollkommenen Anstand seiner Bewegungen
and he loved the perfect decency of his movements
er liebte alles, was Siddhartha tat und sagte
he loved everything Siddhartha did and said
Aber was er am meisten liebte, war sein Geist
but what he loved most was his spirit
Er liebte seine transzendenten, feurigen Gedanken
he loved his transcendent, fiery thoughts
Er liebte seinen glühenden Willen und seine hohe Berufung
he loved his ardent will and high calling
Govinda wusste, dass er kein gewöhnlicher Brahmane werden würde
Govinda knew he would not become a common Brahman
Nein, er würde kein fauler Beamter werden
no, he would not become a lazy official
Nein, er würde kein habgieriger Kaufmann werden
no, he would not become a greedy merchant
kein eitler, nichtssagender Redner
not a vain, vacuous speaker
noch ein gemeiner, betrügerischer Priester
nor a mean, deceitful priest
und würde auch kein anständiges, dummes Schaf werden
and also would not become a decent, stupid sheep
ein Schaf in der Herde der Vielen
a sheep in the herd of the many
Und er wollte nicht eines dieser Dinge werden
and he did not want to become one of those things
er wollte nicht einer dieser Zehntausende von Brahmanen sein
he did not want to be one of those tens of thousands of Brahmans

Er wollte Siddhartha, dem Geliebten, dem Prächtigen, nachfolgen
He wanted to follow Siddhartha, the beloved, the splendid
in den kommenden Tagen, wenn Siddhartha ein Gott werden würde, würde er dort sein
in days to come, when Siddhartha would become a god, he would be there
Wenn er sich dem Ruhmreichen anschließen würde, würde er dort sein
when he would join the glorious, he would be there
Govinda wollte ihm als Freund folgen
Govinda wanted to follow him as his friend
Er war sein Gefährte und sein Diener
he was his companion and his servant
Er war sein Speerträger und sein Schatten
he was his spear-carrier and his shadow
Siddhartha wurde von allen geliebt
Siddhartha was loved by everyone
Er war eine Quelle der Freude für alle
He was a source of joy for everybody
Er war eine Freude für sie alle
he was a delight for them all
Aber er, Siddhartha, war für sich selbst kein Quell der Freude
But he, Siddhartha, was not a source of joy for himself
Er fand kein Gefallen an sich selbst
he found no delight in himself
Er ging auf den rosigen Pfaden des Feigenbaumgartens
he walked the rosy paths of the fig tree garden
Er saß im bläulichen Schatten im Garten der Kontemplation
he sat in the bluish shade in the garden of contemplation
Er wusch seine Glieder täglich im Bad der Buße
he washed his limbs daily in the bath of repentance
Er brachte Opfer im dämmrigen Schatten des Mangowaldes dar
he made sacrifices in the dim shade of the mango forest
Seine Gesten waren von vollkommenem Anstand

his gestures were of perfect decency
Er war jedermanns Liebe und Freude
he was everyone's love and joy
aber es fehlte ihm noch alle Freude im Herzen
but he still lacked all joy in his heart
Träume und unruhige Gedanken kamen ihm in den Sinn
Dreams and restless thoughts came into his mind
Seine Träume flossen aus dem Wasser des Flusses
his dreams flowed from the water of the river
Seine Träume entzündeten sich an den Sternen der Nacht
his dreams sparked from the stars of the night
seine Träume schmolzen aus den Strahlen der Sonne
his dreams melted from the beams of the sun
Träume kamen zu ihm, und eine Unruhe der Seele überkam ihn
dreams came to him, and a restlessness of the soul came to him
seine Seele qualmte von den Opfern
his soul was fuming from the sacrifices
hauchte er aus den Versen des Rigveda
he breathed forth from the verses of the Rig-Veda
Die Verse wurden ihm Tropfen für Tropfen eingeflößt
the verses were infused into him, drop by drop
die Verse aus den Lehren der alten Brahmanen
the verses from the teachings of the old Brahmans
Siddhartha hatte angefangen, Unzufriedenheit in sich zu nähren
Siddhartha had started to nurse discontent in himself
Er hatte begonnen, an der Liebe seines Vaters zu zweifeln
he had started to feel doubt about the love of his father
Er zweifelte an der Liebe seiner Mutter
he doubted the love of his mother
und er zweifelte an der Liebe seines Freundes Govinda
and he doubted the love of his friend, Govinda
Er zweifelte, ob ihre Liebe ihm für immer und ewig Freude bereiten würde
he doubted if their love could bring him joy for ever and ever

ihre Liebe konnte ihn nicht nähren
their love could not nurse him
ihre Liebe konnte ihn nicht ernähren
their love could not feed him
ihre Liebe konnte ihn nicht befriedigen
their love could not satisfy him
Er hatte angefangen, die Lehren seines Vaters zu verdächtigen
he had started to suspect his father's teachings
Vielleicht hatte er ihm alles gezeigt, was er wusste
perhaps he had shown him everything he knew
da waren seine anderen Lehrer, die weisen Brahmanen
there were his other teachers, the wise Brahmans
Vielleicht hatten sie ihm bereits das Beste ihrer Weisheit offenbart
perhaps they had already revealed to him the best of their wisdom
Er befürchtete, dass sie sein erwartungsvolles Gefäß bereits gefüllt hatten
he feared that they had already filled his expecting vessel
Trotz des Reichtums ihrer Lehren war das Gefäß nicht voll
despite the richness of their teachings, the vessel was not full
Der Geist war nicht zufrieden
the spirit was not content
Die Seele war nicht ruhig
the soul was not calm
das Herz war nicht befriedigt
the heart was not satisfied
Die Waschungen waren gut, aber sie waren Wasser
the ablutions were good, but they were water
Die Waschungen haben die Sünde nicht abgewaschen
the ablutions did not wash off the sin
sie heilten den Durst des Geistes nicht
they did not heal the spirit's thirst
Sie linderten nicht die Furcht in seinem Herzen
they did not relieve the fear in his heart
Die Opfer und die Anrufung der Götter waren

ausgezeichnet
The sacrifices and the invocation of the gods were excellent
Aber war das alles?
but was that all there was?
Gaben die Opfer ein glückliches Glück?
did the sacrifices give a happy fortune?
Und was ist mit den Göttern?
and what about the gods?
War es wirklich Prajapati, der die Welt erschaffen hatte?
Was it really Prajapati who had created the world?
War es nicht der Atman, der die Welt erschaffen hatte?
Was it not the Atman who had created the world?
Atman, der Einzige, der Einzigartige
Atman, the only one, the singular one
Waren die Götter nicht Schöpfungen?
Were the gods not creations?
Wurden sie nicht erschaffen wie ich und du?
were they not created like me and you?
Waren die Götter nicht der Zeit unterworfen?
were the Gods not subject to time?
waren die Götter sterblich? War es gut?
were the Gods mortal? Was it good?
War es richtig? War es sinnvoll?
was it right? was it meaningful?
War es die höchste Beschäftigung, den Göttern Opfergaben darzubringen?
was it the highest occupation to make offerings to the gods?
Für wen sonst sollten Opfergaben dargebracht werden?
For whom else were offerings to be made?
Wer sollte noch angebetet werden?
who else was to be worshipped?
Wer sonst war da, wenn nicht Ihn?
who else was there, but Him?
Der einzige, der Atman
The only one, the Atman
Und wo war Atman zu finden?
And where was Atman to be found?

wo wohnte er?
where did He reside?
wo schlug sein ewiges Herz?
where did His eternal heart beat?
Wo sonst, wenn nicht in sich selbst?
where else but in one's own self?
in seinem innersten, unzerstörbaren Teil
in its innermost indestructible part
Konnte er das sein, was jeder in sich hatte?
could he be that which everyone had in himself?
Aber wo war dieses Ich?
But where was this self?
Wo war dieses Innerste?
where was this innermost part?
Wo war dieser ultimative Teil?
where was this ultimate part?
Es war nicht aus Fleisch und Knochen
It was not flesh and bone
Es war weder Gedanke noch Bewußtsein
it was neither thought nor consciousness
Das haben die Klügsten gelehrt
this is what the wisest ones taught
Wo war es also?
So where was it?
das Selbst, ich selbst, der Atman
the self, myself, the Atman
Um an diesen Ort zu gelangen, gab es einen anderen Weg
To reach this place, there was another way
War es wert, nach diesem anderen Weg zu suchen?
was this other way worth looking for?
Leider hat ihm niemand diesen Weg gezeigt
Alas, nobody showed him this way
Niemand kannte diesen anderen Weg
nobody knew this other way
sein Vater wusste es nicht
his father did not know it
und die Lehrer und Weisen wußten es nicht

and the teachers and wise men did not know it
Sie wußten alles, die Brahmanen
They knew everything, the Brahmans
und ihre heiligen Bücher wußten alles
and their holy books knew everything
Sie hatten sich um alles gekümmert
they had taken care of everything
Sie kümmerten sich um die Erschaffung der Welt
they took care of the creation of the world
Sie beschrieben die Herkunft des Sprechens, des Essens, des Einatmens, des Ausatmens
they described origin of speech, food, inhaling, exhaling
Sie beschrieben die Anordnung der Sinne
they described the arrangement of the senses
Sie beschrieben die Taten der Götter
they described the acts of the gods
Ihre Bücher wussten unendlich viel
their books knew infinitely much
Aber war es wertvoll, das alles zu wissen?
but was it valuable to know all of this?
Gab es nicht nur eine Sache zu wissen?
was there not only one thing to be known?
Gab es immer noch nicht das Wichtigste, was es zu wissen galt?
was there still not the most important thing to know?
Viele Verse der heiligen Bücher sprachen von dieser innersten, höchsten Sache
many verses of the holy books spoke of this innermost, ultimate thing
es wurde besonders in den Upanishades von Samaveda erwähnt
it was spoken of particularly in the Upanishades of Samaveda
Es waren wunderbare Verse
they were wonderful verses
"Deine Seele ist die ganze Welt", so stand es dort
"Your soul is the whole world", this was written there
und es stand geschrieben, dass der Mensch im Tiefschlaf mit

seinem Innersten zusammentreffen würde
and it was written that man in deep sleep would meet with his innermost part
und er würde im Atman wohnen
and he would reside in the Atman
Wunderbare Weisheit lag in diesen Versen
Marvellous wisdom was in these verses
Alles Wissen der Weisesten war hier in Zauberworten gesammelt worden
all knowledge of the wisest ones had been collected here in magic words
Es war so rein wie Honig, der von Bienen gesammelt wurde
it was as pure as honey collected by bees
Nein, auf die Verse sollte nicht herabgeschaut werden
No, the verses were not to be looked down upon
Sie enthielten ungeheure Mengen an Erleuchtung
they contained tremendous amounts of enlightenment
sie enthielten Weisheiten, die gesammelt und bewahrt lagen
they contained wisdom which lay collected and preserved
Weisheit, gesammelt von unzähligen Generationen weiser Brahmanen
wisdom collected by innumerable generations of wise Brahmans
Aber wo waren die Brahmanen?
But where were the Brahmans?
Wo waren die Priester?
where were the priests?
Wo die Weisen oder Büßer?
where the wise men or penitents?
Wo waren diejenigen, die es geschafft hatten?
where were those that had succeeded?
Wo waren diejenigen, die mehr wussten als das tiefste Wissen?
where were those who knew more than deepest of all knowledge?
Wo waren diejenigen, die auch die erleuchtete Weisheit auslebten?

where were those that also lived out the enlightened wisdom?
Wo war der Wissende, der Atman aus dem Schlaf gerissen hatte?
Where was the knowledgeable one who brought Atman out of his sleep?
Wer hatte es in den Tag gebracht?
who had brought it into the day?
Wer hatte es in sein Leben aufgenommen?
who had taken it into their life?
Wer trug es bei jedem Schritt, den sie machten?
who carried it with every step they took?
Wer hatte ihre Worte mit ihren Taten vermählt?
who had married their words with their deeds?
Siddhartha kannte viele ehrwürdige Brahmanen
Siddhartha knew many venerable Brahmans
sein Vater, der Reine
his father, the pure one
der Gelehrte, der Ehrwürdigste
the scholar, the most venerable one
Sein Vater verdiente Bewunderung
His father was worthy of admiration
Ruhig und edel waren seine Manieren
quiet and noble were his manners
rein war sein Leben, weise waren seine Worte
pure was his life, wise were his words
Zarte und edle Gedanken lebten hinter seiner Stirn
delicate and noble thoughts lived behind his brow
Aber obwohl er so viel wusste, lebte er in Glückseligkeit?
but even though he knew so much, did he live in blissfulness?
Hatte er trotz all seines Wissens Frieden?
despite all his knowledge, did he have peace?
War er nicht auch nur ein suchender Mann?
was he not also just a searching man?
War er immer noch kein durstiger Mann?
was he still not a thirsty man?
Musste er nicht immer wieder aus heiligen Quellen trinken?
Did he not have to drink from holy sources again and again?

Hat er nicht von den Opfergaben getrunken?
did he not drink from the offerings?
Hat er nicht aus den Büchern getrunken?
did he not drink from the books?
trank er nicht aus den Streitigkeiten der Brahmanen?
did he not drink from the disputes of the Brahmans?
Warum musste er jeden Tag seine Sünden abwaschen?
Why did he have to wash off sins every day?
Muss er sich jeden Tag um eine Reinigung bemühen?
must he strive for a cleansing every day?
immer und immer wieder, jeden Tag
over and over again, every day
War Atman nicht in ihm?
Was Atman not in him?
Entsprang nicht die ursprüngliche Quelle seinem Herzen?
did not the pristine source spring from his heart?
Die ursprüngliche Quelle musste im eigenen Selbst gefunden werden
the pristine source had to be found in one's own self
Die unberührte Quelle musste besessen werden!
the pristine source had to be possessed!
Alles andere zu tun, war Suchen
doing anything else else was searching
Jeder andere Pass ist ein Umweg
taking any other pass is a detour
Ein anderer Weg führt dazu, dass man sich verirrt
going any other way leads to getting lost
Das waren Siddharthas Gedanken
These were Siddhartha's thoughts
Das war sein Durst, und das war sein Leiden
this was his thirst, and this was his suffering
Oft sprach er aus einer Chandogya-Upanishad zu sich selbst:
Often he spoke to himself from a Chandogya-Upanishad:
"Wahrlich, der Name des Brahmanen ist Satyam"
"Truly, the name of the Brahman is Satyam"
"Wer so etwas weiß, wird jeden Tag in die himmlische Welt eingehen"

"he who knows such a thing, will enter the heavenly world every day"
Oft schien die himmlische Welt nahe
Often the heavenly world seemed near
aber er hatte die himmlische Welt nie ganz erreicht
but he had never reached the heavenly world completely
Er hatte nie den letzten Durst gestillt
he had never quenched the ultimate thirst
Und unter all den weisen und weisesten Männern hatte es keiner erreicht
And among all the wise and wisest men, none had reached it
Er erhielt von ihnen Anweisungen
he received instructions from them
Aber sie hatten die himmlische Welt noch nicht ganz erreicht
but they hadn't completely reached the heavenly world
Sie hatten ihren Durst noch nicht ganz gestillt
they hadn't completely quenched their thirst
weil es ein ewiger Durst ist
because it is an eternal thirst

»Govinda«, sprach Siddhartha zu seinem Freunde
"Govinda" Siddhartha spoke to his friend
"Govinda, meine Liebe, komm mit mir unter den Banyanbaum"
"Govinda, my dear, come with me under the Banyan tree"
"Lasst uns meditieren"
"let's practise meditation"
Sie gingen zum Banyan-Baum
They went to the Banyan tree
unter dem Banyanbaum setzten sie sich nieder
under the Banyan tree they sat down
Siddhartha war genau hier
Siddhartha was right here
Govinda war zwanzig Schritte entfernt
Govinda was twenty paces away
Siddhartha setzte sich und wiederholte murmelnd den Vers

Siddhartha seated himself and he repeated murmuring the verse
Om ist der Bogen, der Pfeil ist die Seele
Om is the bow, the arrow is the soul
Das Brahman ist das Ziel des Pfeils
The Brahman is the arrow's target
das Ziel, das man unaufhörlich treffen sollte
the target that one should incessantly hit
Die übliche Zeit der Meditationsübung war vorüber
the usual time of the exercise in meditation had passed
Govinda stand auf, der Abend war gekommen
Govinda got up, the evening had come
Es war an der Zeit, die abendliche Waschung durchzuführen
it was time to perform the evening's ablution
Er rief Siddharthas Namen, aber Siddhartha antwortete nicht
He called Siddhartha's name, but Siddhartha did not answer
Siddhartha saß da und war in Gedanken versunken
Siddhartha sat there, lost in thought
Seine Augen waren starr auf ein sehr weit entferntes Ziel gerichtet
his eyes were rigidly focused towards a very distant target
Seine Zungenspitze ragte ein wenig zwischen den Zähnen hervor
the tip of his tongue was protruding a little between the teeth
Er schien nicht zu atmen
he seemed not to breathe
So saß er, in Kontemplation versunken
Thus sat he, wrapped up in contemplation
er war tief in Gedanken an das Om versunken
he was deep in thought of the Om
seine Seele schickte dem Brahman wie einen Pfeil nach
his soul sent after the Brahman like an arrow
Einst war Samanas durch Siddharthas Stadt gereist
Once, Samanas had travelled through Siddhartha's town
Sie waren Asketen auf einer Pilgerreise
they were ascetics on a pilgrimage

drei magere, verwelkte Männer, weder alt noch jung
three skinny, withered men, neither old nor young
Staubig und blutig waren ihre Schultern
dusty and bloody were their shoulders
fast nackt, von der Sonne versengt, umgeben von Einsamkeit
almost naked, scorched by the sun, surrounded by loneliness
Fremde und Feinde der Welt
strangers and enemies to the world
Fremde und Schakale im Reich der Menschen
strangers and jackals in the realm of humans
Hinter ihnen wehte ein heißer Duft stiller Leidenschaft
Behind them blew a hot scent of quiet passion
Ein Geruch von zerstörerischem Dienst
a scent of destructive service
ein Duft gnadenloser Selbstverleugnung
a scent of merciless self-denial
Der Abend war gekommen
the evening had come
nach der Stunde der Besinnung sprach Siddhartha zu Govinda
after the hour of contemplation, Siddhartha spoke to Govinda
»Morgen früh wird mein Freund Siddhartha zu den Samanas gehen.«
"Early tomorrow morning, my friend, Siddhartha will go to the Samanas"
"Er wird ein Samana werden"
"He will become a Samana"
Govinda wurde bleich, als er diese Worte hörte
Govinda turned pale when he heard these words
und er las die Entscheidung in dem regungslosen Gesicht seines Freundes
and he read the decision in the motionless face of his friend
Es war unaufhaltsam, wie der Pfeil, der vom Bogen abgeschossen wird
it was unstoppable, like the arrow shot from the bow
Govinda erkannte auf den ersten Blick; Jetzt fängt es an

Govinda realized at first glance; now it is beginning
jetzt geht Siddhartha seinen eigenen Weg
now Siddhartha is taking his own way
Nun beginnt sein Schicksal zu sprießen
now his fate is beginning to sprout
und durch Siddhartha sprießt auch Govindas Schicksal
and because of Siddhartha, Govinda's fate is sprouting too
Er wurde bleich wie eine trockene Bananenschale
he turned pale like a dry banana-skin
»O Siddhartha!« rief er aus
"Oh Siddhartha," he exclaimed
"Wird dein Vater dir das erlauben?"
"will your father permit you to do that?"
Siddhartha blickte hinüber, als ob er eben erwachte
Siddhartha looked over as if he was just waking up
wie ein Pfeil las er Govindas Seele
like an Arrow he read Govinda's soul
Er konnte die Angst und die Unterwerfung in sich lesen
he could read the fear and the submission in him
»Oh Govinda«, sprach er leise, »laß uns keine Worte verschwenden.«
"Oh Govinda," he spoke quietly, "let's not waste words"
"Morgen bei Tagesanbruch werde ich das Leben der Samanas beginnen"
"Tomorrow at daybreak I will begin the life of the Samanas"
"Lasst uns nicht mehr davon reden"
"let us speak no more of it"

Siddhartha trat in das Gemach, in dem sein Vater saß
Siddhartha entered the chamber where his father was sitting
Sein Vater lag auf einer Matte aus Bast
his father was was on a mat of bast
Siddhartha trat hinter seinen Vater
Siddhartha stepped behind his father
und er blieb hinter ihm stehen
and he remained standing behind him
Er stand so lange, bis sein Vater spürte, dass jemand hinter

ihm stand
he stood until his father felt that someone was standing behind him
Der Brahmane sprach: "Bist du das, Siddhartha?"
Spoke the Brahman: "Is that you, Siddhartha?"
"Dann sag, was du sagen wolltest"
"Then say what you came to say"
Sprach Siddhartha: "Mit deiner Erlaubnis, mein Vater"
Spoke Siddhartha: "With your permission, my father"
"Ich bin gekommen, um dir zu sagen, dass es meine Sehnsucht ist, morgen dein Haus zu verlassen"
"I came to tell you that it is my longing to leave your house tomorrow"
"Ich möchte zu den Asketen gehen"
"I wish to go to the ascetics"
"Mein Wunsch ist es, ein Samana zu werden"
"My desire is to become a Samana"
"Möge mein Vater sich dem nicht widersetzen"
"May my father not oppose this"
Der Brahmane verstummte, und er blieb es lange
The Brahman fell silent, and he remained so for long
Die Sterne in dem kleinen Fenster wanderten
the stars in the small window wandered
und sie änderten ihre relativen Positionen
and they changed their relative positions
Schweigend und regungslos stand der Sohn mit verschränkten Armen da
Silent and motionless stood the son with his arms folded
Schweigend und regungslos saß der Vater auf der Matte
silent and motionless sat the father on the mat
und die Sterne zogen ihre Bahnen am Himmel
and the stars traced their paths in the sky
Da sprach der Vater
Then spoke the father
"Es ziemt sich nicht für einen Brahmanen, harte und zornige Worte zu sprechen"
"Not proper it is for a Brahman to speak harsh and angry

words"
"Aber Empörung ist in meinem Herzen"
"But indignation is in my heart"
"Ich möchte diese Bitte nicht ein zweites Mal hören"
"I wish not to hear this request for a second time"
Langsam erhob sich das Brahman
Slowly, the Brahman rose
Siddhartha stand schweigend da, die Arme verschränkt
Siddhartha stood silently, his arms folded
»Worauf wartest du noch?« fragte der Vater
"What are you waiting for?" asked the father
sprach Siddhartha: "Du weißt, worauf ich warte."
Spoke Siddhartha, "You know what I'm waiting for"
Empört verließ der Vater das Gemach
Indignant, the father left the chamber
Empört ging er zu seinem Bett und legte sich nieder
indignant, he went to his bed and lay down
Eine Stunde verging, aber kein Schlaf war über seine Augen gekommen
an hour passed, but no sleep had come over his eyes
der Brahmane stand auf und ging hin und her
the Brahman stood up and he paced to and fro
und er verließ das Haus in der Nacht
and he left the house in the night
Durch das kleine Fenster der Kammer blickte er wieder hinein
Through the small window of the chamber he looked back inside
und da sah er Siddhartha stehen
and there he saw Siddhartha standing
Seine Arme waren verschränkt und er hatte sich nicht von seinem Platz bewegt
his arms were folded and he had not moved from his spot
Bleib schimmerte sein helles Gewand
Pale shimmered his bright robe
Mit Besorgnis im Herzen kehrte der Vater in sein Bett zurück

With anxiety in his heart, the father returned to his bed
Eine weitere schlaflose Stunde verging
another sleepless hour passed
da kein Schlaf über seine Augen gekommen war, stand der Brahmane wieder auf
since no sleep had come over his eyes, the Brahman stood up again
Er ging hin und her und ging aus dem Haus
he paced to and fro, and he walked out of the house
und er sah, dass der Mond aufgegangen war
and he saw that the moon had risen
Durch das Fenster der Kammer blickte er wieder hinein
Through the window of the chamber he looked back inside
da stand Siddhartha, ungerührt von seinem Platz
there stood Siddhartha, unmoved from his spot
Seine Arme waren verschränkt, wie sie gewesen waren
his arms were folded, as they had been
Mondlicht spiegelte sich in seinen nackten Schienbeinen
moonlight was reflecting from his bare shins
Mit Sorge im Herzen ging der Vater wieder zu Bett
With worry in his heart, the father went back to bed
Nach einer Stunde kam er zurück
he came back after an hour
und nach zwei Stunden kam er wieder zurück
and he came back again after two hours
Er schaute durch das kleine Fenster
he looked through the small window
er sah Siddhartha im Mondschein stehen
he saw Siddhartha standing in the moon light
Er stand im Licht der Sterne in der Dunkelheit
he stood by the light of the stars in the darkness
Und er kam Stunde um Stunde zurück
And he came back hour after hour
Schweigend blickte er in die Kammer
silently, he looked into the chamber
Er sah ihn an derselben Stelle stehen
he saw him standing in the same place

es erfüllte sein Herz mit Zorn
it filled his heart with anger
es erfüllte sein Herz mit Unruhe
it filled his heart with unrest
es erfüllte sein Herz mit Qual
it filled his heart with anguish
es erfüllte sein Herz mit Traurigkeit
it filled his heart with sadness
Die letzte Stunde der Nacht war gekommen
the night's last hour had come
Sein Vater kehrte zurück und trat in das Zimmer
his father returned and stepped into the room
Er sah den jungen Mann dort stehen
he saw the young man standing there
Er schien groß und wie ein Fremder für ihn
he seemed tall and like a stranger to him
»Siddhartha,« sprach er, »worauf wartest du noch?«
"Siddhartha," he spoke, "what are you waiting for?"
"Du weißt, worauf ich warte"
"You know what I'm waiting for"
"Wirst du immer so stehen und warten?
"Will you always stand that way and wait?
"Ich werde immer stehen und warten"
"I will always stand and wait"
"Willst du warten, bis es Morgen, Mittag und Abend wird?"
"will you wait until it becomes morning, noon, and evening?"
"Ich werde warten, bis es Morgen, Mittag und Abend wird"
"I will wait until it become morning, noon, and evening"
"Du wirst müde werden, Siddhartha"
"You will become tired, Siddhartha"
"Ich werde müde"
"I will become tired"
»Du wirst einschlafen, Siddhartha«
"You will fall asleep, Siddhartha"
"Ich werde nicht einschlafen"
"I will not fall asleep"
»Du wirst sterben, Siddhartha«

"You will die, Siddhartha"
»Ich will sterben,« antwortete Siddhartha
"I will die," answered Siddhartha
"Und willst du lieber sterben, als deinem Vater zu gehorchen?"
"And would you rather die, than obey your father?"
"Siddhartha hat seinem Vater immer gehorcht"
"Siddhartha has always obeyed his father"
"Willst du also deinen Plan aufgeben?"
"So will you abandon your plan?"
"Siddhartha wird tun, was sein Vater ihm sagen wird"
"Siddhartha will do what his father will tell him to do"
Das erste Tageslicht schien in den Raum
The first light of day shone into the room
Der Brahmane sah, dass Siddharthas Knie sanft zitterten
The Brahman saw that Siddhartha knees were softly trembling
In Siddharthas Antlitz sah er kein Zittern
In Siddhartha's face he saw no trembling
Seine Augen waren auf einen entfernten Punkt gerichtet
his eyes were fixed on a distant spot
Das war der Moment, in dem sein Vater erkannte
This was when his father realized
auch jetzt wohnte Siddhartha nicht mehr bei ihm in seinem Hause
even now Siddhartha no longer dwelt with him in his home
Er sah, dass er ihn bereits verlassen hatte
he saw that he had already left him
Der Vater berührte Siddharthas Schulter
The Father touched Siddhartha's shoulder
»Du sollst«, sprach er, »in den Wald gehen und ein Samana sein.«
"You will," he spoke, "go into the forest and be a Samana"
"Wenn du Glückseligkeit im Wald findest, komm zurück"
"When you find blissfulness in the forest, come back"
"Komm zurück und lehre mich, glückselig zu sein"
"come back and teach me to be blissful"
"Wenn du Enttäuschung findest, dann kehre zurück"

"If you find disappointment, then return"
"Kehrt zurück und lasst uns wieder gemeinsam den Göttern Opfergaben darbringen"
"return and let us make offerings to the gods together, again"
"Geh jetzt und küsse deine Mutter"
"Go now and kiss your mother"
"Sag ihr, wohin du gehst"
"tell her where you are going"
"Aber für mich ist es Zeit, an den Fluss zu gehen"
"But for me it is time to go to the river"
"Es ist an der Zeit, dass ich die erste Waschung vollziehe"
"it is my time to perform the first ablution"
Er nahm die Hand von der Schulter seines Sohnes und ging hinaus
He took his hand from the shoulder of his son, and went outside
Siddhartha schwankte zur Seite, als er zu gehen versuchte
Siddhartha wavered to the side as he tried to walk
Er brachte seine Gliedmaßen wieder unter Kontrolle und verneigte sich vor seinem Vater
He put his limbs back under control and bowed to his father
Er ging zu seiner Mutter, um zu tun, was sein Vater gesagt hatte
he went to his mother to do as his father had said
Als er langsam auf steifen Beinen ging, erhob sich ein Schatten in der Nähe der letzten Hütte
As he slowly left on stiff legs a shadow rose near the last hut
Wer hatte dort gehockt und sich dem Pilger angeschlossen?
who had crouched there, and joined the pilgrim?
»Govinda, du bist gekommen,« sagte Siddhartha und lächelte
"Govinda, you have come" said Siddhartha and smiled
»Ich bin gekommen«, sagte Govinda
"I have come," said Govinda

Mit den Samanas
With the Samanas

Am Abend dieses Tages holten sie die Asketen ein
In the evening of this day they caught up with the ascetics
die Asketen; die mageren Samanas
the ascetics; the skinny Samanas
Sie boten ihnen Gesellschaft und Gehorsam an
they offered them their companionship and obedience
Ihre Kameradschaft und ihr Gehorsam wurden akzeptiert
Their companionship and obedience were accepted
Siddhartha gab seine Kleider einem armen Brahmanen auf der Straße
Siddhartha gave his garments to a poor Brahman in the street
Er trug nichts weiter als einen Lendenschurz und einen erdfarbenen, ungesäten Mantel
He wore nothing more than a loincloth and earth-coloured, unsown cloak
Er aß nur einmal am Tag und nie etwas Gekochtes
He ate only once a day, and never anything cooked
Er fastete fünfzehn Tage, er fastete achtundzwanzig Tage
He fasted for fifteen days, he fasted for twenty-eight days
Das Fleisch wich von seinen Schenkeln und Wangen
The flesh waned from his thighs and cheeks
Fieberträume flackerten aus seinen vergrößerten Augen
Feverish dreams flickered from his enlarged eyes
Lange Nägel wuchsen langsam an seinen ausgedörrten Fingern
long nails grew slowly on his parched fingers
und ein trockener, struppiger Bart wuchs ihm am Kinn
and a dry, shaggy beard grew on his chin
Sein Blick verwandelte sich in Eis, als er Frauen begegnete
His glance turned to ice when he encountered women
Er ging durch eine Stadt voller gut gekleideter Menschen
he walked through a city of nicely dressed people
sein Mund zuckte vor Verachtung für sie
his mouth twitched with contempt for them

Er sah Kaufleute, die Handel trieben, und Fürsten, die jagten
He saw merchants trading and princes hunting
Er sah Trauernde, die um ihre Toten klagten
he saw mourners wailing for their dead
und er sah Huren, die sich anboten
and he saw whores offering themselves
Ärzte versuchen, Kranken zu helfen
physicians trying to help the sick
Priester bestimmen den am besten geeigneten Tag für die Aussaat
priests determining the most suitable day for seeding
liebende Liebende und Mütter, die ihre Kinder stillen
lovers loving and mothers nursing their children
Und das alles war nicht eines Blickes aus seinen Augen wert
and all of this was not worthy of one look from his eyes
Es hat alles gelogen, es hat alles gestank, es hat alles nach Lügen gestank
it all lied, it all stank, it all stank of lies
Es tat alles so, als wäre es bedeutungsvoll und freudig und schön
it all pretended to be meaningful and joyful and beautiful
und alles war nur versteckte Fäulnis
and it all was just concealed putrefaction
die Welt schmeckte bitter; Das Leben war eine Qual
the world tasted bitter; life was torture

Ein einziges Tor stand vor Siddhartha
A single goal stood before Siddhartha
Sein Ziel war es, leer zu werden
his goal was to become empty
Sein Ziel war es, durstlos zu sein
his goal was to be empty of thirst
leer von Wünschen und leer von Träumen
empty of wishing and empty of dreams
leer von Freud und Leid
empty of joy and sorrow
Sein Ziel war es, für sich selbst tot zu sein

his goal was to be dead to himself
Sein Ziel war es, kein Selbst mehr zu sein
his goal was not to be a self any more
Sein Ziel war es, mit einem leeren Herzen Ruhe zu finden
his goal was to find tranquillity with an emptied heart
Sein Ziel war es, in selbstlosen Gedanken offen für Wunder zu sein
his goal was to be open to miracles in unselfish thoughts
Dies zu erreichen, war sein Ziel
to achieve this was his goal
als sein ganzes Selbst überwunden war und gestorben war
when all of his self was overcome and had died
als jedes Verlangen und jeder Drang im Herzen schwieg
when every desire and every urge was silent in the heart
Dann musste der ultimative Teil von ihm erwachen
then the ultimate part of him had to awake
das Innerste seines Wesens, das nicht mehr sein Selbst ist
the innermost of his being, which is no longer his self
Das war das große Geheimnis
this was the great secret

Schweigend setzte sich Siddhartha den brennenden Strahlen der Sonne aus
Silently, Siddhartha exposed himself to the burning rays of the sun
Er glühte vor Schmerz und er glühte vor Durst
he was glowing with pain and he was glowing with thirst
und er stand da, bis er weder Schmerz noch Durst verspürte
and he stood there until he neither felt pain nor thirst
Schweigend stand er da in der Regenzeit
Silently, he stood there in the rainy season
Aus seinem Haar tropfte das Wasser über die eiskalten Schultern
from his hair the water was dripping over freezing shoulders
Das Wasser tropfte über seine eiskalten Hüften und Beine
the water was dripping over his freezing hips and legs
und der Büßer stand da

and the penitent stood there
Er stand da, bis er die Kälte nicht mehr spürte
he stood there until he could not feel the cold any more
Er stand da, bis sein Körper schwieg
he stood there until his body was silent
Er stand da, bis sein Körper ruhig war
he stood there until his body was quiet
Schweigend kauerte er sich in das dornige Gebüsch
Silently, he cowered in the thorny bushes
Blut tropfte von der brennenden Haut
blood dripped from the burning skin
Blut tropfte aus eiternden Wunden
blood dripped from festering wounds
und Siddhartha blieb starr und regungslos
and Siddhartha stayed rigid and motionless
Er stand so lange, bis kein Blut mehr floss
he stood until no blood flowed any more
Er stand so lange, bis nichts mehr stach
he stood until nothing stung any more
Er stand so lange, bis nichts mehr brannte
he stood until nothing burned any more
Siddhartha saß aufrecht und lernte, sparsam zu atmen
Siddhartha sat upright and learned to breathe sparingly
Er lernte, mit wenigen Atemzügen auszukommen
he learned to get along with few breaths
Er lernte, mit dem Atmen aufzuhören
he learned to stop breathing
Er lernte, mit dem Atem beginnend, den Schlag seines Herzens zu beruhigen
He learned, beginning with the breath, to calm the beating of his heart
Er lernte, die Schläge seines Herzens zu reduzieren
he learned to reduce the beats of his heart
Er meditierte, bis sein Herzschlag nur noch wenige waren
he meditated until his heartbeats were only a few
und dann schlug sein Herz fast nicht mehr
and then his heartbeats were almost none

Von der ältesten der Samanas unterwiesen, übte sich Siddhartha in Selbstverleugnung
Instructed by the oldest of the Samanas, Siddhartha practised self-denial
er praktizierte Meditation nach den neuen Samana-Regeln
he practised meditation, according to the new Samana rules
Ein Reiher flog über den Bambuswald
A heron flew over the bamboo forest
Siddhartha nahm den Reiher in seine Seele auf
Siddhartha accepted the heron into his soul
Er flog über Wälder und Berge
he flew over forest and mountains
Er war ein Reiher, er aß Fisch
he was a heron, he ate fish
Er fühlte den Hunger eines Reihers
he felt the pangs of a heron's hunger
Er sprach das Krächzen des Reihers
he spoke the heron's croak
Er starb den Tod eines Reihers
he died a heron's death
Ein toter Schakal lag am sandigen Ufer
A dead jackal was lying on the sandy bank
Siddharthas Seele schlüpfte in den Körper des toten Schakals
Siddhartha's soul slipped inside the body of the dead jackal
Er war der tote Schakal, der aufgedunsen am Ufer lag
he was the dead jackal laying on the banks and bloated
Er stank und verweste und wurde von Hyänen zerstückelt
he stank and decayed and was dismembered by hyenas
Er wurde von Geiern gehäutet und in ein Skelett verwandelt
he was skinned by vultures and turned into a skeleton
Er wurde zu Staub zerfallen und über die Felder geweht
he was turned to dust and blown across the fields
Und Siddharthas Seele kehrte zurück
And Siddhartha's soul returned
Er war gestorben, verwest und wie Staub zerstreut
it had died, decayed, and was scattered as dust

Er hatte den düsteren Rausch des Kreislaufs gekostet
it had tasted the gloomy intoxication of the cycle
Er wartete in neuem Durst wie ein Jäger in der Lücke
it awaited in new thirst like a hunter in the gap
in der Lücke, in der er dem Kreislauf entfliehen konnte
in the gap where he could escape from the cycle
in der Lücke, in der eine Ewigkeit ohne Leiden begann
in the gap where an eternity without suffering began
Er tötete seine Sinne und sein Gedächtnis
he killed his senses and his memory
Er schlüpfte aus sich selbst heraus in tausende andere Formen
he slipped out of his self into thousands of other forms
Er war ein Tier, ein Aas, ein Stein
he was an animal, a carrion, a stone
Er war Holz und Wasser
he was wood and water
und er wachte jedes Mal auf, um sein altes Ich wiederzufinden
and he awoke every time to find his old self again
Ob Sonne oder Mond, er war wieder er selbst
whether sun or moon, he was his self again
Er drehte sich im Kreislauf um
he turned round in the cycle
Er fühlte Durst, überwand den Durst, fühlte neuen Durst
he felt thirst, overcame the thirst, felt new thirst

Siddhartha lernte viel, als er bei den Samanas war
Siddhartha learned a lot when he was with the Samanas
Er lernte viele Wege, die vom Selbst wegführten
he learned many ways leading away from the self
Er lernte loszulassen
he learned how to let go
Er ging den Weg der Selbstverleugnung durch den Schmerz
He went the way of self-denial by means of pain
Er lernte Selbstverleugnung durch freiwilliges Leiden und Überwinden von Schmerz

he learned self-denial through voluntarily suffering and overcoming pain
Er überwand Hunger, Durst und Müdigkeit
he overcame hunger, thirst, and tiredness
Er ging den Weg der Selbstverleugnung durch Meditation
He went the way of self-denial by means of meditation
Er ging den Weg der Selbstverleugnung, indem er sich vorstellte, der Geist sei frei von allen Vorstellungen
he went the way of self-denial through imagining the mind to be void of all conceptions
Mit diesen und anderen Wegen lernte er loszulassen
with these and other ways he learned to let go
Tausendmal verließ er sich
a thousand times he left his self
Stunden- und tagelang verharrte er im Nicht-Selbst
for hours and days he remained in the non-self
Alle diese Wege führten vom Selbst weg
all these ways led away from the self
aber ihr Weg führte immer zurück zum Selbst
but their path always led back to the self
Siddhartha floh tausendmal vor sich selbst
Siddhartha fled from the self a thousand times
Aber die Rückkehr zum Selbst war unvermeidlich
but the return to the self was inevitable
Obwohl er im Nichts blieb, war seine Rückkehr unvermeidlich
although he stayed in nothingness, coming back was inevitable
Obwohl er in Tieren und Steinen blieb, war die Rückkehr unvermeidlich
although he stayed in animals and stones, coming back was inevitable
Er befand sich wieder im Sonnenschein oder im Mondschein
he found himself in the sunshine or in the moonlight again
Er fand sich wieder im Schatten oder im Regen wieder
he found himself in the shade or in the rain again

und er war wieder er selbst; Siddhartha
and he was once again his self; Siddhartha
Und wieder fühlte er die Qual des Kreislaufs, der ihm aufgezwungen worden war
and again he felt the agony of the cycle which had been forced upon him

an seiner Seite lebte Govinda, sein Schatten
by his side lived Govinda, his shadow
Govinda ging den gleichen Weg und unternahm die gleichen Anstrengungen
Govinda walked the same path and undertook the same efforts
Sie sprachen nicht mehr miteinander, als es die Übungen erforderten
they spoke to one another no more than the exercises required
Gelegentlich gingen die beiden durch die Dörfer
occasionally the two of them went through the villages
Sie gingen hin, um um Essen für sich und ihre Lehrer zu betteln
they went to beg for food for themselves and their teachers
"Was glaubst du, wie wir Fortschritte gemacht haben, Govinda?", fragte er
"How do you think we have progressed, Govinda" he asked
"Haben wir irgendwelche Ziele erreicht?" Govinda antwortete
"Did we reach any goals?" Govinda answered
"Wir haben gelernt und werden weiter lernen"
"We have learned, and we'll continue learning"
"Du wirst ein großer Samana sein, Siddhartha"
"You'll be a great Samana, Siddhartha"
"Schnell hat man jede Übung gelernt"
"Quickly, you've learned every exercise"
"Oft haben dich die alten Samanas bewundert"
"often, the old Samanas have admired you"
"Eines Tages wirst du ein heiliger Mann sein, oh Siddhartha"

"One day, you'll be a holy man, oh Siddhartha"
Sprach Siddhartha: "Ich kann nicht anders, als zu fühlen, daß es nicht so ist, mein Freund."
Spoke Siddhartha, "I can't help but feel that it is not like this, my friend"
"Was ich unter den Samanas gelernt habe, hätte schneller gelernt werden können"
"What I've learned being among the Samanas could have been learned more quickly"
"Es hätte mit einfacheren Mitteln erlernt werden können"
"it could have been learned by simpler means"
"Es hätte in jeder Taverne gelernt werden können"
"it could have been learned in any tavern"
"Man hätte herausfinden können, wo die Hurenhäuser sind"
"it could have been learned where the whorehouses are"
"Ich hätte es unter Fuhrleuten und Spielern lernen können"
"I could have learned it among carters and gamblers"
Sprach Govinda: "Siddhartha scherzt mit mir"
Spoke Govinda, "Siddhartha is joking with me"
"Wie konntest du Meditation unter elenden Menschen lernen?"
"How could you have learned meditation among wretched people?"
"Wie konnten Huren dir beibringen, wie man den Atem anhält?"
"how could whores have taught you about holding your breath?"
"Wie hätten die Spieler dir Unempfindlichkeit gegen Schmerzen beibringen können?"
"how could gamblers have taught you insensitivity against pain?"
Siddhartha sprach leise, als spräche er mit sich selbst
Siddhartha spoke quietly, as if he was talking to himself
"Was ist Meditation?"
"What is meditation?"
"Was verlässt den Körper?"
"What is leaving one's body?"

"Was ist Fasten?"
"What is fasting?"
"Was hält man den Atem an?"
"What is holding one's breath?"
"Es ist die Flucht vor dem Selbst"
"It is fleeing from the self"
"Es ist eine kurze Flucht vor der Qual des Selbstseins"
"it is a short escape of the agony of being a self"
"Es ist eine kurze Betäubung der Sinne gegen den Schmerz"
"it is a short numbing of the senses against the pain"
"Es geht darum, die Sinnlosigkeit des Lebens zu vermeiden"
"it is avoiding the pointlessness of life"
"Die gleiche Betäubung findet der Fahrer eines Ochsenkarrens in der Herberge"
"The same numbing is what the driver of an ox-cart finds in the inn"
"ein paar Schüsseln Reiswein oder vergorene Kokosmilch trinken"
"drinking a few bowls of rice-wine or fermented coconut-milk"
"Dann spürt er sich nicht mehr"
"Then he won't feel his self any more"
"Dann wird er die Schmerzen des Lebens nicht mehr spüren"
"then he won't feel the pains of life any more"
"Dann findet er eine kurze Betäubung der Sinne"
"then he finds a short numbing of the senses"
"Wenn er über seiner Schüssel Reiswein einschläft, wird er dasselbe finden, was wir finden"
"When he falls asleep over his bowl of rice-wine, he'll find the same what we find"
"Er findet das, was wir finden, wenn wir unserem Körper durch lange Übungen entfliehen"
"he finds what we find when we escape our bodies through long exercises"
"Wir alle bleiben im Nicht-Selbst"
"all of us are staying in the non-self"
"So ist es, oh Govinda"

"This is how it is, oh Govinda"
Sprach Govinda: "Du sagst es, oh Freund."
Spoke Govinda, "You say so, oh friend"
"und doch weißt du, dass Siddhartha kein Ochsenkarrenfahrer ist"
"and yet you know that Siddhartha is no driver of an ox-cart"
"Und du weißt, dass ein Samana kein Trunkenbold ist"
"and you know a Samana is no drunkard"
"Es ist wahr, dass ein Trinker seine Sinne betäubt"
"it's true that a drinker numbs his senses"
"Es stimmt, dass er kurz flüchtet und sich ausruht"
"it's true that he briefly escapes and rests"
"Aber er wird von der Täuschung zurückkehren und findet alles unverändert"
"but he'll return from the delusion and finds everything to be unchanged"
"Er ist nicht klüger geworden"
"he has not become wiser"
"Er hat jede Erleuchtung gesammelt"
"he has gathered any enlightenment"
"Er ist noch keine Stufen gestiegen"
"he has not risen several steps"
Und Siddhartha sprach lächelnd
And Siddhartha spoke with a smile
"Ich weiß es nicht, ich war nie ein Trunkenbold"
"I do not know, I've never been a drunkard"
"Ich weiß, dass ich nur eine kurze Betäubung der Sinne finde"
"I know that I find only a short numbing of the senses"
"Ich finde es in meinen Übungen und Meditationen"
"I find it in my exercises and meditations"
"und ich finde, ich bin von der Weisheit so weit entfernt wie ein Kind im Mutterleib"
"and I find I am just as far removed from wisdom as a child in the mother's womb"
"Das weiß ich, oh Govinda"
"this I know, oh Govinda"

Und noch einmal, ein andermal, fing Siddhartha an zu reden
And once again, another time, Siddhartha began to speak
Siddhartha hatte zusammen mit Govinda den Wald verlassen
Siddhartha had left the forest, together with Govinda
Sie machten sich auf den Weg, um im Dorf um etwas zu essen zu betteln
they left to beg for some food in the village
Er sagte: "Was nun, oh Govinda?"
he said, "What now, oh Govinda?"
"Sind wir auf dem richtigen Weg?"
"are we on the right path?"
"Nähern wir uns der Erleuchtung?"
"are we getting closer to enlightenment?"
"Kommen wir der Erlösung näher?"
"are we getting closer to salvation?"
"Oder leben wir vielleicht im Kreis?"
"Or do we perhaps live in a circle?"
"Wir, die wir dachten, wir würden dem Kreislauf entkommen"
"we, who have thought we were escaping the cycle"
Govinda sprach: "Wir haben viel gelernt"
Spoke Govinda, "We have learned a lot"
"Siddhartha, es gibt noch viel zu lernen"
"Siddhartha, there is still much to learn"
"Wir drehen uns nicht im Kreis"
"We are not going around in circles"
"Wir bewegen uns nach oben; Der Kreis ist eine Spirale"
"we are moving up; the circle is a spiral"
"Wir sind schon viele Stufen erklommen"
"we have already ascended many levels"
Siddhartha antwortete: "Was glaubst du, wie alt unser ältester Samana ist?"
Siddhartha answered, "How old would you think our oldest Samana is?"
"Wie alt ist unser ehrwürdiger Lehrer?"

"how old is our venerable teacher?"
Govinda sprach: "Unser Ältester mag etwa sechzig Jahre alt sein."
Spoke Govinda, "Our oldest one might be about sixty years of age"
Siddhartha sprach: "Er lebt schon sechzig Jahre."
Spoke Siddhartha, "He has lived for sixty years"
"Und doch hat er das Nirwana noch nicht erreicht"
"and yet he has not reached the nirvana"
"Er wird siebzig und achtzig Jahre alt"
"He'll turn seventy and eighty"
"Du und ich, wir werden genauso alt werden wie er"
"you and me, we will grow just as old as him"
"Und wir werden unsere Übungen machen"
"and we will do our exercises"
"Und wir werden fasten und wir werden meditieren"
"and we will fast, and we will meditate"
"Aber wir werden das Nirwana nicht erreichen"
"But we will not reach the nirvana"
"Er wird das Nirwana nicht erreichen und wir nicht"
"he won't reach nirvana and we won't"
"Es gibt unzählige Samanas da draußen"
"there are uncountable Samanas out there"
"Vielleicht wird kein einziger das Nirwana erreichen"
"perhaps not a single one will reach the nirvana"
"Wir finden Trost, wir finden Taubheit, wir lernen Kunststücke"
"We find comfort, we find numbness, we learn feats"
"Wir lernen diese Dinge, um andere zu täuschen"
"we learn these things to deceive others"
"Aber das Wichtigste, den Weg der Wege, werden wir nicht finden"
"But the most important thing, the path of paths, we will not find"
Sprach Govinda: "Wenn du nur nicht so schreckliche Worte reden wolltest, Siddhartha!"
Spoke Govinda "If you only wouldn't speak such terrible

words, Siddhartha!"
"Es gibt so viele gelehrte Männer"
"there are so many learned men"
"Wie konnte nicht einer von ihnen den Pfad der Pfade finden?"
"how could not one of them not find the path of paths?"
"Wie können so viele Brahmanen es nicht finden?"
"how can so many Brahmans not find it?"
"Wie können so viele strenge und ehrwürdige Samanas es nicht finden?"
"how can so many austere and venerable Samanas not find it?"
"Wie können alle, die suchen, es nicht finden?"
"how can all those who are searching not find it?"
"Wie können die heiligen Männer es nicht finden?"
"how can the holy men not find it?"
Aber Siddhartha sprach mit ebensoviel Traurigkeit wie Spott
But Siddhartha spoke with as much sadness as mockery
Er sprach mit leiser, leicht trauriger, leicht spöttischer Stimme
he spoke with a quiet, a slightly sad, a slightly mocking voice
"Bald, Govinda, wird dein Freund den Pfad der Samanas verlassen"
"Soon, Govinda, your friend will leave the path of the Samanas"
"Er ist so lange an deiner Seite gelaufen"
"he has walked along your side for so long"
"Ich leide an Durst"
"I'm suffering of thirst"
"Auf diesem langen Pfad eines Samana ist mein Durst so stark geblieben wie eh und je"
"on this long path of a Samana, my thirst has remained as strong as ever"
"Ich war immer wissbegierig"
"I always thirsted for knowledge"
"Ich war schon immer voller Fragen"
"I have always been full of questions"

"Ich habe die Brahmanen gefragt, Jahr für Jahr"
"I have asked the Brahmans, year after year"
"Und ich habe die heiligen Veden gefragt, Jahr für Jahr"
"and I have asked the holy Vedas, year after year"
"Und ich habe die ergebenen Samanas gebeten, Jahr für Jahr"
"and I have asked the devoted Samanas, year after year"
"vielleicht hätte ich es vom Nashornvogel lernen können"
"perhaps I could have learned it from the hornbill bird"
"Vielleicht hätte ich den Schimpansen fragen sollen"
"perhaps I should have asked the chimpanzee"
"Es hat lange gedauert"
"It took me a long time"
"und ich bin noch nicht fertig mit dem Lernen"
"and I am not finished learning this yet"
"Oh Govinda, ich habe gelernt, dass es nichts zu lernen gibt!"
"oh Govinda, I have learned that there is nothing to be learned!"
"Lernen gibt es in der Tat nicht"
"There is indeed no such thing as learning"
"Es gibt nur ein Wissen"
"There is just one knowledge"
"Dieses Wissen ist überall, das ist Atman"
"this knowledge is everywhere, this is Atman"
"Dieses Wissen ist in mir und in dir"
"this knowledge is within me and within you"
"Und dieses Wissen ist in jedem Geschöpf"
"and this knowledge is within every creature"
"Dieses Wissen hat keinen schlimmeren Feind als den Wunsch, es zu wissen"
"this knowledge has no worser enemy than the desire to know it"
"Das ist es, was ich glaube"
"that is what I believe"
Bei diesen Worten blieb Govinda auf dem Pfad stehen
At this, Govinda stopped on the path

Er erhob die Hände und sprach
he rose his hands, and spoke
"Wenn du deinen Freund nur nicht mit dieser Art von Gerede belästigen würdest"
"If only you would not bother your friend with this kind of talk"
"Wahrlich, deine Worte erwecken Furcht in meinem Herzen"
"Truly, your words stir up fear in my heart"
"Überlegen Sie, was aus der Heiligkeit des Gebets werden würde?"
"consider, what would become of the sanctity of prayer?"
"Was würde aus der Ehrwürdigkeit der Brahmanenkaste werden?"
"what would become of the venerability of the Brahmans' caste?"
"Was würde mit der Heiligkeit der Samanas geschehen?"
"what would happen to the holiness of the Samanas?"
"Was dann aus all dem wird, ist heilig"
"What would then become of all of that is holy"
"Was wäre noch kostbar?"
"what would still be precious?"
Und Govinda murmelte einen Vers aus einer Upanishaden vor sich hin
And Govinda mumbled a verse from an Upanishad to himself
"Wer nachdenklich ist, von geläutertem Geist, verliert sich in der Meditation Atmans"
"He who ponderingly, of a purified spirit, loses himself in the meditation of Atman"
"Unaussprechlich durch Worte ist die Seligkeit seines Herzens"
"inexpressible by words is the blissfulness of his heart"
Aber Siddhartha schwieg
But Siddhartha remained silent
Er dachte an die Worte, die Govinda zu ihm gesagt hatte
He thought about the words which Govinda had said to him
und er dachte die Worte zu Ende
and he thought the words through to their end

Er dachte darüber nach, was von all dem, was heilig schien, übrig bleiben würde
he thought about what would remain of all that which seemed holy
Was bleibt? Was kann sich bewähren?
What remains? What can stand the test?
Und er schüttelte den Kopf
And he shook his head

die beiden jungen Männer hatten etwa drei Jahre lang unter den Samanas gelebt
the two young men had lived among the Samanas for about three years
Eine Nachricht, ein Gerücht, ein Mythos erreichte sie
some news, a rumour, a myth reached them
Das Gerücht war viele Male wiederholt worden
the rumour had been retold many times
Ein Mann war erschienen, Gotama mit Namen
A man had appeared, Gotama by name
der Erhabene, der Buddha
the exalted one, the Buddha
Er hatte das Leid der Welt in sich selbst überwunden
he had overcome the suffering of the world in himself
und er hatte den Kreislauf der Wiedergeburten gestoppt
and he had halted the cycle of rebirths
Er soll durch das Land gewandert sein und gelehrt haben
He was said to wander through the land, teaching
Er soll von Jüngern umgeben gewesen sein
he was said to be surrounded by disciples
Er soll ohne Besitz, Wohnung und Ehefrau gewesen sein
he was said to be without possession, home, or wife
Er soll nur den gelben Mantel eines Asketen bekleidet haben
he was said to be in just the yellow cloak of an ascetic
aber er war mit heiterer Stirn
but he was with a cheerful brow
und man sagte, er sei ein Mann der Glückseligkeit

and he was said to be a man of bliss
Brahmanen und Prinzen verneigten sich vor ihm
Brahmans and princes bowed down before him
und sie wurden seine Schüler
and they became his students
Dieser Mythos, dieses Gerücht, diese Legende erklang
This myth, this rumour, this legend resounded
Sein Duft stieg hier und da in den Städten auf
its fragrance rose up, here and there, in the towns
die Brahmanen sprachen von dieser Legende
the Brahmans spoke of this legend
und im Walde sprachen die Samanas davon
and in the forest, the Samanas spoke of it
immer wieder drang der Name von Gotama, dem Buddha, zu den Ohren der jungen Männer
again and again, the name of Gotama the Buddha reached the ears of the young men
da war gutes und schlechtes Gerede über Gotama
there was good and bad talk of Gotama
einige lobten Gotama, andere diffamierten ihn
some praised Gotama, others defamed him
Es war, als ob die Pest in einem Land ausgebrochen wäre
It was as if the plague had broken out in a country
Es hatte sich herumgesprochen, dass sich an der einen oder anderen Stelle ein Mann aufhielt
news had been spreading around that in one or another place there was a man
Ein weiser Mann, ein Wissender
a wise man, a knowledgeable one
Ein Mann, dessen Wort und Atem ausreichten, um alle zu heilen
a man whose word and breath was enough to heal everyone
Seine Gegenwart konnte jeden heilen, der mit der Pest infiziert war
his presence could heal anyone who had been infected with the pestilence
Solche Nachrichten gingen durch das Land, und jeder

sprach darüber
such news went through the land, and everyone would talk about it
Viele glaubten den Gerüchten, viele zweifelten daran
many believed the rumours, many doubted them
Aber viele machten sich so schnell wie möglich auf den Weg
but many got on their way as soon as possible
Sie gingen hin, um den Weisen, den Helfer zu suchen
they went to seek the wise man, the helper
der Weise aus der Familie von Sakya
the wise man of the family of Sakya
Er besaß, so sagten die Gläubigen, die höchste Erleuchtung
He possessed, so the believers said, the highest enlightenment
Er erinnerte sich an seine früheren Leben; Er hatte das Nirwana erreicht
he remembered his previous lives; he had reached the nirvana
und er kehrte nie wieder in den Kreislauf zurück
and he never returned into the cycle
Er war nie wieder in dem trüben Fluss der physischen Formen untergetaucht
he was never again submerged in the murky river of physical forms
Viel Wunderbares und Unglaubliches wurde von ihm berichtet
Many wonderful and unbelievable things were reported of him
er hatte Wunder gewirkt
he had performed miracles
Er hatte den Teufel besiegt
he had overcome the devil
Er hatte zu den Göttern gesprochen
he had spoken to the gods
Aber seine Feinde und Ungläubigen sagten, Gotama sei ein eitler Verführer
But his enemies and disbelievers said Gotama was a vain seducer
Sie sagten, er habe seine Tage im Luxus verbracht

they said he spent his days in luxury
Sie sagten, er verachtete die Opfergaben
they said he scorned the offerings
Sie sagten, er sei ohne Bildung
they said he was without learning
Sie sagten, er kenne weder meditative Übungen noch Selbstkasteiung
they said he knew neither meditative exercises nor self-castigation
Der Mythos von Buddha klang süß
The myth of Buddha sounded sweet
Der Duft von Magie strömte aus diesen Berichten
The scent of magic flowed from these reports
Schließlich war die Welt krank und das Leben schwer zu ertragen
After all, the world was sick, and life was hard to bear
Und siehe, hier schien eine Quelle der Erleichterung hervorzusprießen
and behold, here a source of relief seemed to spring forth
Hier schien ein Bote zu rufen
here a messenger seemed to call out
tröstlich, mild, voller edler Verheißungen
comforting, mild, full of noble promises
Überall, wo das Gerücht Buddhas zu hören war, horchten die jungen Männer auf
Everywhere where the rumour of Buddha was heard, the young men listened up
überall in den Ländern Indiens fühlten sie eine Sehnsucht
everywhere in the lands of India they felt a longing
Überall, wo die Menschen suchten, spürten sie Hoffnung
everywhere where the people searched, they felt hope
Jeder Pilger und Fremde war willkommen, wenn er Nachricht von ihm brachte
every pilgrim and stranger was welcome when he brought news of him
der Erhabene, der Sakyamuni
the exalted one, the Sakyamuni

Der Mythos hatte auch die Samanas im Wald erreicht
The myth had also reached the Samanas in the forest
und auch Siddhartha und Govinda hörten den Mythos
and Siddhartha and Govinda heard the myth too
Langsam, Tropfen für Tropfen, hörten sie den Mythos
slowly, drop by drop, they heard the myth
Jeder Tropfen war voller Hoffnung
every drop was laden with hope
Jeder Tropfen war mit Zweifeln beladen
every drop was laden with doubt
Sie sprachen selten darüber
They rarely talked about it
weil der älteste der Samanas diesen Mythos nicht mochte
because the oldest one of the Samanas did not like this myth
Er hatte gehört, dass dieser angebliche Buddha ein Asket gewesen sei
he had heard that this alleged Buddha used to be an ascetic
Er hörte, dass er im Wald gelebt hatte
he heard he had lived in the forest
aber er hatte sich wieder dem Luxus und den weltlichen Vergnügungen zugewandt
but he had turned back to luxury and worldly pleasures
und er hatte keine hohe Meinung von diesem Gotama
and he had no high opinion of this Gotama

"Oh Siddhartha", sprach Govinda eines Tages zu seinem Freund
"Oh Siddhartha," Govinda spoke one day to his friend
"Heute war ich im Dorf"
"Today, I was in the village"
"Und ein Brahmane lud mich in sein Haus ein"
"and a Brahman invited me into his house"
"Und in seinem Haus war der Sohn eines Brahmanen aus Magadha"
"and in his house, there was the son of a Brahman from Magadha"
"Er hat den Buddha mit eigenen Augen gesehen"

"he has seen the Buddha with his own eyes"
"Und er hat ihn lehren hören"
"and he has heard him teach"
"Wahrlich, da tat mir die Brust weh, wenn ich atmete"
"Verily, this made my chest ache when I breathed"
"Und das dachte ich mir:"
"and I thought this to myself:"
"Wenn wir nur die Lehren aus dem Munde dieses vollendeten Mannes hörten!"
"if only we heard the teachings from the mouth of this perfected man!"
"Sprich, Freund, wollen wir nicht auch hingehen?"
"Speak, friend, wouldn't we want to go there too"
"Wäre es nicht gut, den Lehren aus Buddhas Mund zuzuhören?"
"wouldn't it be good to listen to the teachings from the Buddha's mouth?"
Sprach Siddhartha: "Ich dachte, du bleibst bei den Samanas."
Spoke Siddhartha, "I had thought you would stay with the Samanas"
"Ich habe immer geglaubt, dass es dein Ziel ist, siebzig Jahre alt zu werden"
"I always had believed your goal was to live to be seventy"
"Ich dachte, du würdest diese Kunststücke und Übungen weiter üben"
"I thought you would keep practising those feats and exercises"
"Und ich dachte, du würdest ein Samana werden"
"and I thought you would become a Samana"
"Aber siehe, ich hatte Govinda nicht gut genug gekannt!"
"But behold, I had not known Govinda well enough"
"Ich wusste wenig von seinem Herzen"
"I knew little of his heart"
"Jetzt willst du also einen neuen Weg einschlagen"
"So now you want to take a new path"
"und du willst dorthin gehen, wo der Buddha seine Lehren

verbreitet"
"and you want to go there where the Buddha spreads his teachings"
Sprach Govinda: "Du machst dich über mich lustig."
Spoke Govinda, "You're mocking me"
»Verspottet mich, wenn ihr wollt, Siddhartha!«
"Mock me if you like, Siddhartha!"
"Aber hast du nicht auch den Wunsch entwickelt, diese Lehren zu hören?"
"But have you not also developed a desire to hear these teachings?"
"Hast du nicht gesagt, dass du den Pfad der Samanas nicht mehr lange gehen würdest?"
"have you not said you would not walk the path of the Samanas for much longer?"
Hierüber lachte Siddhartha auf seine ganz eigene Weise
At this, Siddhartha laughed in his very own manner
die Art und Weise, wie seine Stimme einen Hauch von Traurigkeit annahm
the manner in which his voice assumed a touch of sadness
aber es hatte immer noch diesen Hauch von Spott
but it still had that touch of mockery
Er sprach Siddhartha: "Govinda, du hast gut geredet."
Spoke Siddhartha, "Govinda, you've spoken well"
"Du hast dich richtig erinnert, was ich gesagt habe"
"you've remembered correctly what I said"
"Wenn du dich nur an die andere Sache erinnern würdest, die du von mir gehört hast"
"If only you remembered the other thing you've heard from me"
"Ich bin misstrauisch und müde gegenüber dem Lehren und Lernen geworden"
"I have grown distrustful and tired against teachings and learning"
"Mein Glaube an Worte, die uns von Lehrern vermittelt werden, ist gering"
"my faith in words, which are brought to us by teachers, is

small"
"Aber lass es uns tun, meine Liebe"
"But let's do it, my dear"
"Ich bin bereit, auf diese Lehren zu hören"
"I am willing to listen to these teachings"
"obwohl ich in meinem Herzen keine Hoffnung habe"
"though in my heart I do not have hope"
"Ich glaube, dass wir die besten Früchte dieser Lehren bereits gekostet haben"
"I believe that we've already tasted the best fruit of these teachings"
Govinda sprach: "Deine Bereitwilligkeit erfreut mein Herz."
Spoke Govinda, "Your willingness delights my heart"
"Aber sage mir, wie soll das möglich sein?"
"But tell me, how should this be possible?"
"Wie können die Lehren der Gotama uns bereits ihre beste Frucht offenbart haben?"
"How can the Gotama's teachings have already revealed their best fruit to us?"
"Wir haben seine Worte noch nicht gehört"
"we have not heard his words yet"
Siddhartha sprach: "Laßt uns diese Frucht essen."
Spoke Siddhartha, "Let us eat this fruit"
"Und warten wir auf den Rest, oh Govinda!"
"and let us wait for the rest, oh Govinda!"
"Aber diese Frucht besteht darin, dass er uns von den Samanas wegruft"
"But this fruit consists in him calling us away from the Samanas"
"und wir haben es dank der Gotama bereits erhalten!"
"and we have already received it thanks to the Gotama!"
"Ob er noch mehr hat, warten wir mit ruhigem Herzen"
"Whether he has more, let us await with calm hearts"

Noch am selben Tag sprach Siddhartha mit dem ältesten Samana
On this very same day Siddhartha spoke to the oldest Samana

Er erzählte ihm von seinem Entschluss, die Samanas zu verlassen
he told him of his decision to leaves the Samanas
Er informierte den Ältesten mit Höflichkeit und Bescheidenheit
he informed the oldest one with courtesy and modesty
aber der Samana wurde zornig, daß die beiden jungen Männer ihn verlassen wollten
but the Samana became angry that the two young men wanted to leave him
und er redete laut und benutzte grobe Worte
and he talked loudly and used crude words
Govinda erschrak und wurde verlegen
Govinda was startled and became embarrassed
Siddhartha aber legte seinen Mund dicht an Govindas Ohr
But Siddhartha put his mouth close to Govinda's ear
"Jetzt will ich dem alten Mann zeigen, was ich von ihm gelernt habe"
"Now, I want to show the old man what I've learned from him"
Siddhartha stellte sich dicht vor die Samana
Siddhartha positioned himself closely in front of the Samana
Mit konzentrierter Seele fing er den Blick des alten Mannes ein
with a concentrated soul, he captured the old man's glance
Er beraubte ihn seiner Macht und machte ihn stumm
he deprived him of his power and made him mute
Er nahm ihm seinen freien Willen
he took away his free will
Er unterwarf ihn unter seinem eigenen Willen und befahl ihm
he subdued him under his own will, and commanded him
Seine Augen wurden bewegungslos und sein Wille war gelähmt
his eyes became motionless, and his will was paralysed
seine Arme hingen kraftlos herab
his arms were hanging down without power

er war dem Zauber Siddharthas zum Opfer gefallen
he had fallen victim to Siddhartha's spell
Siddharthas Gedanken brachten die Samana unter ihre Kontrolle
Siddhartha's thoughts brought the Samana under their control
Er musste ausführen, was sie befohlen hatten
he had to carry out what they commanded
Und so machte der Alte mehrere Verbeugungen
And thus, the old man made several bows
Er vollzog Gesten des Segens
he performed gestures of blessing
Er sprach stammelnd einen göttlichen Wunsch für eine gute Reise aus
he spoke stammeringly a godly wish for a good journey
Die jungen Männer erwiderten die guten Wünsche mit Dank
the young men returned the good wishes with thanks
Sie zogen mit Grüßen weiter
they went on their way with salutations
Unterwegs sprach Govinda wieder
On the way, Govinda spoke again
"O Siddhartha, du hast von den Samanas mehr gelernt, als ich wußte"
"Oh Siddhartha, you have learned more from the Samanas than I knew"
"Es ist sehr schwer, einen alten Samana zu verzaubern"
"It is very hard to cast a spell on an old Samana"
"Wahrlich, wenn du dort geblieben wärst, hättest du bald gelernt, auf dem Wasser zu gehen."
"Truly, if you had stayed there, you would soon have learned to walk on water"
»Ich suche nicht auf dem Wasser zu wandeln«, sagte Siddhartha
"I do not seek to walk on water" said Siddhartha
"Mögen sich die alten Samanas mit solchen Heldentaten begnügen!"
"Let old Samanas be content with such feats!"

Gotama

In Savathi kannte jedes Kind den Namen des erhabenen Buddha
In Savathi, every child knew the name of the exalted Buddha
Jedes Haus war auf sein Kommen vorbereitet
every house was prepared for his coming
jedes Haus füllte die Almosenschalen von Gotamas Schülern
each house filled the alms-dishes of Gotama's disciples
Gotamas Schüler waren die stillschweigend Bettelnden
Gotama's disciples were the silently begging ones
In der Nähe der Stadt befand sich Gotamas Lieblingsort
Near the town was Gotama's favourite place to stay
er hielt sich im Garten des Jetavana auf
he stayed in the garden of Jetavana
der reiche Kaufmann Anathapindika hatte den Garten Gotama geschenkt
the rich merchant Anathapindika had given the garden to Gotama
Er hatte es ihm geschenkt
he had given it to him as a gift
Er war ein gehorsamer Anbeter des Erhabenen
he was an obedient worshipper of the exalted one
Die beiden jungen Asketen hatten Erzählungen und Antworten erhalten
the two young ascetics had received tales and answers
all diese Erzählungen und Antworten wiesen sie auf Gotamas Wohnstätte hin
all these tales and answers pointed them to Gotama's abode
Sie kamen in der Stadt Savathi an
they arrived in the town of Savathi
Sie gingen bis zur ersten Tür der Stadt
they went to the very first door of the town
und sie bettelten um Essen an der Tür
and they begged for food at the door
Eine Frau bot ihnen Essen an

a woman offered them food
und sie nahmen das Essen an
and they accepted the food
fragte Siddhartha die Frau
Siddhartha asked the woman
"Oh Wohltätiger, wo wohnt der Buddha?"
"oh charitable one, where does the Buddha dwell?"
"Wir sind zwei Samanas aus dem Wald"
"we are two Samanas from the forest"
"Wir sind gekommen, um den Vervollkommneten zu sehen"
"we have come to see the perfected one"
"Wir sind gekommen, um die Lehren aus seinem Mund zu hören"
"we have come to hear the teachings from his mouth"
Sprach die Frau: "Ihr Samanas aus dem Walde."
Spoke the woman, "you Samanas from the forest"
"Sie sind wirklich an der richtigen Stelle"
"you have truly come to the right place"
"Du solltest wissen, dass es im Jetavana den Garten von Anathapindika gibt"
"you should know, in Jetavana, there is the garden of Anathapindika"
"Dort wohnt der Erhabene"
"that is where the exalted one dwells"
"Dort sollt ihr Pilger die Nacht verbringen"
"there you pilgrims shall spend the night"
"Es ist genug Platz für die Zahllosen, die hierher strömen"
"there is enough space for the innumerable, who flock here"
"Auch sie kommen, um die Lehren aus seinem Mund zu hören"
"they too come to hear the teachings from his mouth"
Das machte Govinda glücklich und voller Freude
This made Govinda happy, and full of joy
Er rief aus: "Wir haben unser Ziel erreicht"
he exclaimed, "we have reached our destination"
"Unser Weg ist zu Ende!"
"our path has come to an end!"

"Aber sag es uns, o Mutter der Pilger"
"But tell us, oh mother of the pilgrims"
"Kennst du ihn, den Buddha?"
"do you know him, the Buddha?"
"Hast du ihn mit eigenen Augen gesehen?"
"have you seen him with your own eyes?"
Da sprach die Frau: "Oft habe ich ihn, den Erhabenen, gesehen."
Spoke the woman, "Many times I have seen him, the exalted one"
"An vielen Tagen habe ich ihn gesehen"
"On many days I have seen him"
"Ich habe ihn schweigend durch die Gassen gehen sehen"
"I have seen him walking through the alleys in silence"
"Ich habe ihn in seinem gelben Mantel gesehen"
"I have seen him wearing his yellow cloak"
"Ich habe gesehen, wie er schweigend seine Almosenschüssel darbrachte"
"I have seen him presenting his alms-dish in silence"
"Ich habe ihn an den Türen der Häuser gesehen"
"I have seen him at the doors of the houses"
"Und ich habe gesehen, wie er mit einer gefüllten Schüssel wegging"
"and I have seen him leaving with a filled dish"
Entzückt hörte Govinda der Frau zu
Delightedly, Govinda listened to the woman
Und er wollte noch viel mehr fragen und hören
and he wanted to ask and hear much more
Siddhartha aber drängte ihn, weiterzugehen
But Siddhartha urged him to walk on
Sie bedankten sich bei der Frau und gingen
They thanked the woman and left
Sie brauchten kaum nach dem Weg zu fragen
they hardly had to ask for directions
viele Pilger und Mönche waren auf dem Weg zum Jetavana
many pilgrims and monks were on their way to the Jetavana
Sie erreichten es in der Nacht, so dass es ständig Ankünfte

gab
they reached it at night, so there were constant arrivals
und diejenigen, die Schutz suchten, bekamen es
and those who sought shelter got it
Die beiden Samanas waren an das Leben im Wald gewöhnt
The two Samanas were accustomed to life in the forest
So fanden sie ohne Lärm schnell eine Bleibe
so without making any noise they quickly found a place to stay
und sie ruhten dort bis zum Morgen
and they rested there until the morning

Bei Sonnenaufgang sahen sie mit Erstaunen die Größe der Menschenmenge
At sunrise, they saw with astonishment the size of the crowd
Es waren sehr viele Gläubige gekommen
a great many number of believers had come
und eine große Anzahl von Neugierigen hatte hier übernachtet
and a great number of curious people had spent the night here
Auf allen Wegen des herrlichen Gartens wandelten Mönche in gelben Gewändern
On all paths of the marvellous garden, monks walked in yellow robes
Unter den Bäumen saßen sie hier und da in tiefer Kontemplation
under the trees they sat here and there, in deep contemplation
oder sie unterhielten sich über geistliche Angelegenheiten
or they were in a conversation about spiritual matters
Die schattigen Gärten sahen aus wie eine Stadt
the shady gardens looked like a city
Eine Stadt voller Menschen, geschäftig wie Bienen
a city full of people, bustling like bees
Die Mehrzahl der Mönche ging mit ihrer Almosenschale hinaus
The majority of the monks went out with their alms-dish
Sie gingen hinaus, um Essen für ihr Mittagessen zu

sammeln
they went out to collect food for their lunch
Dies sollte ihre einzige Mahlzeit des Tages sein
this would be their only meal of the day
Der Buddha selbst, der Erleuchtete, bettelte auch am Morgen
The Buddha himself, the enlightened one, also begged in the mornings
Siddhartha sah ihn, und er erkannte ihn sofort
Siddhartha saw him, and he instantly recognised him
er erkannte ihn, als hätte ihn ein Gott auf ihn hingewiesen
he recognised him as if a God had pointed him out
Er sah ihn, einen einfachen Mann in einem gelben Gewand
He saw him, a simple man in a yellow robe
Er trug die Almosenschale in der Hand und ging schweigend
he was bearing the alms-dish in his hand, walking silently
"Schau her!" sagte Siddhartha leise zu Govinda
"Look here!" Siddhartha said quietly to Govinda
"Das hier ist der Buddha"
"This one is the Buddha"
Aufmerksam betrachtete Govinda den Mönch in der gelben Robe
Attentively, Govinda looked at the monk in the yellow robe
Dieser Mönch schien sich in keiner Weise von den anderen zu unterscheiden
this monk seemed to be in no way different from any of the others
aber bald erkannte auch Govinda, dass dies der eine ist
but soon, Govinda also realized that this is the one
Und sie folgten ihm nach und beobachteten ihn
And they followed him and observed him
Der Buddha ging seinen Weg, bescheiden und tief in seinen Gedanken versunken
The Buddha went on his way, modestly and deep in his thoughts
Sein ruhiges Gesicht war weder glücklich noch traurig
his calm face was neither happy nor sad

Sein Gesicht schien leise und innerlich zu lächeln
his face seemed to smile quietly and inwardly
Sein Lächeln war versteckt, ruhig und ruhig
his smile was hidden, quiet and calm
die Art und Weise, wie der Buddha ging, ähnelte ein wenig einem gesunden Kind
the way the Buddha walked somewhat resembled a healthy child
Er ging wie alle seine Mönche
he walked just as all of his monks did
Er stellte seine Füße nach einer genauen Regel auf
he placed his feet according to a precise rule
sein Gesicht und sein Gang, sein leise gesenkter Blick
his face and his walk, his quietly lowered glance
seine leise baumelnde Hand, jeder Finger davon
his quietly dangling hand, every finger of it
All diese Dinge drückten Frieden aus
all these things expressed peace
All diese Dinge drückten Vollkommenheit aus
all these things expressed perfection
Er suchte nicht, noch ahmte er nach
he did not search, nor did he imitate
Er atmete sanft nach innen, eine unverblümte Ruhe
he softly breathed inwardly an unwhithering calm
Er strahlte nach außen hin ein unvergängliches Licht
he shone outwardly an unwhithering light
Er hatte einen unantastbaren Frieden um sich
he had about him an untouchable peace
die beiden Samanas erkannten ihn nur an der Vollkommenheit seiner Ruhe
the two Samanas recognised him solely by the perfection of his calm
Sie erkannten ihn an der Stille seines Auftretens
they recognized him by the quietness of his appearance
die Stille in seiner Erscheinung, in der es kein Suchen gab
the quietness in his appearance in which there was no searching

Es gab weder Verlangen noch Nachahmung
there was no desire, nor imitation
Es war keine Anstrengung zu sehen
there was no effort to be seen
Nur Licht und Frieden waren in seiner Erscheinung zu sehen
only light and peace was to be seen in his appearance
"Heute werden wir die Lehren aus seinem Mund hören", sagte Govinda
"Today, we'll hear the teachings from his mouth" said Govinda
Siddhartha antwortete nicht
Siddhartha did not answer
Er empfand wenig Neugier für die Lehren
He felt little curiosity for the teachings
Er glaubte nicht, dass sie ihm etwas Neues beibringen würden
he did not believe that they would teach him anything new
er hatte den Inhalt der Lehren dieses Buddhas immer wieder gehört
he had heard the contents of this Buddha's teachings again and again
Diese Berichte stellten jedoch nur Informationen aus zweiter Hand dar
but these reports only represented second hand information
Aber aufmerksam betrachtete er Gotamas Kopf
But attentively he looked at Gotama's head
seine Schultern, seine Füße, seine leise baumelnde Hand
his shoulders, his feet, his quietly dangling hand
Es war, als ob jeder Finger dieser Hand von diesen Lehren wäre
it was as if every finger of this hand was of these teachings
Seine Finger sprachen von der Wahrheit
his fingers spoke of truth
Seine Finger atmeten und atmeten den Duft der Wahrheit aus
his fingers breathed and exhaled the fragrance of truth

Seine Finger glänzten vor Wahrheit
his fingers glistened with truth
dieser Buddha war wahrhaftig bis auf die Geste seines letzten Fingers
this Buddha was truthful down to the gesture of his last finger
Siddhartha konnte sehen, dass dieser Mann heilig war
Siddhartha could see that this man was holy
Nie zuvor hatte Siddhartha einen Menschen so sehr verehrt
Never before, Siddhartha had venerated a person so much
Er hatte noch nie einen Menschen so sehr geliebt wie diesen
he had never before loved a person as much as this one
Beide folgten dem Buddha, bis sie die Stadt erreichten
They both followed the Buddha until they reached the town
und dann kehrten sie zu ihrem Schweigen zurück
and then they returned to their silence
sie selbst beabsichtigten, sich an diesem Tag der Stimme zu enthalten
they themselves intended to abstain on this day
Sie sahen, wie Gotama ihm die Speise zurückgab, die ihm gegeben worden war
They saw Gotama returning the food that had been given to him
Was er aß, hätte nicht einmal den Appetit eines Vogels stillen können
what he ate could not even have satisfied a bird's appetite
und sie sahen, wie er sich in den Schatten der Mangobäume zurückzog
and they saw him retiring into the shade of the mango-trees

Am Abend hatte sich die Hitze abgekühlt
in the evening the heat had cooled down
Alle im Lager fingen an, sich zu tummeln und versammelten sich
everyone in the camp started to bustle about and gathered around
sie hörten die Lehren Buddhas und seine Stimme
they heard the Buddha teaching, and his voice

und auch seine Stimme wurde vervollkommnet
and his voice was also perfected
Seine Stimme war von vollkommener Ruhe
his voice was of perfect calmness
Seine Stimme war voller Frieden
his voice was full of peace
Gotama lehrte die Lehren des Leidens
Gotama taught the teachings of suffering
Er lehrte über den Ursprung des Leidens
he taught of the origin of suffering
Er lehrte, wie man Leiden lindern kann
he taught of the way to relieve suffering
Ruhig und klar floss seine leise Rede weiter
Calmly and clearly his quiet speech flowed on
Leiden war Leben, und voll Leid war die Welt
Suffering was life, and full of suffering was the world
aber die Erlösung vom Leiden war gefunden worden
but salvation from suffering had been found
Die Erlösung wurde von ihm erlangt, der den Pfad Buddhas gehen würde
salvation was obtained by him who would walk the path of the Buddha
Mit sanfter, aber fester Stimme sprach der Erhabene
With a soft, yet firm voice the exalted one spoke
Er verkündete die vier Hauptlehren
he taught the four main doctrines
Er lehrte den achtfachen Pfad
he taught the eight-fold path
Geduldig ging er den üblichen Weg der Lehren
patiently he went the usual path of the teachings
Seine Lehren enthielten die folgenden Beispiele:
his teachings contained the examples
Sein Unterricht bediente sich der Wiederholungen
his teaching made use of the repetitions
Hell und leise schwebte seine Stimme über den Zuhörern
brightly and quietly his voice hovered over the listeners
Seine Stimme war wie ein Licht

his voice was like a light
Seine Stimme war wie ein Sternenhimmel
his voice was like a starry sky
Als der Buddha seine Rede beendete, traten viele Pilger vor
When the Buddha ended his speech, many pilgrims stepped forward
Sie baten darum, in die Gemeinschaft aufgenommen zu werden
they asked to be accepted into the community
Sie suchten Zuflucht in den Lehren
they sought refuge in the teachings
Und Gotama nahm sie an, indem er sprach
And Gotama accepted them by speaking
"Ihr habt die Lehren gut gehört"
"You have heard the teachings well"
"Schließt euch uns an und wandelt in Heiligkeit"
"join us and walk in holiness"
"Setze allem Leid ein Ende"
"put an end to all suffering"
Siehe, da trat auch Govinda, der Schüchterne, vor und sprach
Behold, then Govinda, the shy one, also stepped forward and spoke
"Ich nehme auch meine Zuflucht zu dem Erhabenen und seinen Lehren"
"I also take my refuge in the exalted one and his teachings"
und er bat darum, in die Gemeinschaft seiner Jünger aufgenommen zu werden
and he asked to be accepted into the community of his disciples
und er wurde in die Gemeinschaft von Gotamas Schülern aufgenommen
and he was accepted into the community of Gotama's disciples

der Buddha hatte sich für die Nacht zurückgezogen
the Buddha had retired for the night
Govinda wandte sich an Siddhartha und sprach eifrig

Govinda turned to Siddhartha and spoke eagerly
"Siddhartha, es steht mir nicht zu, dich zu schelten"
"Siddhartha, it is not my place to scold you"
"Wir haben beide den Erhabenen gehört"
"We have both heard the exalted one"
"Wir haben beide die Lehren wahrgenommen"
"we have both perceived the teachings"
"Govinda hat die Lehren gehört"
"Govinda has heard the teachings"
"Er hat Zuflucht zu den Lehren genommen"
"he has taken refuge in the teachings"
»Aber, mein verehrter Freund, ich muß Sie bitten.«
"But, my honoured friend, I must ask you"
"Willst du nicht auch den Weg des Heils gehen?"
"don't you also want to walk the path of salvation?"
"Willst du zögern?"
"Would you want to hesitate?"
"Willst du noch länger warten?"
"do you want to wait any longer?"
Siddhartha erwachte, als ob er geschlafen hätte
Siddhartha awakened as if he had been asleep
Lange sah er Govinda ins Gesicht
For a long time, he looked into Govinda's face
Dann sprach er leise, mit einer Stimme ohne Spott
Then he spoke quietly, in a voice without mockery
"Govinda, mein Freund, jetzt hast du diesen Schritt getan"
"Govinda, my friend, now you have taken this step"
"Jetzt hast du diesen Weg gewählt"
"now you have chosen this path"
"Immer, oh Govinda, warst du mein Freund"
"Always, oh Govinda, you've been my friend"
"Du bist immer einen Schritt hinter mir gelaufen"
"you've always walked one step behind me"
"Oft habe ich an dich gedacht"
"Often I have thought about you"
"'Wird Govinda nicht einmal auch einen Schritt alleine machen?'"

"'Won't Govinda for once also take a step by himself'"
"'Wird Govinda nicht einen Schritt ohne mich tun?'"
"'won't Govinda take a step without me?'"
"'Wird er nicht einen Schritt tun, der von seiner eigenen Seele getrieben wird?'"
"'won't he take a step driven by his own soul?'"
"Siehe, jetzt hast du dich in einen Mann verwandelt"
"Behold, now you've turned into a man"
"Du wählst deinen Weg für dich selbst"
"you are choosing your path for yourself"
"Ich wünschte, du würdest es bis zum Ende durchziehen"
"I wish that you would go it up to its end"
"Oh mein Freund, ich hoffe, dass du Erlösung finden wirst!"
"oh my friend, I hope that you shall find salvation!"
Govinda, verstand es noch nicht ganz
Govinda, did not completely understand it yet
Er wiederholte seine Frage in ungeduldigem Ton
he repeated his question in an impatient tone
"Sprich, ich bitte dich, meine Liebe!"
"Speak up, I beg you, my dear!"
"Sag es mir, denn es kann nicht anders sein"
"Tell me, since it could not be any other way"
"Willst du nicht auch deine Zuflucht bei dem erhabenen Buddha nehmen?"
"won't you also take your refuge with the exalted Buddha?"
Siddhartha legte Govinda die Hand auf die Schulter
Siddhartha placed his hand on Govinda's shoulder
"Du hast meinen guten Wunsch für dich nicht erhört"
"You failed to hear my good wish for you"
"Ich wiederhole meinen Wunsch für dich"
"I'm repeating my wish for you"
"Ich wünschte, du würdest diesen Weg gehen"
"I wish that you would go this path"
"Ich wünschte, du würdest bis zum Ende dieses Weges gehen"
"I wish that you would go up to this path's end"
"Ich wünsche, dass du Erlösung findest!"

"I wish that you shall find salvation!"
In diesem Moment erkannte Govinda, dass sein Freund ihn verlassen hatte
In this moment, Govinda realized that his friend had left him
Als er das merkte, fing er an zu weinen
when he realized this he started to weep
»Siddhartha!« rief er klagend
"Siddhartha!" he exclaimed lamentingly
Siddhartha sprach freundlich zu ihm
Siddhartha kindly spoke to him
"Vergiss nicht, Govinda, wer du bist"
"don't forget, Govinda, who you are"
"Du bist jetzt einer der Samanas des Buddha"
"you are now one of the Samanas of the Buddha"
"Du hast deiner Heimat und deinen Eltern entsagt"
"You have renounced your home and your parents"
"Du hast auf deine Geburt und deinen Besitz verzichtet"
"you have renounced your birth and possessions"
"Du hast deinem freien Willen entsagt"
"you have renounced your free will"
"Du hast jeder Freundschaft abgeschworen"
"you have renounced all friendship"
"Das ist es, was die Lehren verlangen"
"This is what the teachings require"
"Das ist es, was der Erhabene will"
"this is what the exalted one wants"
"Das ist es, was du für dich wolltest"
"This is what you wanted for yourself"
"Morgen, oh Govinda, werde ich dich verlassen"
"Tomorrow, oh Govinda, I will leave you"
Noch lange gingen die Freunde im Garten spazieren
For a long time, the friends continued walking in the garden
Lange Zeit lagen sie da und fanden keinen Schlaf
for a long time, they lay there and found no sleep
Und immer und immer wieder drängte Govinda seinen Freund
And over and over again, Govinda urged his friend

"Warum solltet ihr nicht Zuflucht in Gotamas Lehren suchen wollen?"
"why would you not want to seek refuge in Gotama's teachings?"
"Welchen Fehler könntest du in diesen Lehren finden?"
"what fault could you find in these teachings?"
Siddhartha aber wandte sich von seinem Freunde ab
But Siddhartha turned away from his friend
jedesmal sagte er: "Sei zufrieden, Govinda!"
every time he said, "Be content, Govinda!"
"Sehr gut sind die Lehren des Erhabenen"
"Very good are the teachings of the exalted one"
"Wie könnte ich einen Fehler in seinen Lehren finden?"
"how could I find a fault in his teachings?"

Es war sehr früh am Morgen
it was very early in the morning
Einer der ältesten Mönche ging durch den Garten
one of the oldest monks went through the garden
Er rief denen zu, die ihre Zuflucht in den Lehren genommen hatten
he called to those who had taken their refuge in the teachings
Er rief sie auf, sie in das gelbe Gewand zu kleiden
he called them to dress them up in the yellow robe
und er unterweist sie in den ersten Lehren und Pflichten ihrer Stellung
and he instruct them in the first teachings and duties of their position
Govinda umarmte seinen Jugendfreund erneut
Govinda once again embraced his childhood friend
Und dann ging er mit den Novizen
and then he left with the novices
Siddhartha aber ging gedankenverloren durch den Garten
But Siddhartha walked through the garden, lost in thought
Dann traf er zufällig Gotama, den Erhabenen
Then he happened to meet Gotama, the exalted one
Er begrüßte ihn mit Respekt

he greeted him with respect
Buddhas Blick war voller Güte und Ruhe
the Buddha's glance was full of kindness and calm
Der junge Mann nahm seinen Mut zusammen
the young man summoned his courage
Er bat den Ehrwürdigen um die Erlaubnis, mit ihm sprechen zu dürfen
he asked the venerable one for the permission to talk to him
Schweigend nickte der Erhabene zustimmend
Silently, the exalted one nodded his approval
Sprach Siddhartha: "Gestern, o Erhabener."
Spoke Siddhartha, "Yesterday, oh exalted one"
"Ich hatte das Vorrecht, Ihre wunderbaren Lehren zu hören"
"I had been privileged to hear your wondrous teachings"
"Zusammen mit meinem Freund war ich von weit her gekommen, um deine Lehren zu hören"
"Together with my friend, I had come from afar, to hear your teachings"
"Und jetzt wird mein Freund bei deinen Leuten bleiben"
"And now my friend is going to stay with your people"
"Er hat bei dir Zuflucht gesucht"
"he has taken his refuge with you"
"Aber ich werde meine Pilgerreise wieder beginnen"
"But I will again start on my pilgrimage"
»Wie Sie wollen«, sprach der Ehrwürdige höflich
"As you please," the venerable one spoke politely
»Zu kühn ist meine Rede,« fuhr Siddhartha fort
"Too bold is my speech," Siddhartha continued
"aber ich will den Erhabenen nicht in diesem Sinne zurücklassen"
"but I do not want to leave the exalted on this note"
"Ich möchte mit dem Ehrwürdigsten meine ehrlichen Gedanken teilen"
"I want to share with the most venerable one my honest thoughts"
"Gefällt es dem Ehrwürdigen, noch einen Augenblick länger zuzuhören?"

"Does it please the venerable one to listen for one moment longer?"
Schweigend nickte der Buddha zustimmend
Silently, the Buddha nodded his approval
sprach Siddhartha, "o Ehrwürdiger"
Spoke Siddhartha, "oh most venerable one"
"Es gibt eine Sache, die ich an deinen Lehren am meisten bewundert habe"
"there is one thing I have admired in your teachings most of all"
"Alles in deinen Lehren ist vollkommen klar"
"Everything in your teachings is perfectly clear"
"Das, wovon du sprichst, ist bewiesen"
"what you speak of is proven"
"Du stellst die Welt als perfekte Kette dar"
"you are presenting the world as a perfect chain"
"Eine Kette, die nie und nirgends zerrissen wird"
"a chain which is never and nowhere broken"
"eine ewige Kette, deren Glieder Ursachen und Wirkungen sind"
"an eternal chain the links of which are causes and effects"
"Das hat man noch nie so deutlich gesehen"
"Never before, has this been seen so clearly"
"Nie zuvor wurde das so unwiderlegbar präsentiert"
"never before, has this been presented so irrefutably"
"Wahrlich, das Herz eines jeden Brahmanen muss stärker schlagen vor Liebe"
"truly, the heart of every Brahman has to beat stronger with love"
"Er hat die Welt durch deine perfekt miteinander verbundenen Lehren gesehen"
"he has seen the world through your perfectly connected teachings"
"Ohne Lücken, klar wie ein Kristall"
"without gaps, clear as a crystal"
"nicht vom Zufall abhängig, nicht abhängig von Göttern"
"not depending on chance, not depending on Gods"

"Er muss es akzeptieren, ob es gut oder schlecht ist"
"he has to accept it whether it may be good or bad"
"Er muss danach leben, ob es Leid oder Freude ist"
"he has to live by it whether it would be suffering or joy"
"Aber ich will nicht über die Gleichförmigkeit der Welt diskutieren"
"but I do not wish to discuss the uniformity of the world"
"Es ist möglich, dass dies nicht unbedingt erforderlich ist"
"it is possible that this is not essential"
"Alles, was passiert, ist miteinander verbunden"
"everything which happens is connected"
"Das Große und das Kleine sind allumfassend"
"the great and the small things are all encompassed"
"Sie sind durch die gleichen Kräfte der Zeit verbunden"
"they are connected by the same forces of time"
"Sie sind durch das gleiche Gesetz der Ursachen verbunden"
"they are connected by the same law of causes"
"Die Ursachen des Entstehens und des Sterbens"
"the causes of coming into being and of dying"
"Das ist es, was hell leuchtet aus deinen erhabenen Lehren"
"this is what shines brightly out of your exalted teachings"
"Aber nach deinen eigenen Lehren gibt es eine kleine Lücke"
"But, according to your very own teachings, there is a small gap"
"Diese Einheit und notwendige Abfolge aller Dinge ist an einem Ort zerbrochen"
"this unity and necessary sequence of all things is broken in one place"
"Diese Welt der Einheit wird von etwas Fremdem überfallen"
"this world of unity is invaded by something alien"
"Es gibt etwas Neues, das es vorher nicht gab"
"there is something new, which had not been there before"
"Es gibt etwas, das nicht bewiesen werden kann"
"there is something which cannot be demonstrated"
"Es gibt etwas, das nicht bewiesen werden kann"

"there is something which cannot be proven"
"Dies sind deine Lehren von der Überwindung der Welt"
"these are your teachings of overcoming the world"
"Dies sind deine Lehren der Erlösung"
"these are your teachings of salvation"
"Aber mit dieser kleinen Lücke bricht das Ewige wieder auseinander"
"But with this small gap, the eternal breaks apart again"
"Mit diesem kleinen Bruch wird das Gesetz der Welt nichtig"
"with this small breach, the law of the world becomes void"
"Bitte verzeihen Sie mir, dass ich diesen Einwand geäußert habe"
"Please forgive me for expressing this objection"
Ruhig hatte Gotama ihm zugehört, ungerührt
Quietly, Gotama had listened to him, unmoved
Nun sprach er, der Vollendete, mit seiner gütigen und höflichen, klaren Stimme
Now he spoke, the perfected one, with his kind and polite clear voice
"Du hast die Lehren gehört, oh Sohn eines Brahmanen"
"You've heard the teachings, oh son of a Brahman"
"Und gut für dich, dass du so gründlich darüber nachgedacht hast"
"and good for you that you've thought about it this deeply"
"Du hast eine Lücke in meinen Lehren gefunden, einen Irrtum"
"You've found a gap in my teachings, an error"
"Darüber sollten Sie weiter nachdenken"
"You should think about this further"
"Aber sei gewarnt, oh Suchender des Wissens, vor dem Dickicht der Meinungen"
"But be warned, oh seeker of knowledge, of the thicket of opinions"
"Seid gewarnt davor, über Worte zu streiten"
"be warned of arguing about words"
"An Meinungen ist nichts dran"

"There is nothing to opinions"
"Sie können schön oder hässlich sein"
"they may be beautiful or ugly"
"Meinungen können klug oder töricht sein"
"opinions may be smart or foolish"
"Jeder kann Meinungen unterstützen oder verwerfen"
"everyone can support opinions, or discard them"
"Aber die Lehren, die du von mir gehört hast, sind keine Meinung"
"But the teachings, you've heard from me, are no opinion"
"Ihr Ziel ist es nicht, denen, die nach Wissen suchen, die Welt zu erklären"
"their goal is not to explain the world to those who seek knowledge"
"Sie haben ein anderes Ziel"
"They have a different goal"
"Ihr Ziel ist die Erlösung vom Leiden"
"their goal is salvation from suffering"
"Dies ist, was Gotama lehrt, nichts anderes"
"This is what Gotama teaches, nothing else"
"Ich wünschte, du Erhabener, würdest mir nicht böse sein", sagte der junge Mann
"I wish that you, oh exalted one, would not be angry with me" said the young man
"Ich habe nicht so mit dir gesprochen, um mit dir zu streiten"
"I have not spoken to you like this to argue with you"
"Ich will nicht über Worte streiten"
"I do not wish to argue about words"
"Du hast wirklich recht, da ist wenig an den Meinungen dran"
"You are truly right, there is little to opinions"
"Aber lassen Sie mich noch etwas sagen"
"But let me say one more thing"
"Ich habe keinen Augenblick an dir gezweifelt"
"I have not doubted in you for a single moment"
"Ich habe keinen Augenblick daran gezweifelt, dass du

Buddha bist"
"I have not doubted for a single moment that you are Buddha"
"Ich habe nicht daran gezweifelt, dass du das höchste Ziel erreicht hast"
"I have not doubted that you have reached the highest goal"
"das höchste Ziel, auf das so viele Brahmanen zusteuern"
"the highest goal towards which so many Brahmans are on their way"
"Ihr habt Erlösung vom Tod gefunden"
"You have found salvation from death"
"Es ist im Laufe deiner eigenen Suche zu dir gekommen"
"It has come to you in the course of your own search"
"Es ist auf deinem eigenen Weg zu dir gekommen"
"it has come to you on your own path"
"Es ist durch Gedanken und Meditation zu dir gekommen"
"it has come to you through thoughts and meditation"
"Es ist durch Verwirklichungen und Erleuchtung zu dir gekommen"
"it has come to you through realizations and enlightenment"
"Aber es ist nicht durch Lehren zu euch gekommen!"
"but it has not come to you by means of teachings!"
"Und das ist mein Gedanke"
"And this is my thought"
"Niemand wird das Heil durch Lehren erlangen!"
"nobody will obtain salvation by means of teachings!"
"Ihr werdet nicht in der Lage sein, eure Stunde der Erleuchtung zu vermitteln"
"You will not be able to convey your hour of enlightenment"
"Worte über das, was dir passiert ist, werden den Moment nicht vermitteln!"
"words of what has happened to you won't convey the moment!"
"Die Lehren des erleuchteten Buddha enthalten viel"
"The teachings of the enlightened Buddha contain much"
"Es lehrt viele, rechtschaffen zu leben"
"it teaches many to live righteously"
"Es lehrt viele, das Böse zu meiden"

"it teaches many to avoid evil"
"Aber es gibt eine Sache, die diese Lehren nicht enthalten"
"But there is one thing which these teachings do not contain"
"Sie sind klar und ehrwürdig, aber den Lehren fehlt etwas"
"they are clear and venerable, but the teachings miss something"
"Die Lehren enthalten das Geheimnis nicht"
"the teachings do not contain the mystery"
"Das Geheimnis dessen, was der Erhabene für sich selbst erfahren hat"
"the mystery of what the exalted one has experienced for himself"
"Unter Hunderttausenden hat es nur er erlebt"
"among hundreds of thousands, only he experienced it"
"Das ist es, was ich gedacht und erkannt habe, als ich die Lehren hörte"
"This is what I have thought and realized, when I heard the teachings"
"Deshalb setze ich meine Reisen fort"
"This is why I am continuing my travels"
"Darum suche ich nicht nach anderen, besseren Lehren"
"this is why I do not to seek other, better teachings"
"Ich weiß, dass es keine besseren Lehren gibt"
"I know there are no better teachings"
"Ich gehe, um von allen Lehren und allen Lehrern abzuweichen"
"I leave to depart from all teachings and all teachers"
"Ich gehe, um mein Ziel allein zu erreichen oder um zu sterben"
"I leave to reach my goal by myself, or to die"
"Aber oft denke ich an diesen Tag, oh Erhabener"
"But often, I'll think of this day, oh exalted one"
"Und ich werde an diese Stunde denken, da meine Augen einen heiligen Mann erblickten"
"and I'll think of this hour, when my eyes beheld a holy man"
Buddhas Augen blickten ruhig zu Boden
The Buddha's eyes quietly looked to the ground

Leise, in vollkommenem Gleichmut, lächelte sein unergründliches Gesicht
quietly, in perfect equanimity, his inscrutable face was smiling
Der Ehrwürdige sprach langsam
the venerable one spoke slowly
"Ich wünsche, dass deine Gedanken nicht im Irrtum sind"
"I wish that your thoughts shall not be in error"
"Ich wünsche, dass du das Ziel erreichst!"
"I wish that you shall reach the goal!"
"Aber es gibt etwas, worum ich dich bitte, mir zu sagen"
"But there is something I ask you to tell me"
"Hast du die Menge meiner Samanas gesehen?"
"Have you seen the multitude of my Samanas?"
"Sie haben Zuflucht zu den Lehren genommen"
"they have taken refuge in the teachings"
"Glaubst du, es wäre besser für sie, die Lehren aufzugeben?"
"do you believe it would be better for them to abandon the teachings?"
"Sollen sie in die Welt der Begierden zurückkehren?"
"should they to return into the world of desires?"
»Fern ist mir ein solcher Gedanke,« rief Siddhartha aus
"Far is such a thought from my mind" exclaimed Siddhartha
"Ich wünsche, dass sie alle bei den Lehren bleiben"
"I wish that they shall all stay with the teachings"
"Ich wünsche ihnen, dass sie ihr Ziel erreichen!"
"I wish that they shall reach their goal!"
"Es steht mir nicht zu, über das Leben eines anderen Menschen zu urteilen"
"It is not my place to judge another person's life"
"Ich kann nur über mein eigenes Leben urteilen"
"I can only judge my own life"
"Ich muss mich entscheiden, ich muss wählen, ich muss ablehnen"
"I must decide, I must chose, I must refuse"
"Die Erlösung vor dem Selbst ist das, wonach wir Samanas suchen"
"Salvation from the self is what we Samanas search for"

"O Erhabener, wenn ich nur einer deiner Jünger wäre"
"oh exalted one, if only I were one of your disciples"
"Ich würde befürchten, dass es mir passieren könnte"
"I'd fear that it might happen to me"
"Nur scheinbar würde mein Selbst ruhig und erlöst sein"
"only seemingly, would my self be calm and be redeemed"
"Aber in Wahrheit würde es weiterleben und wachsen"
"but in truth it would live on and grow"
"weil ich dann mein Selbst durch die Lehren ersetzen würde"
"because then I would replace my self with the teachings"
"Mein Selbst wäre meine Pflicht, dir zu folgen"
"my self would be my duty to follow you"
"Mein Selbst wäre meine Liebe für dich"
"my self would be my love for you"
"Und ich selbst wäre die Gemeinschaft der Mönche!"
"and my self would be the community of the monks!"
Mit einem halben Lächeln blickte Gotama dem Fremden in die Augen
With half of a smile Gotama looked into the stranger's eyes
Seine Augen waren unerschütterlich offen und freundlich
his eyes were unwaveringly open and kind
Er bat ihn mit einer kaum wahrnehmbaren Geste zu gehen
he bid him to leave with a hardly noticeable gesture
"Du bist weise, oh Samana", sprach der Ehrwürdige
"You are wise, oh Samana" the venerable one spoke
"Du weißt, wie man weise redet, mein Freund"
"You know how to talk wisely, my friend"
"Sei dir bewusst, dass es zu viel Weisheit gibt!"
"Be aware of too much wisdom!"
Der Buddha wandte sich ab
The Buddha turned away
Siddhartha würde seinen Blick nie vergessen
Siddhartha would never forget his glance
sein halbes Lächeln blieb für immer in Siddharthas Gedächtnis eingebrannt
his hald smile remained forever etched in Siddhartha's

memory
dachte Siddhartha bei sich
Siddhartha thought to himself
"Ich habe noch nie einen Menschen gesehen, der so aussieht und lächelt"
"I have never before seen a person glance and smile this way"
"Niemand sonst sitzt und geht so wie er"
"no one else sits and walks like he does"
"Wahrhaftig, ich wünsche mir, auf diese Weise blicken und lächeln zu können"
"truly, I wish to be able to glance and smile this way"
"Ich wünsche mir, dass ich auch so sitzen und gehen kann"
"I wish to be able to sit and walk this way, too"
"befreit, ehrwürdig, verborgen, offen, kindlich und geheimnisvoll"
"liberated, venerable, concealed, open, childlike and mysterious"
"Es muss ihm gelungen sein, sein Innerstes zu erreichen"
"he must have succeeded in reaching the innermost part of his self"
"Nur dann kann jemand einen Blick werfen und diesen Weg gehen"
"only then can someone glance and walk this way"
"Ich werde auch versuchen, das Innerste meines Selbst zu erreichen"
"I will also seek to reach the innermost part of my self"
»Ich habe einen Mann gesehen«, dachte Siddhartha
"I saw a man" Siddhartha thought
"ein einzelner Mann, vor dem ich meinen Blick senken müsste"
"a single man, before whom I would have to lower my glance"
"Ich will meinen Blick vor niemandem senken"
"I do not want to lower my glance before anyone else"
"Keine Belehrung wird mich mehr verführen"
"No teachings will entice me more anymore"
"Weil mich die Lehren dieses Mannes nicht gelockt haben"
"because this man's teachings have not enticed me"

"Ich bin beraubt durch den Buddha", dachte Siddhartha
"I am deprived by the Buddha" thought Siddhartha
"Ich bin benachteiligt, obwohl er so viel gegeben hat"
"I am deprived, although he has given so much"
"Er hat mich meines Freundes beraubt"
"he has deprived me of my friend"
"Mein Freund, der an mich geglaubt hat"
"my friend who had believed in me"
"Mein Freund, der jetzt an ihn glaubt"
"my friend who now believes in him"
"Mein Freund, der mein Schatten war"
"my friend who had been my shadow"
"und jetzt ist er Gotamas Schatten"
"and now he is Gotama's shadow"
"Aber er hat mir Siddhartha gegeben"
"but he has given me Siddhartha"
"Er hat mich selbst hingegeben"
"he has given me myself"

Erwachen
Awakening

Siddhartha ließ den Mangohain hinter sich
Siddhartha left the mango grove behind him
Aber er hatte das Gefühl, dass auch sein früheres Leben hinter ihm blieb
but he felt his past life also stayed behind
der Buddha, der Vervollkommnete, blieb zurück
the Buddha, the perfected one, stayed behind
und Govinda blieb auch zurück
and Govinda stayed behind too
und sein früheres Leben hatte sich von ihm getrennt
and his past life had parted from him
Er dachte nach, während er langsam ging
he pondered as he was walking slowly
Er dachte über diese Empfindung nach, die ihn völlig erfüllte
he pondered about this sensation, which filled him completely
Er dachte tief nach, als würde er in ein tiefes Wasser eintauchen
He pondered deeply, like diving into a deep water
Er ließ sich auf den Boden der Empfindung sinken
he let himself sink down to the ground of the sensation
Er ließ sich hinabsinken bis dorthin, wo die Ursachen liegen
he let himself sink down to the place where the causes lie
Die Ursachen zu identifizieren, ist das Wesen des Denkens
to identify the causes is the very essence of thinking
So kam es ihm vor
this was how it seemed to him
und allein dadurch verwandeln sich Empfindungen in Verwirklichungen
and by this alone, sensations turn into realizations
und diese Empfindungen gehen nicht verloren
and these sensations are not lost
aber die Empfindungen werden zu Entitäten
but the sensations become entities

und die Empfindungen beginnen, das auszustrahlen, was in ihnen ist
and the sensations start to emit what is inside of them
Sie zeigen ihre Wahrheiten wie Lichtstrahlen
they show their truths like rays of light
Siddhartha ging langsam dahin und dachte nach
Slowly walking along, Siddhartha pondered
Er erkannte, dass er kein Jüngling mehr war
He realized that he was no youth any more
Er erkannte, dass er sich in einen Mann verwandelt hatte
he realized that he had turned into a man
Er merkte, dass ihn etwas verlassen hatte
He realized that something had left him
So wie eine Schlange von ihrer alten Haut zurückgelassen wird
the same way a snake is left by its old skin
Was er in seiner Jugend besessen hatte, existierte nicht mehr in ihm
what he had throughout his youth no longer existed in him
Früher war es ein Teil von ihm; Der Wunsch, Lehrer zu haben
it used to be a part of him; the wish to have teachers
der Wunsch, auf Belehrungen zu hören
the wish to listen to teachings
Er hatte auch den letzten Lehrer verlassen, der auf seinem Weg erschienen war
He had also left the last teacher who had appeared on his path
Er hatte sogar den höchsten und weisesten Lehrer verlassen
he had even left the highest and wisest teacher
er hatte den Allerheiligsten, Buddha, verlassen
he had left the most holy one, Buddha
Er musste sich von ihm trennen, da er seine Lehren nicht annehmen konnte
he had to part with him, unable to accept his teachings
Langsamer ging er in Gedanken dahin
Slower, he walked along in his thoughts
und er fragte sich: "Aber was ist das?"

and he asked himself, "But what is this?"
"Was habt ihr von den Lehren und von den Lehrern lernen wollen?"
"what have you sought to learn from teachings and from teachers?"
"Und was waren die, die dich so viel gelehrt haben?"
"and what were they, who have taught you so much?"
"Was sind sie, wenn sie nicht in der Lage waren, dich zu lehren?"
"what are they if they have been unable to teach you?"
Und er fand: "Es war das Selbst"
And he found, "It was the self"
"Es war der Zweck und das Wesen, von dem ich zu lernen suchte"
"it was the purpose and essence of which I sought to learn"
"Es war das Selbst, von dem ich mich befreien wollte"
"It was the self I wanted to free myself from"
"das Selbst, das ich zu überwinden suchte"
"the self which I sought to overcome"
"Aber ich konnte es nicht überwinden"
"But I was not able to overcome it"
"Ich konnte es nur täuschen"
"I could only deceive it"
"Ich konnte nur davor fliehen"
"I could only flee from it"
"Ich konnte mich nur davor verstecken"
"I could only hide from it"
"Wahrlich, nichts auf dieser Welt hat meine Gedanken so beschäftigt"
"Truly, no thing in this world has kept my thoughts so busy"
"Das Mysterium, dass ich am Leben bin, hat mich beschäftigt"
"I have been kept busy by the mystery of me being alive"
"Das Mysterium, dass ich eins bin"
"the mystery of me being one"
"Das Mysterium, wenn man von allen anderen getrennt und isoliert ist"

"the mystery if being separated and isolated from all others"
"das Geheimnis, dass ich Siddhartha bin!"
"the mystery of me being Siddhartha!"
"Und es gibt nichts auf dieser Welt, von dem ich weniger weiß"
"And there is no thing in this world I know less about"
Er hatte nachgedacht, während er langsam dahinging
he had been pondering while slowly walking along
Er hielt inne, als ihn diese Gedanken ergriffen
he stopped as these thoughts caught hold of him
Und sogleich entsprang aus diesen Gedanken ein anderer Gedanke
and right away another thought sprang forth from these thoughts
"Es gibt einen Grund, warum ich nichts über mich weiß"
"there's one reason why I know nothing about myself"
"Es gibt einen Grund, warum mir Siddhartha fremd geblieben ist"
"there's one reason why Siddhartha has remained alien to me"
"Das alles hat eine Ursache"
"all of this stems from one cause"
"Ich hatte Angst vor mir selbst und war auf der Flucht"
"I was afraid of myself, and I was fleeing"
"Ich habe sowohl nach Atman als auch nach Brahman gesucht"
"I have searched for both Atman and Brahman"
"Dafür war ich bereit, mich selbst zu sezieren"
"for this I was willing to dissect my self"
"und ich war bereit, alle Schichten abzuschälen"
"and I was willing to peel off all of its layers"
"Ich wollte den Kern aller Schalen in ihrem unbekannten Inneren finden"
"I wanted to find the core of all peels in its unknown interior"
"Der Atman, das Leben, der göttliche Teil, der ultimative Teil"
"the Atman, life, the divine part, the ultimate part"
"Aber ich habe mich dabei verloren"

"But I have lost myself in the process"
Siddhartha schlug die Augen auf und sah sich um
Siddhartha opened his eyes and looked around
Als er sich umsah, füllte ein Lächeln sein Gesicht
looking around, a smile filled his face
Ein Gefühl des Erwachens aus langen Träumen durchströmte ihn
a feeling of awakening from long dreams flowed through him
Das Gefühl floss von seinem Kopf bis zu seinen Zehen
the feeling flowed from his head down to his toes
Und es dauerte nicht lange, bis er wieder gehen konnte
And it was not long before he walked again
Er ging schnell, wie ein Mann, der weiß, was er zu tun hat
he walked quickly, like a man who knows what he has got to do
"Nun lasse ich Siddhartha mir nicht mehr entrinnen!"
"now I will not let Siddhartha escape from me again!"
"Ich möchte meine Gedanken und mein Leben nicht mehr mit Atman beginnen"
"I no longer want to begin my thoughts and my life with Atman"
"Ich will meine Gedanken auch nicht mit dem Leid der Welt beginnen"
"nor do I want to begin my thoughts with the suffering of the world"
"Ich will mich nicht länger umbringen und sezieren"
"I do not want to kill and dissect myself any longer"
"Yoga-Veda soll mich nicht mehr lehren"
"Yoga-Veda shall not teach me any more"
"weder Atharva-Veda, noch die Asketen"
"nor Atharva-Veda, nor the ascetics"
"Es wird keine Lehren geben"
"there will not be any kind of teachings"
"Ich möchte von mir selbst lernen und mein Schüler sein"
"I want to learn from myself and be my student"
"Ich möchte mich selbst kennenlernen; das Geheimnis von Siddhartha"

"I want to get to know myself; the secret of Siddhartha"

Er sah sich um, als sähe er die Welt zum ersten Mal
He looked around, as if he was seeing the world for the first time
Schön und bunt war die Welt
Beautiful and colourful was the world
Seltsam und geheimnisvoll war die Welt
strange and mysterious was the world
Hier war blau, da war gelb, hier war grün
Here was blue, there was yellow, here was green
Der Himmel und der Fluss flossen
the sky and the river flowed
Der Wald und die Berge waren starr
the forest and the mountains were rigid
Die ganze Welt war wunderschön
all of the world was beautiful
Alles war mysteriös und magisch
all of it was mysterious and magical
und in ihrer Mitte war er, Siddhartha, der Erweckende
and in its midst was he, Siddhartha, the awakening one
und er war auf dem Weg zu sich selbst
and he was on the path to himself
all das Gelb und Blau und der Fluss und der Wald zogen in Siddhartha ein
all this yellow and blue and river and forest entered Siddhartha
Zum ersten Mal drang es durch die Augen ein
for the first time it entered through the eyes
es war kein Zauber von Mara mehr
it was no longer a spell of Mara
es war nicht mehr der Schleier der Maya
it was no longer the veil of Maya
Es war nicht länger sinnlos und zufällig
it was no longer a pointless and coincidental
Die Dinge waren nicht nur eine Vielfalt bloßer Erscheinungen

things were not just a diversity of mere appearances
Erscheinungen, die für das tief denkende Brahman verabscheuungswürdig sind
appearances despicable to the deeply thinking Brahman
das denkende Brahman verachtet die Verschiedenheit und strebt nach Einheit
the thinking Brahman scorns diversity, and seeks unity
Blau war blau und Fluss war Fluss
Blue was blue and river was river
das Einzigartige und Göttliche lebte verborgen in Siddhartha
the singular and divine lived hidden in Siddhartha
Der Weg und Zweck der Göttlichkeit war es, hier gelb und dort blau zu sein
divinity's way and purpose was to be yellow here, and blue there
dort Himmel, dort Wald, und hier Siddhartha
there sky, there forest, and here Siddhartha
Der Zweck und die wesentlichen Eigenschaften lagen nicht irgendwo hinter den Dingen
The purpose and essential properties was not somewhere behind the things
Der Zweck und die wesentlichen Eigenschaften steckten in allem
the purpose and essential properties was inside of everything
"Wie taub und dumm bin ich gewesen!" dachte er
"How deaf and stupid have I been!" he thought
und er ging rasch dahin
and he walked swiftly along
"Wenn jemand einen Text liest, wird er die Symbole und Buchstaben nicht verachten"
"When someone reads a text he will not scorn the symbols and letters"
"Er wird die Symbole nicht als Täuschung oder Zufälle bezeichnen"
"he will not call the symbols deceptions or coincidences"
"Aber er wird sie lesen, wie sie geschrieben sind"

"but he will read them as they were written"
"Er wird sie studieren und lieben, Buchstabe für Buchstabe"
"he will study and love them, letter by letter"
"Ich wollte das Buch der Welt lesen und verachtete die Buchstaben"
"I wanted to read the book of the world and scorned the letters"
"Ich wollte das Buch von mir selbst lesen und verachtete die Symbole"
"I wanted to read the book of myself and scorned the symbols"
"Ich nannte meine Augen und meine Zunge zufällig"
"I called my eyes and my tongue coincidental"
"Ich sagte, es seien wertlose Formen ohne Substanz"
"I said they were worthless forms without substance"
"Nein, das ist vorbei, ich bin erwacht"
"No, this is over, I have awakened"
"Ich bin in der Tat erwacht"
"I have indeed awakened"
"Ich war noch nicht vor diesem Tag geboren"
"I had not been born before this very day"
Bei diesen Gedanken hielt Siddhartha plötzlich wieder inne
In thinking these thoughts, Siddhartha suddenly stopped once again
Er blieb stehen, als läge eine Schlange vor ihm
he stopped as if there was a snake lying in front of him
Plötzlich war ihm auch noch etwas anderes bewusst geworden
suddenly, he had also become aware of something else
Er war in der Tat wie jemand, der gerade aufgewacht war
He was indeed like someone who had just woken up
Er war wie ein neugeborenes Baby, das sein Leben neu beginnt
he was like a new-born baby starting life anew
Und er musste wieder ganz von vorne anfangen
and he had to start again at the very beginning
Am Morgen hatte er ganz andere Absichten gehabt
in the morning he had had very different intentions

Er hatte daran gedacht, in seine Heimat und zu seinem Vater zurückzukehren
he had thought to return to his home and his father
Aber jetzt blieb er stehen, als läge eine Schlange auf seinem Weg
But now he stopped as if a snake was lying on his path
Er erkannte, wo er war
he made a realization of where he was
"Ich bin nicht mehr der, der ich war"
"I am no longer the one I was"
"Ich bin kein Asket mehr"
"I am no ascetic any more"
"Ich bin kein Priester mehr"
"I am not a priest any more"
"Ich bin kein Brahmane mehr"
"I am no Brahman any more"
"Was soll ich bei meinem Vater tun?"
"Whatever should I do at my father's place?"
"Studieren? Opfergaben darbringen? Meditation praktizieren?"
"Study? Make offerings? Practise meditation?"
"Aber das alles ist für mich vorbei"
"But all this is over for me"
"Das alles liegt nicht mehr auf meinem Weg"
"all of this is no longer on my path"
Regungslos blieb Siddhartha stehen
Motionless, Siddhartha remained standing there
und für die Zeit eines Augenblicks und Atemzugs fühlte sich sein Herz kalt an
and for the time of one moment and breath, his heart felt cold
Er fühlte eine Kälte in seiner Brust
he felt a coldness in his chest
Das gleiche Gefühl, das ein kleines Tier empfindet, wenn es sieht, wie allein es ist
the same feeling a small animal feels when it sees how alone it is
Viele Jahre lang war er ohne Zuhause gewesen und hatte

nichts gespürt
For many years, he had been without home and had felt nothing
Jetzt fühlte er sich obdachlos
Now, he felt he had been without a home
Doch selbst in der tiefsten Meditation war er der Sohn seines Vaters gewesen
Still, even in the deepest meditation, he had been his father's son
er war ein Brahmane gewesen, der einer hohen Kaste angehörte
he had been a Brahman, of a high caste
Er war Kleriker gewesen
he had been a cleric
Nun war er nichts anderes als Siddhartha, der Erwachte
Now, he was nothing but Siddhartha, the awoken one
Nichts anderes war von ihm übrig geblieben
nothing else was left of him
Tief atmete er ein und fühlte sich kalt an
Deeply, he inhaled and felt cold
Ein Schauer lief durch seinen Körper
a shiver ran through his body
Niemand war so allein wie er
Nobody was as alone as he was
Es gab keinen Edelmann, der nicht zu den Adligen gehörte
There was no nobleman who did not belong to the noblemen
Es gab keinen Arbeiter, der nicht zu den Arbeitern gehörte
there was no worker that did not belong to the workers
sie hatten alle unter sich Zuflucht gefunden
they had all found refuge among themselves
Sie teilten ihr Leben und sprachen ihre Sprachen
they shared their lives and spoke their languages
es gibt keinen Brahmanen, der nicht als Brahmanen angesehen werden würde
there are no Brahman who would not be regarded as Brahmans
und es gibt keine Brahmanen, die nicht als Brahmanen

gelebt haben
and there are no Brahmans that didn't live as Brahmans
es gibt keinen Asketen, der nicht bei den Samanas Zuflucht finden könnte
there are no ascetic who could not find refuge with the Samanas
Und selbst der einsamste Einsiedler im Wald war nicht allein
and even the most forlorn hermit in the forest was not alone
Er war auch von einem Ort umgeben, zu dem er gehörte
he was also surrounded by a place he belonged to
Er gehörte auch einer Kaste an, in der er zu Hause war
he also belonged to a caste in which he was at home
Govinda hatte ihn verlassen und war Mönch geworden
Govinda had left him and became a monk
und tausend Mönche waren seine Brüder
and a thousand monks were his brothers
Sie trugen das gleiche Gewand wie er
they wore the same robe as him
Sie glaubten an seinen Glauben und sprachen seine Sprache
they believed in his faith and spoke his language
Aber er, Siddhartha, wo gehörte er hin?
But he, Siddhartha, where did he belong to?
Mit wem würde er sein Leben teilen?
With whom would he share his life?
Wessen Sprache würde er sprechen?
Whose language would he speak?
Die Welt um ihn herum schmolz dahin
the world melted away all around him
Er stand allein wie ein Stern am Himmel
he stood alone like a star in the sky
Kälte und Verzweiflung umgaben ihn
cold and despair surrounded him
aber Siddhartha tauchte aus diesem Augenblick auf
but Siddhartha emerged out of this moment
Siddhartha trat mehr als zuvor als sein wahres Ich zum Vorschein

Siddhartha emerged more his true self than before
Er war konzentrierter als je zuvor
he was more firmly concentrated than he had ever been
Er fühlte; "Das war das letzte Beben des Erwachens"
He felt; "this had been the last tremor of the awakening"
"Der letzte Kampf dieser Geburt"
"the last struggle of this birth"
Und es dauerte nicht lange, so ging er wieder in großen Schritten
And it was not long until he walked again in long strides
Er fing an, schnell und ungeduldig fortzufahren
he started to proceed swiftly and impatiently
Er ging nicht mehr nach Hause
he was no longer going home
Er ging nicht mehr zu seinem Vater
he was no longer going to his father

Zweiter Teil – Part Two
***
Kamala

Siddhartha lernte auf jedem Schritt seines Weges etwas Neues
Siddhartha learned something new on every step of his path
denn die Welt verwandelte sich und sein Herz war verzaubert
because the world was transformed and his heart was enchanted
Er sah die Sonne über den Bergen aufgehen
He saw the sun rising over the mountains
und er sah die Sonne über dem fernen Strand untergehen
and he saw the sun setting over the distant beach
Nachts sah er die Sterne am Himmel in ihren festen Positionen
At night, he saw the stars in the sky in their fixed positions
und er sah die Mondsichel wie ein Boot im Blau treiben
and he saw the crescent of the moon floating like a boat in the blue
Er sah Bäume, Sterne, Tiere und Wolken
He saw trees, stars, animals, and clouds
Regenbögen, Felsen, Kräuter, Blumen, Bäche und Flüsse
rainbows, rocks, herbs, flowers, streams and rivers
Er sah den glitzernden Tau im Gebüsch am Morgen
he saw the glistening dew in the bushes in the morning
Er sah in der Ferne hohe Berge, die blau waren
he saw distant high mountains which were blue
Wind wehte durch das Reisfeld
wind blew through the rice-field
Das alles, tausendfach und bunt, war schon immer da gewesen
all of this, a thousand-fold and colourful, had always been there
Die Sonne und der Mond hatten immer geschienen
the sun and the moon had always shone

Flüsse hatten immer gebraust und Bienen hatten immer gesummt
rivers had always roared and bees had always buzzed
aber in früheren Zeiten war das alles ein trügerischer Schleier gewesen
but in former times all of this had been a deceptive veil
Für ihn war es nur flüchtig gewesen
to him it had been nothing more than fleeting
Es sollte mit Misstrauen betrachtet werden
it was supposed to be looked upon in distrust
Es war dazu bestimmt, von Gedanken durchdrungen und zerstört zu werden
it was destined to be penetrated and destroyed by thought
da es nicht das Wesen des Daseins war
since it was not the essence of existence
denn dieses Wesen lag jenseits, auf der anderen Seite des Sichtbaren
since this essence lay beyond, on the other side of, the visible
Aber jetzt blieben seine befreiten Augen auf dieser Seite
But now, his liberated eyes stayed on this side
Er sah und wurde sich des Sichtbaren bewusst
he saw and became aware of the visible
Er suchte in dieser Welt zu Hause zu sein
he sought to be at home in this world
Er suchte nicht nach dem wahren Wesen
he did not search for the true essence
Er zielte nicht auf eine jenseitige Welt
he did not aim at a world beyond
Diese Welt war schön genug für ihn
this world was beautiful enough for him
Wenn man es so betrachtete, wurde alles kindlich
looking at it like this made everything childlike
Schön waren der Mond und die Sterne
Beautiful were the moon and the stars
Schön war der Bach und die Ufer
beautiful was the stream and the banks
Der Wald und die Felsen, die Ziege und der Goldkäfer

the forest and the rocks, the goat and the gold-beetle
die Blume und der Schmetterling; Schön und lieblich war es
the flower and the butterfly; beautiful and lovely it was
Durch die Welt zu gehen war wieder kindlich
to walk through the world was childlike again
Auf diese Weise wurde er geweckt
this way he was awoken
Auf diese Weise war er offen für das, was nahe ist
this way he was open to what is near
Auf diese Weise war er ohne Misstrauen
this way he was without distrust
anders verbrannte die Sonne den Kopf
differently the sun burnt the head
Anders kühlte ihn der Schatten des Waldes ab
differently the shade of the forest cooled him down
Anders schmeckten der Kürbis und die Banane
differently the pumpkin and the banana tasted
Kurz waren die Tage, kurz waren die Nächte
Short were the days, short were the nights
jede Stunde raste schnell dahin wie ein Segel auf dem Meer
every hour sped swiftly away like a sail on the sea
und unter dem Segel war ein Schiff voller Schätze, voller Freude
and under the sail was a ship full of treasures, full of joy
Siddhartha sah eine Gruppe von Affen, die sich durch das hohe Blätterdach bewegten
Siddhartha saw a group of apes moving through the high canopy
Sie saßen hoch in den Ästen der Bäume
they were high in the branches of the trees
und er hörte ihren wilden, gierigen Gesang
and he heard their savage, greedy song
Siddhartha sah ein männliches Schaf, das einem weiblichen folgte und sich mit ihr paarte
Siddhartha saw a male sheep following a female one and mating with her
In einem See aus Schilf sah er den Hecht, der hungrig nach

seinem Abendessen jagte
In a lake of reeds, he saw the pike hungrily hunting for its dinner
Junge Fische trieben sich vom Hecht weg
young fish were propelling themselves away from the pike
Sie waren verängstigt, wackelten und funkelten
they were scared, wiggling and sparkling
Die Jungfische sprangen in Scharen aus dem Wasser
the young fish jumped in droves out of the water
Der Duft von Kraft und Leidenschaft kam kraftvoll aus dem Wasser
the scent of strength and passion came forcefully out of the water
und der Hecht erregte den Geruch
and the pike stirred up the scent
All das hatte es schon immer gegeben
All of this had always existed
und er hatte es nicht gesehen, noch war er bei ihm gewesen
and he had not seen it, nor had he been with it
Jetzt war er dabei und er war ein Teil davon
Now he was with it and he was part of it
Licht und Schatten liefen durch seine Augen
Light and shadow ran through his eyes
Sterne und Mond liefen ihm durch das Herz
stars and moon ran through his heart

Siddhartha erinnerte sich an alles, was er im Garten Jetavana erlebt hatte
Siddhartha remembered everything he had experienced in the Garden Jetavana
Er erinnerte sich an die Lehre, die er dort vom göttlichen Buddha gehört hatte
he remembered the teaching he had heard there from the divine Buddha
er erinnerte sich an den Abschied von Govinda
he remembered the farewell from Govinda
Er erinnerte sich an das Gespräch mit dem Erhabenen

he remembered the conversation with the exalted one
Wieder erinnerte er sich an seine eigenen Worte, die er zu dem Erhabenen gesprochen hatte
Again he remembered his own words that he had spoken to the exalted one
Er erinnerte sich an jedes Wort
he remembered every word
Er erkannte, dass er Dinge gesagt hatte, die er nicht wirklich gewusst hatte
he realized he had said things which he had not really known
er erstaunte sich selbst über das, was er zu Gotama gesagt hatte
he astonished himself with what he had said to Gotama
Buddhas Schatz und Geheimnis waren nicht die Lehren
the Buddha's treasure and secret was not the teachings
aber das Geheimnis war das Unaussprechliche und nicht Belehrbare
but the secret was the inexpressable and not teachable
das Geheimnis, das er in der Stunde seiner Erleuchtung erfahren hatte
the secret which he had experienced in the hour of his enlightenment
Das Geheimnis war nichts anderes als das, was er jetzt erlebt hatte
the secret was nothing but this very thing which he had now gone to experience
Das Geheimnis war, was er nun zu erleben begann
the secret was what he now began to experience
Nun musste er sich selbst erfahren
Now he had to experience his self
er wusste schon lange, dass er Atman war
he had already known for a long time that his self was Atman
Er wußte, daß Atman die gleichen ewigen Eigenschaften wie Brahman besaß
he knew Atman bore the same eternal characteristics as Brahman
Aber er hatte nie wirklich zu sich selbst gefunden

But he had never really found this self
weil er das Selbst im Netz des Denkens einfangen wollte
because he had wanted to capture the self in the net of thought
Aber der Körper war nicht Teil des Selbst
but the body was not part of the self
Es war nicht das Schauspiel der Sinne
it was not the spectacle of the senses
Es war also auch nicht der Gedanke, noch der rationale Verstand
so it also was not the thought, nor the rational mind
Es war weder die erlernte Weisheit, noch die erlernte Fähigkeit
it was not the learned wisdom, nor the learned ability
Aus diesen Dingen konnten keine Schlüsse gezogen werden
from these things no conclusions could be drawn
Nein, auch die Gedankenwelt war noch auf dieser Seite
No, the world of thought was also still on this side
Beide, sowohl die Gedanken als auch die Sinne, waren hübsche Dinge
Both, the thoughts as well as the senses, were pretty things
Aber die letztendliche Bedeutung verbarg sich hinter beiden
but the ultimate meaning was hidden behind both of them
Beides musste angehört und gespielt werden
both had to be listened to and played with
weder zu verachten noch zu überschätzen
neither had to be scorned nor overestimated
Es gab geheime Stimmen der innersten Wahrheit
there were secret voices of the innermost truth
Diese Stimmen mussten aufmerksam wahrgenommen werden
these voices had to be attentively perceived
Er wollte nichts anderes anstreben
He wanted to strive for nothing else
Er würde tun, was die Stimme ihm befahl
he would do what the voice commanded him to do
Er würde dort wohnen, wo die Stimmen ihm rieten
he would dwell where the voices adviced him to

Warum hatte sich Gotama unter den Bodhi Baum gesetzt?
Why had Gotama sat down under the Bodhi tree?
Er hatte eine Stimme in seinem eigenen Herzen gehört
He had heard a voice in his own heart
eine Stimme, die ihm befohlen hatte, unter diesem Baum Ruhe zu suchen
a voice which had commanded him to seek rest under this tree
Er hätte weiter Opfergaben darbringen können
he could have gone on to make offerings
Er hätte seine Waschungen vollziehen können
he could have performed his ablutions
Er hätte diesen Moment im Gebet verbringen können
he could have spent that moment in prayer
Er hatte sich entschieden, weder zu essen noch zu trinken
he had chosen not to eat or drink
weder zu schlafen noch zu träumen
he had chosen not to sleep or dream
Stattdessen hatte er der Stimme gehorcht
instead, he had obeyed the voice
So zu gehorchen war gut
To obey like this was good
Es war gut, einem fremden Befehl nicht zu gehorchen
it was good not to obey to an external command
Es war gut, nur der Stimme zu gehorchen
it was good to obey only the voice
So bereit zu sein, war gut und notwendig
to be ready like this was good and necessary
Es gab nichts anderes, was nötig war
there was nothing else that was necessary

in der Nacht kam Siddhartha an einen Fluss
in the night Siddhartha got to a river
Er schlief in der Strohhütte eines Fährmanns
he slept in the straw hut of a ferryman
in dieser Nacht hatte Siddhartha einen Traum
this night Siddhartha had a dream
Govinda stand vor ihm

Govinda was standing in front of him
Er trug das gelbe Gewand eines Asketen
he was dressed in the yellow robe of an ascetic
Traurig sah Govinda aus
Sad was how Govinda looked
Traurig fragte er: "Warum hast du mich verlassen?"
sadly he asked, "Why have you forsaken me?"
Siddhartha umarmte Govinda und schlang seine Arme um ihn
Siddhartha embraced Govinda, and wrapped his arms around him
Er zog ihn an seine Brust und küsste ihn
he pulled him close to his chest and kissed him
aber es war nicht mehr Govinda, sondern eine Frau
but it was not Govinda anymore, but a woman
Eine volle Brust sprang aus dem Kleid der Frau hervor
a full breast popped out of the woman's dress
Siddhartha lag da und trank aus der Brust
Siddhartha lay and drank from the breast
süß und kräftig schmeckte die Milch aus dieser Brust
sweetly and strongly tasted the milk from this breast
Es schmeckte nach Frau und Mann
It tasted of woman and man
Es schmeckte nach Sonne und Wald
it tasted of sun and forest
es schmeckte nach Tier und Blume
it tasted of animal and flower
Es schmeckte von jeder Frucht und jedem freudigen Verlangen
it tasted of every fruit and every joyful desire
Es berauschte ihn und machte ihn bewusstlos
It intoxicated him and rendered him unconscious
Siddhartha erwachte aus dem Traum
Siddhartha woke up from the dream
Der bleiche Fluss schimmerte durch die Tür der Hütte
the pale river shimmered through the door of the hut
Ein dunkler Ruf einer Eule hallte tief durch den Wald

a dark call of an owl resounded deeply through the forest
Siddhartha bat den Fährmann, ihn über den Fluss zu bringen
Siddhartha asked the ferryman to get him across the river
Der Fährmann brachte ihn auf seinem Bambusfloß über den Fluss
The ferryman got him across the river on his bamboo-raft
das Wasser schimmerte rötlich im Licht des Morgens
the water shimmered reddish in the light of the morning
"Das ist ein wunderschöner Fluss", sagte er zu seinem Gefährten
"This is a beautiful river," he said to his companion
»Ja,« sagte der Fährmann, »ein sehr schöner Fluss.«
"Yes," said the ferryman, "a very beautiful river"
"Ich liebe es über alles"
"I love it more than anything"
"Oft habe ich es mir angehört"
"Often I have listened to it"
"Oft habe ich ihm in die Augen geschaut"
"often I have looked into its eyes"
"Und ich habe immer daraus gelernt"
"and I have always learned from it"
"Von einem Fluss kann man viel lernen"
"Much can be learned from a river"
»Ich danke dir, mein Wohltäter,« sprach Siddhartha
"I thank you, my benefactor" spoke Siddhartha
Er ging auf der anderen Seite des Flusses von Bord
he disembarked on the other side of the river
"Ich habe kein Geschenk, das ich dir für deine Gastfreundschaft geben könnte, meine Liebe"
"I have no gift I could give you for your hospitality, my dear"
"und ich habe auch keinen Lohn für deine Arbeit"
"and I also have no payment for your work"
"Ich bin ein Mann ohne Heimat"
"I am a man without a home"
"Ich bin der Sohn eines Brahmanen und eines Samana"
"I am the son of a Brahman and a Samana"

"Ich habe es gesehen!" sprach der Fährmann
"I did see it," spoke the ferryman
"Ich habe keine Zahlung von Ihnen erwartet"
"I did not expect any payment from you"
"Es ist für Gäste selbstverständlich, ein Geschenk zu tragen"
"it is custim for guests to bear a gift"
"Aber das habe ich auch nicht von dir erwartet"
"but I did not expect this from you either"
"Du wirst mir das Geschenk ein anderes Mal geben"
"You will give me the gift another time"
»Glaubst du das?« fragte Siddhartha verwirrt
"Do you think so?" asked Siddhartha, bemusedly
"Dessen bin ich sicher", antwortete der Fährmann
"I am sure of it," replied the ferryman
"Auch das habe ich vom Fluss gelernt"
"This too, I have learned from the river"
"Alles, was geht, kommt zurück!"
"everything that goes comes back!"
"Auch du, Samana, wirst wiederkommen"
"You too, Samana, will come back"
"Nun lebe wohl! Lass deine Freundschaft mein Lohn sein."
"Now farewell! Let your friendship be my reward"
"Gedenke meiner, wenn du den Göttern Opfergaben darbringst"
"Commemorate me, when you make offerings to the gods"
Lächelnd trennten sie sich voneinander
Smiling, they parted from each other
Lächelnd freute sich Siddhartha über die Freundschaft
Smiling, Siddhartha was happy about the friendship
und er freute sich über die Güte des Fährmanns
and he was happy about the kindness of the ferryman
"Er ist wie Govinda", dachte er lächelnd
"He is like Govinda," he thought with a smile
"Alles, was mir auf meinem Weg begegnet, ist wie Govinda"
"all I meet on my path are like Govinda"
"Alle sind dankbar für das, was sie haben"
"All are thankful for what they have"

"Aber sie sind diejenigen, die ein Recht auf Dank hätten"
"but they are the ones who would have a right to receive thanks"
"Alle sind unterwürfig und möchten Freunde sein"
"all are submissive and would like to be friends"
"Alle gehorchen gerne und denken wenig"
"all like to obey and think little"
"Alle Menschen sind wie Kinder"
"all people are like children"

Gegen Mittag kam er durch ein Dorf
At about noon, he came through a village
Vor den Lehmhütten wälzten sich Kinder auf der Straße
In front of the mud cottages, children were rolling about in the street
sie spielten mit Kürbiskernen und Muscheln
they were playing with pumpkin-seeds and sea-shells
Sie schrien und rangen miteinander
they screamed and wrestled with each other
aber sie flohen alle schüchtern vor dem unbekannten Samana
but they all timidly fled from the unknown Samana
Am Ende des Dorfes führte der Weg durch einen Bach
In the end of the village, the path led through a stream
Am Ufer des Baches kniete eine junge Frau
by the side of the stream, a young woman was kneeling
Sie wusch Wäsche im Bach
she was washing clothes in the stream
Als Siddhartha sie begrüßte, hob sie den Kopf
When Siddhartha greeted her, she lifted her head
und sie blickte lächelnd zu ihm auf
and she looked up to him with a smile
Er konnte sehen, wie das Weiß in ihren Augen glänzte
he could see the white in her eyes glistening
Er rief ihr einen Segen zu
He called out a blessing to her
Dies war der Brauch unter den Reisenden

this was the custom among travellers
und er fragte, wie weit es bis zu der großen Stadt sei
and he asked how far it was to the large city
Dann stand sie auf und kam zu ihm
Then she got up and came to him
Wunderschön schimmerte ihr feuchter Mund in ihrem jungen Gesicht
beautifully her wet mouth was shimmering in her young face
Sie tauschte humorvolle Scherze mit ihm aus
She exchanged humorous banter with him
Sie fragte, ob er schon gegessen habe
she asked whether he had eaten already
und sie stellte neugierige Fragen
and she asked curious questions
"Stimmt es, dass die Samanas nachts allein im Wald schliefen?"
"is it true that the Samanas slept alone in the forest at night?"
"Stimmt es, dass Samanas keine Frauen bei sich haben dürfen?"
"is it true Samanas are not allowed to have women with them"
Während sie sprach, setzte sie ihren linken Fuß auf seinen rechten
While talking, she put her left foot on his right one
die Bewegung einer Frau, die sexuelles Vergnügen initiieren möchte
the movement of a woman who would want to initiate sexual pleasure
In den Lehrbüchern wird dies als "Baumklettern" bezeichnet
the textbooks call this "climbing a tree"
Siddhartha fühlte, wie sich sein Blut erhitzte
Siddhartha felt his blood heating up
Er musste wieder an seinen Traum denken
he had to think of his dream again
Er beugte sich leicht zu der Frau hinunter
he bend slightly down to the woman
und er küßte mit seinen Lippen die braune Brustwarze ihrer Brust

and he kissed with his lips the brown nipple of her breast
Als er aufblickte, sah er ihr Gesicht lächeln
Looking up, he saw her face smiling
und ihre Augen waren voller Lust
and her eyes were full of lust
Auch Siddhartha empfand Verlangen nach ihr
Siddhartha also felt desire for her
Er fühlte, wie sich die Quelle seiner Sexualität bewegte
he felt the source of his sexuality moving
aber er hatte noch nie eine Frau berührt
but he had never touched a woman before
Also zögerte er einen Augenblick
so he hesitated for a moment
Seine Hände waren bereits bereit, nach ihr zu greifen
his hands were already prepared to reach out for her
Doch dann hörte er die Stimme seines Innersten
but then he heard the voice of his innermost self
Er zitterte vor Ehrfurcht vor seiner Stimme
he shuddered with awe at his voice
und diese Stimme sagte ihm nein
and this voice told him no
Alle Reize verschwanden aus dem lächelnden Gesicht der jungen Frau
all charms disappeared from the young woman's smiling face
Er sah nichts anderes mehr als einen feuchten Blick
he no longer saw anything else but a damp glance
Alles, was er sehen konnte, war ein läufiges weibliches Tier
all he could see was female animal in heat
Höflich streichelte er ihre Wange
Politely, he petted her cheek
Er wandte sich von ihr ab und verschwand
he turned away from her and disappeared away
Er entfernte sich von der enttäuschten Frau mit leichten Schritten
he left from the disappointed woman with light steps
und er verschwand im Bambuswald
and he disappeared into the bamboo-wood

Noch vor Abend erreichte er die große Stadt
he reached the large city before the evening
und er war froh, die Stadt erreicht zu haben
and he was happy to have reached the city
weil er das Bedürfnis verspürte, unter Menschen zu sein
because he felt the need to be among people
oder lange Zeit hatte er in den Wäldern gelebt
or a long time, he had lived in the forests
Zum ersten Mal seit langer Zeit schlief er unter einem Dach
for first time in a long time he slept under a roof
Früher war die Stadt ein wunderschön eingezäunter Garten
Before the city was a beautifully fenced garden
Der Reisende stieß auf eine kleine Gruppe von Dienern
the traveller came across a small group of servants
Die Diener trugen Körbe mit Früchten
the servants were carrying baskets of fruit
Vier Diener trugen eine dekorative Sänfte
four servants were carrying an ornamental sedan-chair
Auf diesem Stuhl saß eine Frau, die Herrin
on this chair sat a woman, the mistress
Sie lag auf roten Kissen unter einem bunten Baldachin
she was on red pillows under a colourful canopy
Siddhartha blieb am Eingang des Lustgartens stehen
Siddhartha stopped at the entrance to the pleasure-garden
und er sah zu, wie die Parade vorüberzog
and he watched the parade go by
Er sah, sah die Knechte und Mägde
he saw saw the servants and the maids
Er sah die Körbe und die Sänfte
he saw the baskets and the sedan-chair
und er sah die Dame auf dem Stuhl
and he saw the lady on the chair
Unter ihrem schwarzen Haar sah er ein sehr zartes Gesicht
Under her black hair he saw a very delicate face
ein leuchtend roter Mund, wie eine frisch geknackte Feige
a bright red mouth, like a freshly cracked fig

Augenbrauen, die gut gepflegt und in einem hohen Bogen bemalt waren
eyebrows which were well tended and painted in a high arch
Es waren kluge und wachsame dunkle Augen
they were smart and watchful dark eyes
ein klarer, hoher Hals erhob sich aus einem grün-goldenen Gewand
a clear, tall neck rose from a green and golden garment
Ihre Hände ruhten, lang und dünn
her hands were resting, long and thin
Sie trug breite goldene Armbänder über ihren Handgelenken
she had wide golden bracelets over her wrists
Siddhartha sah, wie schön sie war, und sein Herz freute sich
Siddhartha saw how beautiful she was, and his heart rejoiced
Er verneigte sich tief, als die Sänfte näher kam
He bowed deeply, when the sedan-chair came closer
Er richtete sich wieder auf und blickte in das schöne, reizende Gesicht
straightening up again, he looked at the fair, charming face
Er las in ihren klugen Augen mit den hohen Bögen
he read her smart eyes with the high arcs
Er atmete den Duft von etwas ein, das er nicht kannte
he breathed in a fragrance of something he did not know
Mit einem Lächeln nickte die schöne Frau für einen Moment
With a smile, the beautiful woman nodded for a moment
Dann verschwand sie im Garten
then she disappeared into the garden
Und dann verschwanden auch die Diener
and then the servants disappeared as well
"Ich betrete diese Stadt mit einem reizenden Omen", dachte Siddhartha
"I am entering this city with a charming omen" Siddhartha thought
Er fühlte sich sofort in den Garten hineingezogen
He instantly felt drawn into the garden
Aber er dachte über seine Situation nach

but he thought about his situation
Er merkte, wie die Diener und Mägde ihn angeschaut hatten
he became aware of how the servants and maids had looked at him
Sie hielten ihn für verachtenswert, misstrauisch und lehnten ihn ab
they thought him despicable, distrustful, and rejected him
"Ich bin immer noch ein Samana", dachte er
"I am still a Samana" he thought
"Ich bin immer noch ein Asket und Bettler"
"I am still an ascetic and beggar"
"Ich darf nicht so bleiben"
"I must not remain like this"
"So werde ich den Garten nicht betreten können", lachte er
"I will not be able to enter the garden like this," he laughed
fragte er die nächste Person, die den Weg des Gartens entlang kam
he asked the next person who came along the path of the garden
und er fragte nach dem Namen der Frau
and he asked for the name of the woman
Ihm wurde gesagt, dass dies der Garten von Kamala, der berühmten Kurtisane, sei
he was told that this was the garden of Kamala, the famous courtesan
und man sagte ihm, dass sie auch ein Haus in der Stadt besitze
and he was told that she also owned a house in the city
Dann zog er mit einem Tor in die Stadt ein
Then, he entered the city with a goal
Um sein Ziel zu erreichen, ließ er sich von der Stadt einsaugen
Pursuing his goal, he allowed the city to suck him in
Er trieb durch den Fluss der Straßen
he drifted through the flow of the streets
Er blieb auf den Plätzen der Stadt stehen
he stood still on the squares in the city

Er ruhte sich auf den steinernen Treppen am Fluss aus
he rested on the stairs of stone by the river
Als der Abend kam, freundete er sich mit einer Friseurgehilfin an
When the evening came, he made friends with a barber's assistant
Er hatte ihn im Schatten eines Bogens arbeiten sehen
he had seen him working in the shade of an arch
und er fand ihn wieder betend in einem Tempel von Vishnu
and he found him again praying in a temple of Vishnu
Er erzählte von Geschichten von Vishnu und den Lakshmi
he told about stories of Vishnu and the Lakshmi
Zwischen den Booten am Fluss schlief er diese Nacht
Among the boats by the river, he slept this night
Siddhartha kam zu ihm, bevor die ersten Kunden in seinen Laden kamen
Siddhartha came to him before the first customers came into his shop
Er ließ sich vom Friseurgehilfen den Bart rasieren und die Haare schneiden
he had the barber's assistant shave his beard and cut his hair
Er kämmte sein Haar und salbte es mit feinem Öl
he combed his hair and anointed it with fine oil
Dann ging er, um sein Bad im Fluss zu nehmen
Then he went to take his bath in the river

Am späten Nachmittag näherte sich die schöne Kamala ihrem Garten
late in the afternoon, beautiful Kamala approached her garden
Siddhartha stand wieder am Eingang
Siddhartha was standing at the entrance again
Er machte eine Verbeugung und empfing den Gruß der Kurtisane
he made a bow and received the courtesan's greeting
Er erregte die Aufmerksamkeit eines der Diener
he got the attention of one of the servant
Er bat ihn, seine Herrin zu informieren

he asked him to inform his mistress
"ein junger Brahmane möchte mit ihr sprechen"
"a young Brahman wishes to talk to her"
Nach einer Weile kehrte der Diener zurück
After a while, the servant returned
der Diener bat Siddhartha, ihm zu folgen
the servant asked Siddhartha to follow him
Siddhartha folgte dem Diener in einen Pavillon
Siddhartha followed the servant into a pavilion
hier lag Kamala auf einer Couch
here Kamala was lying on a couch
und die Dienerin ließ ihn mit ihr allein
and the servant left him alone with her
"Hast du nicht gestern auch da draußen gestanden und mich begrüßt?", fragte Kamala
"Weren't you also standing out there yesterday, greeting me?" asked Kamala
"Es ist wahr, dass ich dich gestern schon gesehen und begrüßt habe"
"It's true that I've already seen and greeted you yesterday"
"Aber hast du nicht gestern einen Bart und lange Haare getragen?"
"But didn't you yesterday wear a beard, and long hair?"
"Und war nicht Staub in deinem Haar?"
"and was there not dust in your hair?"
"Du hast gut beobachtet, du hast alles gesehen"
"You have observed well, you have seen everything"
"Du hast Siddhartha, den Sohn eines Brahmanen, gesehen"
"You have seen Siddhartha, the son of a Brahman"
"der Brahmane, der seine Heimat verlassen hat, um ein Samana zu werden"
"the Brahman who has left his home to become a Samana"
"der Brahmane, der seit drei Jahren ein Samana ist"
"the Brahman who has been a Samana for three years"
"Aber jetzt habe ich diesen Weg verlassen und bin in diese Stadt gekommen."
"But now, I have left that path and came into this city"

"Und der erste, den ich traf, noch bevor ich die Stadt betreten hatte, warst du"
"and the first one I met, even before I had entered the city, was you"
"Um das zu sagen, bin ich zu dir gekommen, oh Kamala!"
"To say this, I have come to you, oh Kamala!"
"Zuvor sprach Siddhartha alle Weiber mit den Augen zur Erde an"
"before, Siddhartha addressed all woman with his eyes to the ground"
"Du bist die erste Frau, die ich sonst anspreche"
"You are the first woman whom I address otherwise"
"Nie wieder will ich den Blick auf den Boden richten"
"Never again do I want to turn my eyes to the ground"
"Ich werde mich nicht umdrehen, wenn ich einer schönen Frau begegne"
"I won't turn when I'm coming across a beautiful woman"
Kamala lächelte und spielte mit ihrem Fächer von Pfauenfedern
Kamala smiled and played with her fan of peacocks' feathers
»**Und nur um mir das zu sagen, ist Siddhartha zu mir gekommen?**«
"And only to tell me this, Siddhartha has come to me?"
"Um dir das zu sagen und dir zu danken, dass du so schön bist"
"To tell you this and to thank you for being so beautiful"
"Ich möchte dich bitten, mein Freund und Lehrer zu sein"
"I would like to ask you to be my friend and teacher"
"denn ich weiß noch nichts von der Kunst, die du gemeistert hast"
"for I know nothing yet of that art which you have mastered"
Daraufhin lachte Kamala laut auf
At this, Kamala laughed aloud
"Das ist mir noch nie passiert, mein Freund"
"Never before this has happened to me, my friend"
"Eine Samana aus dem Wald kam zu mir und wollte von mir lernen!"

"a Samana from the forest came to me and wanted to learn from me!"
"Das ist mir noch nie passiert"
"Never before this has happened to me"
"Eine Samana kam zu mir mit langen Haaren und einem alten, zerrissenen Lendenschurz!"
"a Samana came to me with long hair and an old, torn loincloth!"
"Viele junge Männer kommen zu mir"
"Many young men come to me"
"und es sind auch Söhne Brahmanen unter ihnen"
"and there are also sons of Brahmans among them"
"Aber sie kommen in schönen Kleidern"
"but they come in beautiful clothes"
"Sie kommen in feinen Schuhen"
"they come in fine shoes"
"Sie haben Parfüm im Haar
"they have perfume in their hair
"Und sie haben Geld in ihren Beuteln"
"and they have money in their pouches"
"So sind die jungen Männer, die zu mir kommen"
"This is how the young men are like, who come to me"
Siddhartha sprach: "Schon fange ich an, von dir zu lernen."
Spoke Siddhartha, "Already I am starting to learn from you"
"Schon gestern habe ich dazugelernt"
"Even yesterday, I was already learning"
"Ich habe meinen Bart schon abgenommen"
"I have already taken off my beard"
"Ich habe die Haare gekämmt"
"I have combed the hair"
"Und ich habe Öl in meinen Haaren"
"and I have oil in my hair"
"Es gibt wenig, was mir noch fehlt"
"There is little which is still missing in me"
"Oh vortrefflich, feine Kleider, feine Schuhe, Geld im Beutel"
"oh excellent one, fine clothes, fine shoes, money in my pouch"

"**Du sollst wissen, dass Siddhartha sich härtere Ziele gesetzt hat**"
"You shall know Siddhartha has set harder goals for himself"
"**Und er hat diese Ziele erreicht**"
"and he has reached these goals"
"**Wie sollte ich dieses Ziel nicht erreichen?**"
"How shouldn't I reach that goal?"
"**das Ziel, das ich mir gestern gesetzt habe**"
"the goal which I have set for myself yesterday"
"**Dein Freund zu sein und von dir die Freuden der Liebe zu lernen**"
"to be your friend and to learn the joys of love from you"
"**Du wirst sehen, dass ich schnell lernen werde, Kamala**"
"You'll see that I'll learn quickly, Kamala"
"**Ich habe schon härtere Dinge gelernt als das, was du mir beibringen sollst**"
"I have already learned harder things than what you're supposed to teach me"
"**Und jetzt lasst uns loslegen**"
"And now let's get to it"
»**Du bist nicht zufrieden mit Siddhartha, wie er ist?**«
"You aren't satisfied with Siddhartha as he is?"
"**mit Öl im Haar, aber ohne Kleider**"
"with oil in his hair, but without clothes"
"**Siddhartha ohne Schuhe, ohne Geld**"
"Siddhartha without shoes, without money"
Lachend rief Kamala: "Nein, meine Liebe."
Laughing, Kamala exclaimed, "No, my dear"
"**Er befriedigt mich noch nicht**"
"he doesn't satisfy me, yet"
"**Kleider sind das, was er haben muss**"
"Clothes are what he must have"
"**Schöne Kleider und Schuhe sind das, was er braucht**"
"pretty clothes, and shoes is what he needs"
"**Schöne Schuhe und viel Geld in der Tasche**"
"pretty shoes, and lots of money in his pouch"
"**Und er muss Geschenke für Kamala haben**"

"and he must have gifts for Kamala"
"Weißt du es jetzt, Samana aus dem Wald?"
"Do you know it now, Samana from the forest?"
"Hast du meine Worte markiert?"
"Did you mark my words?"
»Ja, ich habe deine Worte markiert,« rief Siddhartha aus
"Yes, I have marked your words," Siddhartha exclaimed
"Wie sollte ich nicht Worte markieren, die aus einem solchen Mund kommen!"
"How should I not mark words which are coming from such a mouth!"
"Dein Mund ist wie eine frisch geknackte Feige, Kamala"
"Your mouth is like a freshly cracked fig, Kamala"
"Mein Mund ist auch rot und frisch"
"My mouth is red and fresh as well"
"Es wird ein passendes Match für Sie sein, Sie werden sehen"
"it will be a suitable match for yours, you'll see"
"Aber sag mir, schöne Kamala"
"But tell me, beautiful Kamala"
"Hast du überhaupt keine Angst vor den Samana aus dem Wald?"
"aren't you at all afraid of the Samana from the forest""
"die Samana, die gekommen ist, um zu lernen, wie man Liebe macht"
"the Samana who has come to learn how to make love"
"Wozu sollte ich mich vor einem Samana fürchten?"
"Whatever for should I be afraid of a Samana?"
"eine dumme Samana aus dem Wald"
"a stupid Samana from the forest"
"ein Samana, der von den Schakalen kommt"
"a Samana who is coming from the jackals"
"Eine Samana, die noch nicht einmal weiß, was Frauen sind?"
"a Samana who doesn't even know yet what women are?"
"Oh, er ist stark, der Samana"
"Oh, he's strong, the Samana"

"**Und er hat vor nichts Angst**"
"and he isn't afraid of anything"
"**Er könnte dich zwingen, schönes Mädchen**"
"He could force you, beautiful girl"
"**Er könnte dich entführen und verletzen**"
"He could kidnap you and hurt you"
"**Nein, Samana, davor habe ich keine Angst**"
"No, Samana, I am not afraid of this"
"**Hat irgendein Samana oder Brahmane jemals befürchtet, dass jemand kommen und ihn ergreifen könnte?**"
"Did any Samana or Brahman ever fear someone might come and grab him?"
"**Könnte er befürchten, dass jemand sein Wissen stiehlt?**
"could he fear someone steals his learning?
"**Könnte irgendjemand seine religiöse Hingabe nehmen?**"
"could anyone take his religious devotion"
"**Ist es möglich, seine Gedankentiefe zu nehmen?**
"is it possible to take his depth of thought?
"**Nein, denn diese Dinge sind sein Eigentum**"
"No, because these things are his very own"
"**Er würde nur das Wissen verschenken, das er zu geben bereit ist**"
"he would only give away the knowledge he is willing to give"
"**Er würde nur denen geben, denen er zu geben bereit ist**"
"he would only give to those he is willing to give to"
"**Genau so ist es auch bei Kamala**"
"precisely like this it is also with Kamala"
"**Und so ist es auch mit den Freuden der Liebe**"
"and it is the same way with the pleasures of love"
»**Schön und rot ist Kamalas Mund,**« antwortete Siddhartha
"Beautiful and red is Kamala's mouth," answered Siddhartha
"**aber versuche nicht, es gegen Kamalas Willen zu küssen**"
"but don't try to kiss it against Kamala's will"
"**weil du keinen einzigen Tropfen Süße daraus ziehen wirst**"
"because you will not obtain a single drop of sweetness from it"
"**Du lernst leicht, Siddhartha**"

"You are learning easily, Siddhartha"
"Das solltest du auch lernen"
"you should also learn this"
"Liebe kann man durch Betteln, Kaufen erlangen"
"love can be obtained by begging, buying"
"Sie können es als Geschenk erhalten"
"you can receive it as a gift"
"Oder du findest es auf der Straße"
"or you can find it in the street"
"Aber Liebe kann nicht gestohlen werden"
"but love cannot be stolen"
"Damit hast du den falschen Weg eingeschlagen"
"In this, you have come up with the wrong path"
"Es wäre schade, wenn du die Liebe so falsch angehen wolltest"
"it would be a pity if you would want to tackle love in such a wrong manner"
Siddhartha verneigte sich lächelnd
Siddhartha bowed with a smile
"Schade, Kamala, du hast so recht"
"It would be a pity, Kamala, you are so right"
"Es wäre so schade"
"It would be such a great pity"
"Nein, ich werde keinen einzigen Tropfen Süße aus deinem Mund verlieren"
"No, I shall not lose a single drop of sweetness from your mouth"
"Und du sollst die Süße nicht aus meinem Munde verlieren"
"nor shall you lose sweetness from my mouth"
"So ist es abgemacht. Siddhartha wird wiederkommen."
"So it is agreed. Siddhartha will return"
"Siddhartha wird wiederkommen, wenn er das hat, was ihm noch fehlt"
"Siddhartha will return once he has what he still lacks"
"Er wird mit Kleidern, Schuhen und Geld zurückkommen"
"he will come back with clothes, shoes, and money"
"Aber sprich, liebe Kamala, könntest du mir nicht noch

einen kleinen Rat geben?"
"But speak, lovely Kamala, couldn't you still give me one small advice?"
"Gibst du dir einen Rat? Warum nicht?"
"Give you an advice? Why not?"
"Wer würde nicht gerne einem armen, unwissenden Samana einen Rat geben?"
"Who wouldn't like to give advice to a poor, ignorant Samana?"
"Liebe Kamala, wo soll ich hingehen, um diese drei Dinge am schnellsten zu finden?"
"Dear Kamala, where I should go to find these three things most quickly?"
"Freund, das möchten viele wissen"
"Friend, many would like to know this"
"Du musst tun, was du gelernt hast, und um Geld bitten"
"You must do what you've learned and ask for money"
"Es gibt keinen anderen Weg für einen armen Mann, an Geld zu kommen"
"There is no other way for a poor man to obtain money"
"Was könntest du tun?"
"What might you be able to do?"
"Ich kann denken. Ich kann warten. Ich kann fasten", sagte Siddhartha
"I can think. I can wait. I can fast" said Siddhartha
"Sonst nichts?", fragte Kamala
"Nothing else?" asked Kamala
"Ja, ich kann auch Gedichte schreiben"
"yes, I can also write poetry"
"Möchtest du mir einen Kuss für ein Gedicht geben?"
"Would you like to give me a kiss for a poem?"
"Ich möchte, wenn mir dein Gedicht gefällt"
"I would like to, if I like your poem"
»Wie würde der Titel lauten?«
"What would be its title?"
Siddhartha sprach, nachdem er einen Augenblick darüber nachgedacht hatte

Siddhartha spoke, after he had thought about it for a moment
"**In ihren schattigen Garten trat die hübsche Kamala**"
"Into her shady garden stepped the pretty Kamala"
"**Am Eingang des Gartens stand die braune Samana**"
"At the garden's entrance stood the brown Samana"
"**Tief, als ich die Blüte des Lotus sah, verneigte sich dieser Mann**"
"Deeply, seeing the lotus's blossom, Bowed that man"
"**Und lächelnd bedankte sich Kamala bei ihm**"
"and smiling, Kamala thanked him"
"**Lieblicher, dachte der Jüngling, als Opfergaben für Götter**"
"More lovely, thought the young man, than offerings for gods"
Kamala klatschte so laut in die Hände, dass die goldenen Armbänder klirrten
Kamala clapped her hands so loud that the golden bracelets clanged
"**Schön sind deine Verse, oh braune Samana**"
"Beautiful are your verses, oh brown Samana"
"**Und wahrlich, ich verliere nichts, wenn ich dir einen Kuss für sie gebe**"
"and truly, I'm losing nothing when I'm giving you a kiss for them"
Sie winkte ihm mit den Augen zu
She beckoned him with her eyes
Er neigte den Kopf, so dass sein Gesicht das ihre berührte
he tilted his head so that his face touched hers
und er legte seinen Mund auf ihren Mund
and he placed his mouth on her mouth
der Mund, der wie eine frisch geknackte Feige war
the mouth which was like a freshly cracked fig
Lange Zeit küsste Kamala ihn
For a long time, Kamala kissed him
und mit tiefem Erstaunen fühlte Siddhartha, wie sie ihn lehrte
and with a deep astonishment Siddhartha felt how she taught him
Er fühlte, wie weise sie war

he felt how wise she was
Er spürte, wie sie ihn kontrollierte
he felt how she controlled him
Er fühlte, wie sie ihn zurückwies
he felt how she rejected him
Er spürte, wie sie ihn anlockte
he felt how she lured him
und er fühlte, wie es noch mehr Küsse geben sollte
and he felt how there were to be more kisses
Jeder Kuss war anders als der andere
every kiss was different from the others
Er war still, als er die Küsse empfing
he was still when he received the kisses
Tief atmend blieb er stehen, wo er war
Breathing deeply, he remained standing where he was
Er staunte wie ein Kind über die Dinge, die es wert waren, gelernt zu werden
he was astonished like a child about the things worth learning
Das Wissen offenbarte sich vor seinen Augen
the knowledge revealed itself before his eyes
»Sehr schön sind deine Verse!« rief Kamala
"Very beautiful are your verses" exclaimed Kamala
"Wenn ich reich wäre, würde ich dir Goldstücke dafür geben"
"if I were rich, I would give you pieces of gold for them"
"Aber es wird dir schwer fallen, mit Versen genug Geld zu verdienen"
"But it will be difficult for you to earn enough money with verses"
"Weil du viel Geld brauchst, wenn du Kamalas Freund sein willst"
"because you need a lot of money, if you want to be Kamala's friend"
»So kannst du küssen, Kamala!« stammelte Siddhartha
"The way you're able to kiss, Kamala!" stammered Siddhartha
"Ja, das kann ich"
"Yes, this I am able to do"

"Darum fehlt es mir nicht an Kleidern, Schuhen, Armbändern"
"therefore I do not lack clothes, shoes, bracelets"
"Ich habe all die schönen Dinge"
"I have all the beautiful things"
»Aber was wird aus dir?«
"But what will become of you?"
"Kannst du nichts anderes?"
"Aren't you able to do anything else?"
"Kannst du mehr tun, als schnell zu denken und Gedichte zu machen?"
"can you do mroe than think, fast, and make poetry?"
"Ich kenne auch die Opferlieder", sagte Siddhartha
"I also know the sacrificial songs" said Siddhartha
"Aber ich will diese Lieder nicht mehr singen"
"but I do not want to sing those songs any more"
"Ich weiß auch, wie man Zaubersprüche macht"
"I also know how to make magic spells"
"aber ich will sie nicht mehr sprechen"
"but I do not want to speak them any more"
"Ich habe in den heiligen Schriften gelesen"
"I have read the scriptures"
"Stopp!" Kamala unterbrach ihn
"Stop!" Kamala interrupted him
"Du kannst lesen und schreiben?"
"You're able to read and write?"
"Sicher, ich kann das, viele Leute können das"
"Certainly, I can do this, many people can"
"Die meisten Leute können das nicht", antwortete Kamala
"Most people can't," Kamala replied
"Ich gehöre auch zu denen, die es nicht können"
"I am also one of those who can't do it"
"Es ist sehr gut, dass man lesen und schreiben kann"
"It is very good that you're able to read and write"
"Sie werden auch Verwendung für die Zaubersprüche finden"
"you will also find use for the magic spells"

In diesem Augenblick kam ein Dienstmädchen hereingelaufen
In this moment, a maid came running in
Sie flüsterte ihrer Herrin eine Botschaft ins Ohr
she whispered a message into her mistress's ear
"Da ist Besuch für mich", rief Kamala
"There's a visitor for me" exclaimed Kamala
"Beeile dich und mach dich auf den Weg, Siddhartha"
"Hurry and get yourself away, Siddhartha"
"Niemand darf dich hier drinnen sehen, denk daran!"
"nobody may see you in here, remember this!"
"Morgen sehen wir uns wieder"
"Tomorrow, I'll see you again"
Kamala befahl ihrer Magd, Siddhartha weiße Kleider zu geben
Kamala ordered her maid to give Siddhartha white garments
und dann fand sich Siddhartha von der Magd fortgeschleppt
and then Siddhartha found himself being dragged away by the maid
Er wurde in ein Gartenhaus gebracht, außer Sichtweite aller Wege
he was brought into a garden-house out of sight of any paths
Dann wurde er in das Gebüsch des Gartens geführt
then he was led into the bushes of the garden
Er wurde aufgefordert, sich so schnell wie möglich aus dem Garten zu entfernen
he was urged to get himself out of the garden as soon as possible
und man sagte ihm, er dürfe nicht gesehen werden
and he was told he must not be seen
Er tat, was ihm gesagt worden war
he did as he had been told
Er war an den Wald gewöhnt
he was accustomed to the forest
So schaffte er es, ohne ein Geräusch von sich zu geben heraus
so he managed to get out without making a sound

Er kehrte in die Stadt zurück und trug die zusammengerollten Kleider unter dem Arm
he returned to the city carrying the rolled up garments under his arm
In der Herberge, in der Reisende übernachten, stellte er sich an die Tür
At the inn, where travellers stay, he positioned himself by the door
Ohne Worte bat er um Essen
without words he asked for food
Ohne ein Wort zu sagen, nahm er ein Stück Reiskuchen an
without a word he accepted a piece of rice-cake
Er dachte daran, wie er immer gebettelt hatte
he thought about how he had always begged
"Vielleicht werde ich schon morgen niemanden mehr um Essen bitten"
"Perhaps as soon as tomorrow I will ask no one for food any more"
Plötzlich flammte Stolz in ihm auf
Suddenly, pride flared up in him
Er war kein Samana mehr
He was no Samana any more
Es ziemte sich nicht mehr für ihn, um Essen zu betteln
it was no longer appropriate for him to beg for food
Er gab den Reiskuchen einem Hund
he gave the rice-cake to a dog
und in dieser Nacht blieb er ohne Nahrung
and that night he remained without food
Siddhartha dachte bei sich an die Stadt
Siddhartha thought to himself about the city
"Einfach ist das Leben, das die Menschen in dieser Welt führen"
"Simple is the life which people lead in this world"
"Dieses Leben bereitet keine Schwierigkeiten"
"this life presents no difficulties"
"Alles war schwierig und mühsam, als ich ein Samana war"

"Everything was difficult and toilsome when I was a Samana"
"als Samana war alles hoffnungslos"
"as a Samana everything was hopeless"
"Aber jetzt ist alles einfach"
"but now everything is easy"
"Es ist einfach wie die Lektion im Küssen von Kamala"
"it is easy like the lesson in kissing from Kamala"
"Ich brauche Klamotten und Geld, sonst nichts"
"I need clothes and money, nothing else"
"Diese Ziele sind klein und erreichbar"
"these goals are small and achievable"
"Solche Ziele bringen einen Menschen nicht um den Schlaf"
"such goals won't make a person lose any sleep"

Am nächsten Tag kehrte er zu Kamalas Haus zurück
the next day he returned to Kamala's house
"Es klappt gut", rief sie ihm zu
"Things are working out well" she called out to him
"Sie erwarten dich bei Kamaswami"
"They are expecting you at Kamaswami's"
"Er ist der reichste Kaufmann der Stadt"
"he is the richest merchant of the city"
"Wenn er dich mag, wird er dich in seinen Dienst aufnehmen"
"If he likes you, he'll accept you into his service"
"Aber du musst klug sein, braune Samana"
"but you must be smart, brown Samana"
"Ich habe ihm von anderen von dir erzählen lassen"
"I had others tell him about you"
"Sei höflich zu ihm, er ist sehr mächtig"
"Be polite towards him, he is very powerful"
"Aber ich warne dich, sei nicht zu bescheiden!"
"But I warn you, don't be too modest!"
"Ich will nicht, dass du sein Diener wirst"
"I do not want you to become his servant"
"Du sollst ihm ebenbürtig werden"
"you shall become his equal"

"Sonst bin ich nicht zufrieden mit dir"
"or else I won't be satisfied with you"
"Kamaswami fängt an, alt und faul zu werden"
"Kamaswami is starting to get old and lazy"
"Wenn er dich mag, wird er dir viel anvertrauen"
"If he likes you, he'll entrust you with a lot"
Siddhartha dankte ihr und lachte
Siddhartha thanked her and laughed
Sie fand heraus, dass er nichts gegessen hatte
she found out that he had not eaten
Da schickte sie ihm Brot und Früchte
so she sent him bread and fruits
"Du hast Glück gehabt", sagte sie, als sie sich trennten
"You've been lucky" she said when they parted
"Ich öffne dir eine Tür nach der anderen"
"I'm opening one door after another for you"
"Wie kommt das? Hast du einen Zauber?"
"How come? Do you have a spell?"
"Ich habe dir gesagt, dass ich denke, warte und faste"
"I told you I knew how to think, to wait, and to fast"
"Aber du dachtest, das nützt nichts"
"but you thought this was of no use"
"Aber es ist für viele Dinge nützlich"
"But it is useful for many things"
"Kamala, du wirst sehen, dass die dummen Samanas gut lernen können"
"Kamala, you'll see that the stupid Samanas are good at learning"
"Sie werden sehen, dass sie in der Lage sind, viele schöne Dinge im Wald zu tun"
"you'll see they are able to do many pretty things in the forest"
"Dinge, zu denen Leute wie du nicht fähig sind"
"things which the likes of you aren't capable of"
"Vorgestern war ich noch ein zotteliger Bettler"
"The day before yesterday, I was still a shaggy beggar"
"Erst gestern habe ich Kamala geküsst"
"as recently as yesterday I have kissed Kamala"

"und bald werde ich Kaufmann sein und Geld haben"
"and soon I'll be a merchant and have money"
"Und ich werde all die Dinge haben, auf denen du bestehst"
"and I'll have all those things you insist upon"
"Nun ja", gab sie zu, "aber wo wärst du ohne mich?"
"Well yes," she admitted, "but where would you be without me?"
"Was wärst du, wenn Kamala dir nicht helfen würde?"
"What would you be, if Kamala wasn't helping you?"
»Liebe Kamala,« sagte Siddhartha
"Dear Kamala" said Siddhartha
und er richtete sich zu seiner vollen Größe auf
and he straightened up to his full height
"Als ich zu dir in deinen Garten kam, tat ich den ersten Schritt"
"when I came to you into your garden, I did the first step"
"Es war mein Entschluss, die Liebe von dieser schönsten Frau zu lernen"
"It was my resolution to learn love from this most beautiful woman"
"In diesem Moment hatte ich diesen Entschluss gefasst"
"that moment I had made this resolution"
"und ich wusste, dass ich es ausführen würde"
"and I knew I would carry it out"
"Ich wusste, dass du mir helfen würdest"
"I knew that you would help me"
"beim ersten Blick auf den Eingang des Gartens wusste ich es schon"
"at your first glance at the entrance of the garden I already knew it"
"Aber was wäre, wenn ich nicht dazu bereit gewesen wäre?", fragte Kamala
"But what if I hadn't been willing?" asked Kamala
»Du warst willig,« erwiderte Siddhartha
"You were willing" replied Siddhartha
"Wenn man einen Stein ins Wasser wirft, nimmt er den schnellsten Weg nach unten"

"When you throw a rock into water, it takes the fastest course to the bottom"
"So ist es, wenn Siddhartha ein Ziel hat"
"This is how it is when Siddhartha has a goal"
"Siddhartha tut nichts; er wartet, er denkt, er fastet"
"Siddhartha does nothing; he waits, he thinks, he fasts"
"Er aber geht durch die Dinge der Welt wie ein Fels durchs Wasser"
"but he passes through the things of the world like a rock through water"
"Er ging durch das Wasser, ohne etwas zu tun"
"he passed through the water without doing anything"
"Er zieht es auf den Grund des Wassers"
"he is drawn to the bottom of the water"
"Er lässt sich auf den Grund des Wassers fallen"
"he lets himself fall to the bottom of the water"
"Sein Ziel zieht ihn an"
"His goal attracts him towards it"
"Er lässt nichts in seine Seele eindringen, was dem Ziel entgegenstehen könnte"
"he doesn't let anything enter his soul which might oppose the goal"
"Das ist es, was Siddhartha bei den Samanas gelernt hat"
"This is what Siddhartha has learned among the Samanas"
"Das ist es, was Narren Magie nennen"
"This is what fools call magic"
"Sie denken, dass es von Dämonen gemacht wird"
"they think it is done by daemons"
"Aber Dämonen tun nichts"
"but nothing is done by daemons"
"Es gibt keine Dämonen auf dieser Welt"
"there are no daemons in this world"
"Jeder kann zaubern, wenn er will"
"Everyone can perform magic, should they choose to"
"Jeder kann seine Ziele erreichen, wenn er denken kann"
"everyone can reach his goals if he is able to think"
"Jeder kann seine Ziele erreichen, wenn er warten kann"

"everyone can reach his goals if he is able to wait"
"Jeder kann seine Ziele erreichen, wenn er fasten kann"
"everyone can reach his goals if he is able to fast"
Kamala hörte ihm zu; sie liebte seine Stimme
Kamala listened to him; she loved his voice
Sie liebte den Blick aus seinen Augen
she loved the look from his eyes
"Vielleicht ist es so, wie du sagst, Freund"
"Perhaps it is as you say, friend"
"Aber vielleicht gibt es eine andere Erklärung"
"But perhaps there is another explanation"
"Siddhartha ist ein schöner Mann"
"Siddhartha is a handsome man"
"Sein Blick erfreut die Frauen"
"his glance pleases the women"
"Das Glück kommt ihm dadurch entgegen"
"good fortune comes towards him because of this"
Mit einem Kuß verabschiedete sich Siddhartha
With one kiss, Siddhartha bid his farewell
"Ich wünschte, dass es so wäre, mein Lehrer"
"I wish that it should be this way, my teacher"
"Ich wünsche, dass mein Blick dir gefallen möge"
"I wish that my glance shall please you"
"Ich wünsche mir, dass du mir immer Glück bringst"
"I wish that that you always bring me good fortune"

Mit den kindlichen Menschen
With the Childlike People

Siddhartha ging zu Kamaswami, dem Kaufmann
Siddhartha went to Kamaswami the merchant
Er wurde in ein reiches Haus geleitet
he was directed into a rich house
Diener führten ihn zwischen kostbaren Teppichen hindurch in ein Gemach
servants led him between precious carpets into a chamber
In der Kammer erwartete er den Hausherrn
in the chamber was where he awaited the master of the house
Kamaswami betrat rasch den Raum
Kamaswami entered swiftly into the room
Er war ein Mann, der sich geschmeidig bewegte
he was a smoothly moving man
Er hatte sehr graues Haar und sehr intelligente, vorsichtige Augen
he had very gray hair and very intelligent, cautious eyes
und er hatte ein gieriges Maul
and he had a greedy mouth
Höflich begrüßten sich der Gastgeber und der Gast
Politely, the host and the guest greeted one another
"Mir wurde gesagt, dass du ein Brahmane bist", begann der Kaufmann
"I have been told that you were a Brahman" the merchant began
"Man hat mir gesagt, dass du ein gelehrter Mann bist"
"I have been told that you are a learned man"
"und mir wurde auch noch etwas anderes gesagt"
"and I have also been told something else"
"Du suchst im Dienste eines Kaufmanns zu stehen"
"you seek to be in the service of a merchant"
"Könntest du mittellos geworden sein, Brahmane, so dass du zu dienen trachtetst?"
"Might you have become destitute, Brahman, so that you seek to serve?"

»Nein,« sagte Siddhartha, »ich bin nicht mittellos geworden.«
"No," said Siddhartha, "I have not become destitute"
"Ich bin auch nie mittellos gewesen", fügte Siddhartha hinzu
"nor have I ever been destitute" added Siddhartha
"Ihr müsst wissen, dass ich von den Samanas komme"
"You should know that I'm coming from the Samanas"
"Ich lebe schon lange mit ihnen zusammen"
"I have lived with them for a long time"
"Du kommst von den Samanas"
"you are coming from the Samanas"
"Wie könntest du nur mittellos sein?"
"how could you be anything but destitute?"
"Sind die Samanas nicht gänzlich ohne Besitz?"
"Aren't the Samanas entirely without possessions?"
"Ich bin ohne Besitz, wenn du das meinst", sagte Siddhartha
"I am without possessions, if that is what you mean" said Siddhartha
"Aber ich bin freiwillig ohne Besitz"
"But I am without possessions voluntarily"
"und darum bin ich nicht mittellos"
"and therefore I am not destitute"
"Aber wovon willst du leben, wenn du ohne Besitz bist?"
"But what are you planning to live of, being without possessions?"
"Daran habe ich noch nicht gedacht, Sir"
"I haven't thought of this yet, sir"
"Seit mehr als drei Jahren bin ich ohne Besitz"
"For more than three years, I have been without possessions"
"und ich habe nie darüber nachgedacht, was ich leben soll"
"and I have never thought about of what I should live"
"Du hast also von den Besitztümern anderer gelebt"
"So you've lived of the possessions of others"
"Vermutlich, so ist es?"
"Presumable, this is how it is?"
"Nun, Kaufleute leben auch von dem, was andere Leute

besitzen"
"Well, merchants also live of what other people own"
»Gut gesagt«, gab der Marschent zu
"Well said," granted the marchent
"Aber er würde nichts umsonst von einer anderen Person annehmen"
"But he wouldn't take anything from another person for nothing"
"Er würde seine Waren zurückgeben", sagte Kamaswami
"he would give his merchandise in return" said Kamaswami
"So scheint es in der Tat zu sein"
"So it seems to be indeed"
"Jeder nimmt, jeder gibt, so ist das Leben"
"Everyone takes, everyone gives, such is life"
"Aber wenn es Ihnen nichts ausmacht, dass ich frage, habe ich eine Frage"
"But if you don't mind me asking, I have a question"
"Wenn du ohne Besitz bist, was möchtest du geben?"
"being without possessions, what would you like to give?"
"Jeder gibt, was er hat"
"Everyone gives what he has"
"Der Krieger gibt Kraft"
"The warrior gives strength"
"Der Kaufmann gibt Waren"
"the merchant gives merchandise"
"Der Lehrer gibt Belehrungen"
"the teacher gives teachings"
"Der Bauer gibt Reis"
"the farmer gives rice"
"Der Fischer gibt Fische"
"the fisher gives fish"
"Ja, in der Tat. Und was hast du zu geben?"
"Yes indeed. And what is it that you've got to give?"
"Was hast du gelernt?"
"What is it that you've learned?"
"Was können Sie tun?"
"what you're able to do?"

"Ich kann denken. Ich kann warten. Ich kann fasten"
"I can think. I can wait. I can fast"
»Das ist alles?« fragte Kamaswami
"That's everything?" asked Kamaswami
"Ich glaube, das ist alles, was es gibt!"
"I believe that is everything there is!"
"Und was nützt das?"
"And what's the use of that?"
"Zum Beispiel; Fasten. Wozu ist es gut?"
"For example; fasting. What is it good for?"
"Es ist sehr gut, Sir"
"It is very good, sir"
"Es gibt Zeiten, in denen ein Mensch nichts zu essen hat"
"there are times a person has nothing to eat"
"Dann ist Fasten das Klügste, was er tun kann"
"then fasting is the smartest thing he can do"
"Es gab eine Zeit, da hatte Siddhartha nicht gelernt zu fasten"
"there was a time where Siddhartha hadn't learned to fast"
"In dieser Zeit musste er jede Art von Dienst annehmen"
"in this time he had to accept any kind of service"
"weil der Hunger ihn zwingen würde, den Dienst anzunehmen"
"because hunger would force him to accept the service"
"Aber so kann Siddhartha ruhig warten"
"But like this, Siddhartha can wait calmly"
"Er kennt keine Ungeduld, er kennt keinen Notfall"
"he knows no impatience, he knows no emergency"
"Lange Zeit kann er sich vom Hunger bedrängen lassen"
"for a long time he can allow hunger to besiege him"
"Und er kann über den Hunger lachen"
"and he can laugh about the hunger"
"Das, mein Herr, ist es, wozu das Fasten gut ist"
"This, sir, is what fasting is good for"
"Du hast recht, Samana", bestätigte Kamaswami
"You're right, Samana" acknowledged Kamaswami
"Warte einen Moment", bat er seinen Gast

"Wait for a moment" he asked of his guest
Kamaswami verließ den Raum und kehrte mit einer Schriftrolle zurück
Kamaswami left the room and returned with a scroll
er reichte Siddhartha die Schriftrolle und bat ihn, sie zu lesen
he handed Siddhartha the scroll and asked him to read it
Siddhartha blickte auf die Schriftrolle, die ihm gereicht wurde
Siddhartha looked at the scroll handed to him
Auf der Schriftrolle war ein Kaufvertrag geschrieben
on the scroll a sales-contract had been written
Er begann, den Inhalt der Schriftrolle vorzulesen
he began to read out the scroll's contents
Kamaswami war sehr zufrieden mit Siddhartha
Kamaswami was very pleased with Siddhartha
"Würdest du mir etwas auf diesen Zettel schreiben?"
"would you write something for me on this piece of paper?"
Er reichte ihm ein Blatt Papier und einen Stift
He handed him a piece of paper and a pen
Siddhartha schrieb und gab das Papier zurück
Siddhartha wrote, and returned the paper
Kamaswami las: "Schreiben ist gut, Denken ist besser"
Kamaswami read, "Writing is good, thinking is better"
"Klug sein ist gut, geduldig sein ist besser"
"Being smart is good, being patient is better"
"Es ist vortrefflich, wie Sie schreiben können", lobte ihn der Kaufmann
"It is excellent how you're able to write" the merchant praised him
"So manches werden wir noch miteinander besprechen müssen"
"Many a thing we will still have to discuss with one another"
"Für heute bitte ich dich, mein Gast zu sein"
"For today, I'm asking you to be my guest"
"Bitte kommen Sie, um in diesem Haus zu wohnen"
"please come to live in this house"

Siddhartha bedankte sich bei Kamaswami und nahm sein Angebot an
Siddhartha thanked Kamaswami and accepted his offer
Er wohnte fortan im Haus des Händlers
he lived in the dealer's house from now on
Man brachte ihm Kleider und Schuhe
Clothes were brought to him, and shoes
und jeden Tag bereitete ihm ein Diener ein Bad
and every day, a servant prepared a bath for him

Zweimal am Tag wurde eine reichliche Mahlzeit serviert
Twice a day, a plentiful meal was served
aber Siddhartha aß nur einmal am Tag
but Siddhartha only ate once a day
und er aß weder Fleisch noch trank er Wein
and he ate neither meat, nor did he drink wine
Kamaswami erzählte ihm von seinem Handwerk
Kamaswami told him about his trade
Er zeigte ihm die Waren- und Lagerräume
he showed him the merchandise and storage-rooms
Er zeigte ihm, wie die Berechnungen durchgeführt wurden
he showed him how the calculations were done
Siddhartha lernte viel Neues kennen
Siddhartha got to know many new things
Er hörte viel und sprach wenig
he heard a lot and spoke little
aber er vergaß Kamalas Worte nicht
but he did not forget Kamala's words
Er war also nie dem Kaufmann untertan
so he was never subservient to the merchant
Er zwang ihn, ihn als gleichwertig zu behandeln
he forced him to treat him as an equal
Vielleicht zwang er ihn, ihn sogar als mehr als ebenbürtig zu behandeln
perhaps he forced him to treat him as even more than an equal
Kamaswami führte seine Geschäfte mit Sorgfalt
Kamaswami conducted his business with care

Und er war sehr leidenschaftlich bei der Sache
and he was very passionate about his business
aber Siddhartha betrachtete dies alles, als wäre es ein Spiel
but Siddhartha looked upon all of this as if it was a game
Er bemühte sich, die Spielregeln genau zu lernen
he tried hard to learn the rules of the game precisely
aber der Inhalt des Spiels berührte sein Herz nicht
but the contents of the game did not touch his heart
Er war noch nicht lange in Kamaswamis Haus
He had not been in Kamaswami's house for long
Doch schon bald beteiligte er sich an den Geschäften seines Gutsherrn
but soon he took part in his landlord's business

jeden Tag besuchte er die schöne Kamala
every day he visited beautiful Kamala
Kamala hatte eine Stunde für ihre Zusammenkünfte angesetzt
Kamala had an hour appointed for their meetings
Sie trug hübsche Kleider und feine Schuhe
she was wearing pretty clothes and fine shoes
und bald brachte er ihr auch Geschenke
and soon he brought her gifts as well
Vieles lernte er von ihrem roten, klugen Mund
Much he learned from her red, smart mouth
Er lernte viel von ihrer zärtlichen, geschmeidigen Hand
Much he learned from her tender, supple hand
Was die Liebe anbelangt, so war Siddhartha noch ein Knabe
regarding love, Siddhartha was still a boy
und er neigte dazu, sich blindlings in die Liebe zu stürzen
and he had a tendency to plunge into love blindly
Er fiel in die Lust wie in einen Abgrund ohne Boden
he fell into lust like into a bottomless pit
Sie unterrichtete ihn gründlich, beginnend mit den Grundlagen
she taught him thoroughly, starting with the basics
Vergnügen kann nicht genommen werden, ohne Vergnügen

zu schenken
pleasure cannot be taken without giving pleasure
Jede Geste, jede Liebkosung, jede Berührung, jeder Blick
every gesture, every caress, every touch, every look
Jeder noch so kleine Fleck des Körpers hatte sein Geheimnis
every spot of the body, however small it was, had its secret
Die Geheimnisse würden denen, die sie kennen, Glück bringen
the secrets would bring happiness to those who know them
Liebende dürfen sich nicht voneinander trennen, nachdem sie die Liebe gefeiert haben
lovers must not part from one another after celebrating love
sie dürfen sich nicht trennen, ohne dass einer den anderen bewundert
they must not part without one admiring the other
Sie müssen ebenso besiegt sein, wie sie gesiegt haben
they must be as defeated as they have been victorious
Keiner der Liebhaber sollte anfangen, sich satt oder gelangweilt zu fühlen
neither lover should start feeling fed up or bored
Sie sollten nicht das böse Gefühl bekommen, missbräuchlich gewesen zu sein
they should not get the evil feeling of having been abusive
Und sie sollten sich nicht missbraucht fühlen
and they should not feel like they have been abused
Wundervolle Stunden, die er mit der schönen und klugen Künstlerin verbrachte
Wonderful hours he spent with the beautiful and smart artist
Er wurde ihr Schüler, ihr Geliebter, ihr Freund
he became her student, her lover, her friend
Hier bei Kamala lag der Wert und Zweck seines jetzigen Lebens
Here with Kamala was the worth and purpose of his present life
seine Absicht war nicht das Geschäft von Kamaswami
his purpose was not with the business of Kamaswami

Siddhartha erhielt wichtige Briefe und Verträge
Siddhartha received important letters and contracts
Kamaswami fing an, alle wichtigen Angelegenheiten mit ihm zu besprechen
Kamaswami began discussing all important affairs with him
Er merkte bald, daß Siddhartha wenig von Reis und Wolle verstand
He soon saw that Siddhartha knew little about rice and wool
aber er sah, daß er auf glückliche Weise handelte
but he saw that he acted in a fortunate manner
und Siddhartha übertraf ihn an Ruhe und Gleichmut
and Siddhartha surpassed him in calmness and equanimity
Er übertraf ihn in der Kunst, bisher unbekannte Menschen zu verstehen
he surpassed him in the art of understanding previously unknown people
Kamaswami sprach mit einem Freund über Siddhartha
Kamaswami spoke about Siddhartha to a friend
"Dieser Brahmane ist kein richtiger Händler"
"This Brahman is no proper merchant"
"Er wird nie ein Kaufmann sein"
"he will never be a merchant"
"Für das Geschäft gibt es nie eine Leidenschaft in seiner Seele"
"for business there is never any passion in his soul"
"Aber er hat etwas Geheimnisvolles an sich"
"But he has a mysterious quality about him"
"Diese Qualität führt ganz von selbst zum Erfolg"
"this quality brings success about all by itself"
"es könnte von einem guten Stern seiner Geburt sein"
"it could be from a good Star of his birth"
"oder es könnte etwas sein, das er unter Samanas gelernt hat"
"or it could be something he has learned among Samanas"
"Er scheint immer nur mit unseren Geschäften zu spielen"
"He always seems to be merely playing with our business-affairs"

"Sein Geschäft wird nie ganz ein Teil von ihm"
"his business never fully becomes a part of him"
"Sein Geschäft regiert nie über ihn"
"his business never rules over him"
"Er hat nie Angst vor dem Scheitern"
"he is never afraid of failure"
"Er ärgert sich nie über einen Verlust"
"he is never upset by a loss"
Der Freund beriet den Kaufmann
The friend advised the merchant
"Gib ihm ein Drittel des Gewinns, den er für dich macht"
"Give him a third of the profits he makes for you"
"Aber er soll auch haften, wenn es Verluste gibt"
"but let him also be liable when there are losses"
"Dann wird er eifriger"
"Then, he'll become more zealous"
Kamaswami war neugierig und befolgte den Rat
Kamaswami was curious, and followed the advice
Aber Siddhartha kümmerte sich wenig um Verluste oder Gewinne
But Siddhartha cared little about loses or profits
Wenn er einen Gewinn machte, nahm er ihn mit Gleichmut an
When he made a profit, he accepted it with equanimity
Wenn er Verluste machte, lachte er darüber
when he made losses, he laughed it off
Es schien tatsächlich, als ob er sich nicht um das Geschäft kümmerte
It seemed indeed, as if he did not care about the business
Einmal reiste er in ein Dorf
At one time, he travelled to a village
Er ging dorthin, um eine große Ernte Reis zu kaufen
he went there to buy a large harvest of rice
Doch als er dort ankam, war der Reis bereits verkauft
But when he got there, the rice had already been sold
Ein anderer Kaufmann war vor ihm in das Dorf gekommen
another merchant had gotten to the village before him

Trotzdem blieb Siddhartha mehrere Tage in jenem Dorfe
Nevertheless, Siddhartha stayed for several days in that village
Er lud die Bauern zu einem Getränk ein
he treated the farmers for a drink
Er schenkte ihren Kindern Kupfermünzen
he gave copper-coins to their children
Er nahm an der Feier einer Hochzeit teil
he joined in the celebration of a wedding
und er kehrte äußerst zufrieden von seiner Reise zurück
and he returned extremely satisfied from his trip
Kamaswami war wütend, dass Siddhartha Zeit und Geld verschwendet hatte
Kamaswami was angry that Siddhartha had wasted time and money
Siddhartha antwortete: "Hör auf zu schelten, lieber Freund!"
Siddhartha answered "Stop scolding, dear friend!"
"Nichts wurde jemals durch Schelte erreicht"
"Nothing was ever achieved by scolding"
"Wenn ein Verlust eingetreten ist, lass mich diesen Verlust tragen"
"If a loss has occurred, let me bear that loss"
"Ich bin sehr zufrieden mit dieser Reise"
"I am very satisfied with this trip"
"Ich habe viele Menschen kennengelernt"
"I have gotten to know many kinds of people"
"Ein Brahmane ist mein Freund geworden"
"a Brahman has become my friend"
"Kinder haben auf meinen Knien gesessen"
"children have sat on my knees"
"Bauern haben mir ihre Felder gezeigt"
"farmers have shown me their fields"
"Niemand wusste, dass ich Kaufmann war"
"nobody knew that I was a merchant"
"Das ist alles sehr schön", rief Kamaswami empört aus
"That's all very nice," exclaimed Kamaswami indignantly
"Aber eigentlich bist du doch ein Kaufmann"

"but in fact, you are a merchant after all"
"Oder warst du nur zu deinem Vergnügen gereist?"
"Or did you have only travel for your amusement?"
»**Natürlich bin ich zu meinem Vergnügen gereist,« lachte Siddhartha**
"of course I have travelled for my amusement" Siddhartha laughed
"Wozu wäre ich sonst gereist?"
"For what else would I have travelled?"
"Ich habe Menschen und Orte kennengelernt"
"I have gotten to know people and places"
"Ich habe Freundlichkeit und Vertrauen erhalten"
"I have received kindness and trust"
"Ich habe in diesem Dorf Freundschaften gefunden"
"I have found friendships in this village"
"Wenn ich Kamaswami gewesen wäre, wäre ich genervt zurückgereist"
"if I had been Kamaswami, I would have travelled back annoyed"
"Ich hätte es eilig gehabt, sobald mein Kauf gescheitert wäre"
"I would have been in hurry as soon as my purchase failed"
"Und Zeit und Geld wären in der Tat verloren gegangen"
"and time and money would indeed have been lost"
"Aber so hatte ich ein paar gute Tage"
"But like this, I've had a few good days"
"Ich habe aus meiner Zeit dort gelernt"
"I've learned from my time there"
"und ich habe Freude an dieser Erfahrung gehabt"
"and I have had joy from the experience"
"Ich habe weder mir noch anderen durch Ärger und Eile geschadet"
"I've neither harmed myself nor others by annoyance and hastiness"
"Wenn ich jemals zurückkomme, werden mich freundliche Leute willkommen heißen"
"if I ever return friendly people will welcome me"

"Wenn ich zurückkehre, um Geschäfte zu machen, werden mich auch freundliche Leute willkommen heißen"
"if I return to do business friendly people will welcome me too"
"Ich lobe mich dafür, dass ich keine Eile oder Unmut gezeigt habe"
"I praise myself for not showing any hurry or displeasure"
"Also, lass es so, wie es ist, mein Freund"
"So, leave it as it is, my friend"
"Und schade dir nicht, indem du schimpfst"
"and don't harm yourself by scolding"
"Siehst du, wie Siddhartha sich selbst Schaden zufügt, so rede mit mir"
"If you see Siddhartha harming himself, then speak with me"
"und Siddhartha wird seinen eigenen Weg gehen"
"and Siddhartha will go on his own path"
"Aber bis dahin lasst uns miteinander zufrieden sein"
"But until then, let's be satisfied with one another"
Die Versuche des Kaufmanns, Siddhartha zu überzeugen, waren vergeblich
the merchant's attempts to convince Siddhartha were futile
er konnte Siddhartha nicht dazu bringen, sein Brot zu essen
he could not make Siddhartha eat his bread
Siddhartha aß sein eigenes Brot
Siddhartha ate his own bread
oder besser gesagt, sie aßen beide das Brot des anderen
or rather, they both ate other people's bread
Siddhartha hörte nie auf Kamaswamis Sorgen
Siddhartha never listened to Kamaswami's worries
und Kamaswami hatte viele Sorgen, die er teilen wollte
and Kamaswami had many worries he wanted to share
Es gab Geschäfte, die zu scheitern drohten
there were business-deals going on in danger of failing
Warensendungen schienen verloren gegangen zu sein
shipments of merchandise seemed to have been lost
Die Schuldner schienen nicht in der Lage zu sein,
debtors seemed to be unable to pay

Kamaswami konnte Siddhartha nie davon überzeugen, Worte der Besorgnis auszusprechen
Kamaswami could never convince Siddhartha to utter words of worry
Kamaswami konnte Siddhartha nicht dazu bringen, Zorn gegen das Geschäft zu empfinden
Kamaswami could not make Siddhartha feel anger towards business
Er konnte ihn nicht dazu bringen, Falten auf der Stirn zu haben
he could not get him to to have wrinkles on the forehead
er konnte Siddhartha nicht schlecht schlafen lassen
he could not make Siddhartha sleep badly

Eines Tages versuchte Kamaswami, mit Siddhartha zu sprechen
one day, Kamaswami tried to speak with Siddhartha
"Siddhartha, du hast nichts Neues gelernt"
"Siddhartha, you have failed to learn anything new"
aber Siddhartha lachte wieder darüber
but again, Siddhartha laughed at this
"Würdest du mich bitte nicht mit solchen Witzen?"
"Would you please not kid me with such jokes"
"Was ich von Ihnen gelernt habe, ist, wie viel ein Fischkorb kostet"
"What I've learned from you is how much a basket of fish costs"
"und ich habe gelernt, wie viel Zinsen für geliehenes Geld verlangt werden können"
"and I learned how much interest may be charged on loaned money"
"Das sind Ihre Fachgebiete"
"These are your areas of expertise"
"Ich habe nicht von dir gelernt zu denken, mein lieber Kamaswami"
"I haven't learned to think from you, my dear Kamaswami"
"Du solltest derjenige sein, der von mir lernen will"

"you ought to be the one seeking to learn from me"
Wahrlich, seine Seele war nicht bei dem Handel
Indeed his soul was not with the trade
Das Geschäft war gut genug, um ihm Geld für Kamala zu verschaffen
The business was good enough to provide him with money for Kamala
und es brachte ihm viel mehr ein, als er brauchte
and it earned him much more than he needed
Außer Kamala galt Siddharthas Neugier den Menschen
Besides Kamala, Siddhartha's curiosity was with the people
ihre Geschäfte, ihr Handwerk, ihre Sorgen und Vergnügungen
their businesses, crafts, worries, and pleasures
All diese Dinge waren ihm früher fremd
all these things used to be alien to him
Ihre Torheiten waren früher so fern wie der Mond
their acts of foolishness used to be as distant as the moon
Es gelang ihm leicht, mit allen zu sprechen
he easily succeeded in talking to all of them
Er könnte mit allen leben
he could live with all of them
Und er konnte weiterhin von ihnen allen lernen
and he could continue to learn from all of them
Aber es gab etwas, das ihn von ihnen trennte
but there was something which separated him from them
Er spürte eine Kluft zwischen sich und den Menschen
he could feel a divide between him and the people
dieser trennende Faktor war, dass er ein Samana war
this separating factor was him being a Samana
Er sah, wie die Menschheit kindlich durchs Leben ging
He saw mankind going through life in a childlike manner
In vielerlei Hinsicht lebten sie so, wie Tiere leben
in many ways they were living the way animals live
Er liebte und verachtete auch ihre Lebensweise
he loved and also despised their way of life
Er sah sie sich abmühen und leiden

He saw them toiling and suffering
sie wurden grau für Dinge, die dieses Preises nicht würdig waren
they were becoming gray for things unworthy of this price
Sie taten Dinge für Geld und kleine Vergnügungen
they did things for money and little pleasures
Sie taten Dinge, um ein wenig geehrt zu werden
they did things for being slightly honoured
Er sah, wie sie sich gegenseitig beschimpften und beleidigten
he saw them scolding and insulting each other
Er sah, wie sie über Schmerzen klagten
he saw them complaining about pain
Schmerzen, über die ein Samana nur lächeln würde
pains at which a Samana would only smile
und er sah, wie sie unter Entbehrungen litten
and he saw them suffering from deprivations
Entbehrungen, die ein Samana nicht empfinden würde
deprivations which a Samana would not feel
Er war offen für alles, was diese Leute ihm brachten
He was open to everything these people brought his way
Willkommen war der Kaufmann, der ihm Leinen zum Verkauf anbot
welcome was the merchant who offered him linen for sale
Willkommen war der Schuldner, der einen anderen Kredit suchte
welcome was the debtor who sought another loan
Willkommen war der Bettler, der ihm die Geschichte seiner Armut erzählte
welcome was the beggar who told him the story of his poverty
der Bettler, der nicht halb so arm war wie jeder Samana
the beggar who was not half as poor as any Samana
Er behandelte den reichen Kaufmann und seinen Diener nicht verschieden
He did not treat the rich merchant and his servant different
Er ließ sich beim Kauf von Bananen von Straßenhändlern betrügen

he let street-vendor cheat him when buying bananas
Kamaswami beklagte sich oft bei ihm über seine Sorgen
Kamaswami would often complain to him about his worries
oder er würde ihm Vorwürfe wegen seines Geschäfts machen
or he would reproach him about his business
Er hörte neugierig und glücklich zu
he listened curiously and happily
aber er war verwirrt über seinen Freund
but he was puzzled by his friend
Er versuchte, ihn zu verstehen
he tried to understand him
Und er gab zu, dass er Recht hatte, bis zu einem gewissen Punkt
and he admitted he was right, up to a certain point
es gab viele, die nach Siddhartha fragten
there were many who asked for Siddhartha
Viele wollten mit ihm Geschäfte machen
many wanted to do business with him
Es gab viele, die ihn betrügen wollten
there were many who wanted to cheat him
Viele wollten ihm ein Geheimnis entlocken
many wanted to draw some secret out of him
Viele wollten an seine Sympathie appellieren
many wanted to appeal to his sympathy
Viele wollten seinen Rat einholen
many wanted to get his advice
Er gab denen, die es wollten, Ratschläge
He gave advice to those who wanted it
Er bemitleidete diejenigen, die Mitleid brauchten
he pitied those who needed pity
Er machte Geschenke für diejenigen, die Geschenke mochten
he made gifts to those who liked presents
Er ließ sich von einigen ein wenig betrügen
he let some cheat him a bit
Dieses Spiel, das alle Menschen spielten, beschäftigte seine

Gedanken
this game which all people played occupied his thoughts
er dachte an dieses Spiel ebenso viel wie an die Götter
he thought about this game just as much as he had about the Gods
Tief in seiner Brust spürte er eine sterbende Stimme
deep in his chest he felt a dying voice
Diese Stimme ermahnte ihn leise
this voice admonished him quietly
und er nahm die Stimme in seinem Innern kaum wahr
and he hardly perceived the voice inside of himself
Und dann, für eine Stunde, wurde ihm etwas bewusst
And then, for an hour, he became aware of something
Er wurde sich des seltsamen Lebens bewusst, das er führte
he became aware of the strange life he was leading
Er erkannte, dass dieses Leben nur ein Spiel war
he realized this life was only a game
Manchmal fühlte er Glück und Freude
at times he would feel happiness and joy
Aber das wirkliche Leben zog immer noch an ihm vorbei
but real life was still passing him by
und es ging vorüber, ohne ihn zu berühren
and it was passing by without touching him
Siddhartha spielte mit seinen Geschäften
Siddhartha played with his business-deals
Siddhartha amüsierte sich an den Menschen um ihn herum
Siddhartha found amusement in the people around him
aber was sein Herz betrifft, so war er nicht bei ihnen
but regarding his heart, he was not with them
Die Quelle verlief irgendwo, weit weg von ihm
The source ran somewhere, far away from him
Er lief und lief unsichtbar
it ran and ran invisibly
Es hatte nichts mehr mit seinem Leben zu tun
it had nothing to do with his life any more
Mehrmals erschrak er wegen solcher Gedanken
at several times he became scared on account of such thoughts

Er wünschte, er könnte an all diesen kindlichen Spielen teilnehmen
he wished he could participate in all of these childlike games
Er wollte wirklich leben
he wanted to really live
Er wollte wirklich in ihrem Theater spielen
he wanted to really act in their theatre
Er wollte ihre Vergnügungen wirklich genießen
he wanted to really enjoy their pleasures
Und er wollte leben, statt nur als Zuschauer zuzusehen
and he wanted to live, instead of just standing by as a spectator

Doch immer wieder kehrte er zur schönen Kamala zurück
But again and again, he came back to beautiful Kamala
Er erlernte die Kunst der Liebe
he learned the art of love
und er praktizierte den Kult der Lust
and he practised the cult of lust
Lust, in der Geben und Nehmen eins werden
lust, in which giving and taking becomes one
Er unterhielt sich mit ihr und lernte von ihr
he chatted with her and learned from her
Er gab ihr Rat, und er nahm ihren Rat an
he gave her advice, and he received her advice
Sie verstand ihn besser, als Govinda ihn zu verstehen pflegte
She understood him better than Govinda used to understand him
sie war ihm ähnlicher als Govinda
she was more similar to him than Govinda had been
"Du bist wie ich", sagte er zu ihr
"You are like me," he said to her
"Du bist anders als die meisten Menschen"
"you are different from most people"
"Du bist Kamala, sonst nichts"
"You are Kamala, nothing else"

"Und in dir ist Frieden und Zuflucht"
"and inside of you, there is a peace and refuge"
"Eine Zuflucht, zu der man zu jeder Tageszeit gehen kann"
"a refuge to which you can go at every hour of the day"
"Sie können bei sich selbst zu Hause sein"
"you can be at home with yourself"
"Das kann ich auch"
"I can do this too"
"Nur wenige Menschen haben diesen Ort"
"Few people have this place"
"Und doch könnten es alle haben"
"and yet all of them could have it"
"Nicht alle Menschen sind schlau", sagt Kamala
"Not all people are smart" said Kamala
»Nein,« sagte Siddhartha, »das ist nicht der Grund dafür.«
"No," said Siddhartha, "that's not the reason why"
"Kamaswami ist genauso schlau wie ich"
"Kamaswami is just as smart as I am"
"Aber er hat keine Zuflucht in sich selbst"
"but he has no refuge in himself"
"Andere haben es, obwohl sie den Verstand von Kindern haben"
"Others have it, although they have the minds of children"
"Die meisten Menschen, Kamala, sind wie ein fallendes Blatt"
"Most people, Kamala, are like a falling leaf"
"ein Blatt, das geweht wird und sich durch die Luft dreht"
"a leaf which is blown and is turning around through the air"
"ein Blatt, das schwankt und zu Boden fällt"
"a leaf which wavers, and tumbles to the ground"
"Aber andere, einige wenige, sind wie Sterne"
"But others, a few, are like stars"
"Sie gehen auf einen festen Kurs"
"they go on a fixed course"
"Kein Wind erreicht sie"
"no wind reaches them"
"In sich selbst haben sie ihr Gesetz und ihren Lauf"

"in themselves they have their law and their course"
"Unter all den gelehrten Männern, die ich getroffen habe, gab es einen von dieser Art"
"Among all the learned men I have met, there was one of this kind"
"Er war ein wahrhaft Vollkommener"
"he was a truly perfected one"
"Ich werde ihn nie vergessen können"
"I'll never be able to forget him"
"Es ist dieser Gotama, der Erhabene"
"It is that Gotama, the exalted one"
"Tausende von Anhängern hören jeden Tag seine Lehren"
"Thousands of followers are listening to his teachings every day"
"Sie befolgen stündlich seine Anweisungen"
"they follow his instructions every hour"
"Aber es sind alles fallende Blätter"
"but they are all falling leaves"
"Nicht in sich selbst haben sie Lehren und ein Gesetz"
"not in themselves they have teachings and a law"
Kamala sah ihn mit einem Lächeln an
Kamala looked at him with a smile
"Nochmals, du sprichst von ihm", sagte sie
"Again, you're talking about him," she said
"Wieder hast du die Gedanken eines Samana"
"again, you're having a Samana's thoughts"
Siddhartha schwieg, und sie spielten das Spiel der Liebe
Siddhartha said nothing, and they played the game of love
eines der dreißig oder vierzig verschiedenen Spiele, die Kamala kannte
one of the thirty or forty different games Kamala knew
Ihr Körper war flexibel wie der eines Jaguars
Her body was flexible like that of a jaguar
flexibel wie der Bogen eines Jägers
flexible like the bow of a hunter
Er, der von ihr gelernt hatte, wie man Liebe macht
he who had learned from her how to make love

Er kannte viele Formen der Lust
he was knowledgeable of many forms of lust
Wer von ihr lernte, kannte viele Geheimnisse
he that learned from her knew many secrets
Lange Zeit spielte sie mit Siddhartha
For a long time, she played with Siddhartha
Sie lockte ihn und wies ihn zurück
she enticed him and rejected him
Sie zwang ihn und umarmte ihn
she forced him and embraced him
Sie genoss seine meisterhaften Fähigkeiten
she enjoyed his masterful skills
bis er besiegt wurde und erschöpft an ihrer Seite ruhte
until he was defeated and rested exhausted by her side
Die Kurtisane beugte sich über ihn
The courtesan bent over him
Sie warf einen langen Blick auf sein Gesicht
she took a long look at his face
Sie sah in seine Augen, die müde geworden waren
she looked at his eyes, which had grown tired
"Du bist der beste Liebhaber, den ich je gesehen habe", sagte sie nachdenklich
"You are the best lover I have ever seen" she said thoughtfully
"Du bist stärker als andere, geschmeidiger, williger"
"You're stronger than others, more supple, more willing"
"Du hast meine Kunst gut gelernt, Siddhartha"
"You've learned my art well, Siddhartha"
"Irgendwann, wenn ich älter bin, möchte ich dein Kind gebären"
"At some time, when I'll be older, I'd want to bear your child"
"Und doch, meine Liebe, bist du ein Samana geblieben."
"And yet, my dear, you've remained a Samana"
"Und trotzdem liebst du mich nicht"
"and despite this, you do not love me"
"Es gibt niemanden, den du liebst"
"there is nobody that you love"
"Ist es nicht so?", fragte Kamala

"Isn't it so?" asked Kamala
»Es kann wohl so sein,« sagte Siddhartha müde
"It might very well be so," Siddhartha said tiredly
"Ich bin wie du, weil du auch nicht liebst"
"I am like you, because you also do not love"
"Wie sonst könnte man die Liebe als Handwerk ausüben?"
"how else could you practise love as a craft?"
"Vielleicht können Menschen unserer Art nicht lieben"
"Perhaps, people of our kind can't love"
"Die kindlichen Menschen können lieben, das ist ihr Geheimnis"
"The childlike people can love, that's their secret"

Sansara

Lange Zeit lebte Siddhartha in der Welt der Lust
For a long time, Siddhartha had lived in the world of lust
Er lebte jedoch so, ohne ein Teil davon zu sein
he lived this way though, without being a part of it
Er hatte dies getötet, als er ein Samana gewesen war
he had killed this off when he had been a Samana
Doch nun waren sie wieder erwacht
but now they had awoken again
Er hatte Reichtum, Lust und Macht gekostet
he had tasted riches, lust, and power
lange Zeit war er in seinem Herzen ein Samana geblieben
for a long time he had remained a Samana in his heart
Kamala war klug und hatte das ganz richtig erkannt
Kamala, being smart, had realized this quite right
Denken, Warten und Fasten bestimmten noch immer sein Leben
thinking, waiting, and fasting still guided his life
Das kindliche Volk blieb ihm fremd
the childlike people remained alien to him
und er blieb dem kindlichen Volk fremd
and he remained alien to the childlike people
Die Jahre vergingen; Umgeben vom guten Leben
Years passed by; surrounded by the good life
Siddhartha spürte kaum, wie die Jahre verblassten
Siddhartha hardly felt the years fading away
Er war reich geworden und besaß ein eigenes Haus
He had become rich and possessed a house of his own
Er hatte sogar seine eigenen Diener
he even had his own servants
Er hatte einen Garten vor der Stadt, am Fluss
he had a garden before the city, by the river
Die Leute mochten ihn und kamen zu ihm, um Geld oder Rat zu erhalten
The people liked him and came to him for money or advice
aber es gab niemanden, der ihm nahe stand, außer Kamala

but there was nobody close to him, except Kamala
Der helle Zustand des Wachseins
the bright state of being awake
das Gefühl, das er auf dem Höhepunkt seiner Jugend empfunden hatte
the feeling which he had experienced at the height of his youth
in jenen Tagen nach Gotamas Predigt
in those days after Gotama's sermon
nach der Trennung von Govinda
after the separation from Govinda
Die gespannte Lebenserwartung
the tense expectation of life
Der stolze Staat, allein zu stehen
the proud state of standing alone
ohne Belehrungen oder Lehrer zu sein
being without teachings or teachers
die geschmeidige Bereitschaft, auf die göttliche Stimme im eigenen Herzen zu hören
the supple willingness to listen to the divine voice in his own heart
All diese Dinge waren langsam zu einer Erinnerung geworden
all these things had slowly become a memory
Die Erinnerung war flüchtig, fern und still gewesen
the memory had been fleeting, distant, and quiet
Die heilige Quelle, die früher in der Nähe war, murmelte jetzt nur noch
the holy source, which used to be near, now only murmured
die heilige Quelle, die in sich zu murmeln pflegte
the holy source, which used to murmur within himself
Trotzdem hatte er vieles von den Samanas gelernt
Nevertheless, many things he had learned from the Samanas
er hatte von Gotama gelernt
he had learned from Gotama
er hatte von seinem Vater, dem Brahmanen, gelernt
he had learned from his father the Brahman

Sein Vater war lange Zeit in seinem Wesen geblieben
his father had remained within his being for a long time
Maßvolles Leben, Freude am Denken, Stunden der Meditation
moderate living, the joy of thinking, hours of meditation
die geheime Erkenntnis des Selbst; sein ewiges Wesen
the secret knowledge of the self; his eternal entity
das Selbst, das weder Körper noch Bewusstsein ist
the self which is neither body nor consciousness
Manches Teil davon hatte er noch
Many a part of this he still had
aber ein Teil nach dem anderen war untergetaucht
but one part after another had been submerged
und schließlich verstaubte jedes Teil
and eventually each part gathered dust
Eine Töpferscheibe, wenn sie einmal in Bewegung ist, dreht sich lange Zeit
a potter's wheel, once in motion, will turn for a long time
sie verliert nur langsam an Kraft
it loses its vigour only slowly
und es kommt erst nach einiger Zeit zum Stillstand
and it comes to a stop only after time
Siddharthas Seele hatte immer wieder am Rad der Askese gedreht
Siddhartha's soul had kept on turning the wheel of asceticism
Das Rad des Denkens hatte sich lange Zeit gedreht
the wheel of thinking had kept turning for a long time
Das Rad der Differenzierung hatte sich noch lange gedreht
the wheel of differentiation had still turned for a long time
aber es drehte sich langsam und zögerlich
but it turned slowly and hesitantly
und es war kurz davor, zum Stillstand zu kommen
and it was close to coming to a standstill
Langsam, wie Feuchtigkeit, die in den sterbenden Stamm eines Baumes eindringt
Slowly, like humidity entering the dying stem of a tree
Füllen Sie den Stiel langsam und lassen Sie ihn faulen

filling the stem slowly and making it rot
die Welt und die Trägheit waren in Siddharthas Seele eingedrungen
the world and sloth had entered Siddhartha's soul
Langsam erfüllte es seine Seele und machte sie schwer
slowly it filled his soul and made it heavy
Es machte seine Seele müde und ließ sie einschlafen
it made his soul tired and put it to sleep
Andererseits waren seine Sinne lebendig geworden
On the other hand, his senses had become alive
Es gab vieles, was seine Sinne gelernt hatten
there was much his senses had learned
Es gab vieles, was seine Sinne erlebt hatten
there was much his senses had experienced
Siddhartha hatte das Handwerk gelernt
Siddhartha had learned to trade
Er hatte gelernt, seine Macht über die Menschen zu nutzen
he had learned how to use his power over people
Er hatte gelernt, sich mit einer Frau zu amüsieren
he had learned how to enjoy himself with a woman
Er hatte gelernt, schöne Kleider zu tragen
he had learned how to wear beautiful clothes
Er hatte gelernt, wie man Dienern Befehle erteilt
he had learned how to give orders to servants
Er hatte gelernt, in parfümiertem Wasser zu baden
he had learned how to bathe in perfumed waters
Er hatte gelernt, zärtlich und sorgfältig zubereitet zu essen
He had learned how to eat tenderly and carefully prepared food
Er aß sogar Fisch, Fleisch und Geflügel
he even ate fish, meat, and poultry
Gewürze und Süßigkeiten und Wein, was Faulheit und Vergesslichkeit verursacht
spices and sweets and wine, which causes sloth and forgetfulness
Er hatte gelernt, mit Würfeln und auf dem Schachbrett zu spielen

He had learned to play with dice and on a chess-board
Er hatte gelernt, tanzenden Mädchen zuzusehen
he had learned to watch dancing girls
Er lernte, sich in einer Sänfte herumtragen zu lassen
he learned to have himself carried about in a sedan-chair
Er lernte, auf einem weichen Bett zu schlafen
he learned to sleep on a soft bed
Trotzdem fühlte er sich anders als andere
But still he felt different from others
Er fühlte sich den anderen immer noch überlegen
he still felt superior to the others
Er beobachtete sie immer mit einem gewissen Spott
he always watched them with some mockery
Es gab immer eine spöttische Verachtung dafür, wie er über sie dachte
there was always some mocking disdain to how he felt about them
die gleiche Verachtung, die ein Samana für die Menschen der Welt empfindet
the same disdain a Samana feels for the people of the world

Kamaswami war kränklich und fühlte sich verärgert
Kamaswami was ailing and felt annoyed
er fühlte sich von Siddhartha beleidigt
he felt insulted by Siddhartha
und er ärgerte sich über seine Sorgen als Kaufmann
and he was vexed by his worries as a merchant
Siddhartha hatte diese Dinge immer mit Spott beobachtet
Siddhartha had always watched these things with mockery
aber sein Spott war müder geworden
but his mockery had become more tired
Seine Überlegenheit war ruhiger geworden
his superiority had become more quiet
so langsam unmerklich wie die Regenzeit, die vorüberzieht
as slowly imperceptible as the rainy season passing by
Langsam hatte Siddhartha etwas von den kindlichen Sitten der Menschen angenommen

slowly, Siddhartha had assumed something of the childlike people's ways
Er hatte etwas von ihrer Kindlichkeit gewonnen
he had gained some of their childishness
und er hatte etwas von ihrer Furchtsamkeit gewonnen
and he had gained some of their fearfulness
Und doch, je mehr er ihnen ähnlich wurde, desto mehr beneidete er sie
And yet, the more be become like them the more he envied them
Er beneidete sie um das Einzige, was ihm fehlte
He envied them for the one thing that was missing from him
die Bedeutung, die sie ihrem Leben beimessen konnten
the importance they were able to attach to their lives
das Ausmaß an Leidenschaft in ihren Freuden und Ängsten
the amount of passion in their joys and fears
das ängstliche, aber süße Glück, ständig verliebt zu sein
the fearful but sweet happiness of being constantly in love
Diese Menschen waren die ganze Zeit in sich selbst verliebt
These people were in love with themselves all of the time
Frauen liebten ihre Kinder, mit Ehren oder Geld
women loved their children, with honours or money
Die Männer liebten sich mit Plänen oder Hoffnungen
the men loved themselves with plans or hopes
Aber das hat er nicht von ihnen gelernt
But he did not learn this from them
Er lernte die Freude der Kinder nicht kennen
he did not learn the joy of children
und er lernte ihre Torheit nicht kennen
and he did not learn their foolishness
Was er vor allem lernte, waren ihre unangenehmen Dinge
what he mostly learned were their unpleasant things
und er verachtete diese Dinge
and he despised these things
am Morgen, nachdem wir Gesellschaft gehabt haben
in the morning, after having had company
Mehr und mehr blieb er lange im Bett

more and more he stayed in bed for a long time
Er fühlte sich unfähig zu denken und war müde
he felt unable to think, and was tired
er wurde wütend und ungeduldig, als Kamaswami ihn mit seinen Sorgen langweilte
he became angry and impatient when Kamaswami bored him with his worries
Er lachte einfach zu laut, als er ein Würfelspiel verlor
he laughed just too loud when he lost a game of dice
Sein Gesicht war immer noch klüger und spiritueller als bei anderen
His face was still smarter and more spiritual than others
aber sein Gesicht lachte nur noch selten
but his face rarely laughed anymore
Langsam nahm sein Gesicht andere Züge an
slowly, his face assumed other features
die Merkmale, die oft in den Gesichtern reicher Leute zu finden sind
the features often found in the faces of rich people
Züge der Unzufriedenheit, der Kränklichkeit, der schlechten Laune
features of discontent, of sickliness, of ill-humour
Merkmale von Trägheit und eines Mangels an Liebe
features of sloth, and of a lack of love
die Krankheit der Seele, die reiche Leute haben
the disease of the soul which rich people have
Langsam ergriff ihn diese Krankheit
Slowly, this disease grabbed hold of him
wie ein dünner Nebel kam Müdigkeit über Siddhartha
like a thin mist, tiredness came over Siddhartha
Langsam wurde dieser Nebel von Tag zu Tag etwas dichter
slowly, this mist got a bit denser every day
Es wurde jeden Monat ein bisschen düsterer
it got a bit murkier every month
und jedes Jahr wurde es ein bisschen schwerer
and every year it got a bit heavier
Kleider werden mit der Zeit alt

dresses become old with time
Kleidung verliert mit der Zeit ihre schöne Farbe
clothes lose their beautiful colour over time
Sie bekommen Flecken, Falten, die an den Nähten abgenutzt sind
they get stains, wrinkles, worn off at the seams
Sie fangen an, hier und da fadenscheinige Stellen zu zeigen
they start to show threadbare spots here and there
so war Siddharthas neues Leben
this is how Siddhartha's new life was
das Leben, das er nach seiner Trennung von Govinda begonnen hatte
the life which he had started after his separation from Govinda
Sein Leben war alt geworden und hatte an Farbe verloren
his life had grown old and lost colour
Im Laufe der Jahre verlor es an Pracht
there was less splendour to it as the years passed by
Sein Leben war voller Falten und Flecken
his life was gathering wrinkles and stains
und im Grunde versteckt warteten Enttäuschung und Ekel
and hidden at bottom, disappointment and disgust were waiting
Sie zeigten ihre Hässlichkeit
they were showing their ugliness
Siddhartha bemerkte diese Dinge nicht
Siddhartha did not notice these things
Er erinnerte sich an die helle und zuverlässige Stimme in ihm
he remembered the bright and reliable voice inside of him
Er bemerkte, dass die Stimme verstummt war
he noticed the voice had become silent
die Stimme, die damals in ihm erwacht war
the voice which had awoken in him at that time
die Stimme, die ihn in seinen besten Zeiten geleitet hatte
the voice that had guided him in his best times
Er war von der Welt gefangen genommen worden

he had been captured by the world
Er war gefangen genommen worden von Lust, Habsucht, Trägheit
he had been captured by lust, covetousness, sloth
und schließlich war er von seinem verachtetsten Laster gefangen genommen worden
and finally he had been captured by his most despised vice
das Laster, das er am meisten verspottete
the vice which he mocked the most
das dümmste aller Laster
the most foolish one of all vices
Er hatte die Gier in sein Herz gelassen
he had let greed into his heart
Auch Besitz, Besitz und Reichtum hatten ihn schließlich gefangen genommen
Property, possessions, and riches also had finally captured him
Dinge zu haben war für ihn kein Spiel mehr
having things was no longer a game to him
Seine Besitztümer waren zu einer Fessel und Last geworden
his possessions had become a shackle and a burden
Es war auf eine seltsame und hinterhältige Weise geschehen
It had happened in a strange and devious way
Siddhartha hatte dieses Laster aus dem Würfelspiel bekommen
Siddhartha had gotten this vice from the game of dice
er hatte in seinem Herzen aufgehört, ein Samana zu sein
he had stopped being a Samana in his heart
Und dann fing er an, das Spiel um Geld zu spielen
and then he began to play the game for money
Zuerst kam er mit einem Lächeln ins Spiel
first he joined the game with a smile
Zu dieser Zeit spielte er nur noch gelegentlich
at this time he only played casually
Er wollte sich den Sitten des kindlichen Volkes anschließen
he wanted to join the customs of the childlike people
Aber jetzt spielte er mit zunehmender Wut und Leidenschaft

but now he played with an increasing rage and passion
Er war ein gefürchteter Spieler unter den anderen Kaufleuten
He was a feared gambler among the other merchants
Seine Einsätze waren so kühn, dass nur wenige es wagten, es mit ihm aufzunehmen
his stakes were so audacious that few dared to take him on
Er spielte das Spiel aufgrund von Herzschmerzen
He played the game due to a pain of his heart
Sein elendes Geld zu verlieren und zu verschwenden, brachte ihm eine zornige Freude
losing and wasting his wretched money brought him an angry joy
Er konnte seine Verachtung für Reichtum auf keine andere Weise demonstrieren
he could demonstrate his disdain for wealth in no other way
Er konnte den falschen Gott der Kaufleute nicht besser verspotten
he could not mock the merchants' false god in a better way
Also spielte er mit hohen Einsätzen
so he gambled with high stakes
Er hasste sich erbarmungslos und verspottete sich selbst
he mercilessly hated himself and mocked himself
Er gewann Tausende, warf Tausende weg
he won thousands, threw away thousands
Er verlor Geld, Schmuck, ein Haus auf dem Land
he lost money, jewellery, a house in the country
Er gewann es wieder, und dann verlor er wieder
he won it again, and then he lost again
Er liebte die Angst, die er beim Würfeln empfand
he loved the fear he felt while he was rolling the dice
Er liebte es, sich Sorgen zu machen, das zu verlieren, was er verspielt hatte
he loved feeling worried about losing what he gambled
Er wollte diese Angst immer auf ein etwas höheres Niveau bringen
he always wanted to get this fear to a slightly higher level

Er fühlte nur so etwas wie Glück, wenn er diese Angst fühlte
he only felt something like happiness when he felt this fear
Es war so etwas wie ein Rausch
it was something like an intoxication
so etwas wie eine erhabene Lebensform
something like an elevated form of life
etwas Helleres inmitten seines langweiligen Lebens
something brighter in the midst of his dull life
Und nach jedem großen Verlust war sein Geist auf neue Reichtümer gerichtet
And after each big loss, his mind was set on new riches
Er trieb den Handel eifriger
he pursued the trade more zealously
Er zwang seine Schuldner strenger zur Zahlung
he forced his debtors more strictly to pay
weil er weiter spielen wollte
because he wanted to continue gambling
Er wollte weiter verschwenden
he wanted to continue squandering
Er wollte weiterhin seine Verachtung für Reichtum demonstrieren
he wanted to continue demonstrating his disdain of wealth
Siddhartha verlor seine Ruhe, wenn Verluste eintraten
Siddhartha lost his calmness when losses occurred
Er verlor die Geduld, als er nicht pünktlich bezahlt wurde
he lost his patience when he was not paid on time
Er verlor seine Freundlichkeit gegenüber Bettlern
he lost his kindness towards beggars
Er verspielte Zehntausende mit einem Würfelwurf
He gambled away tens of thousands at one roll of the dice
Er wurde strenger und kleinlicher in seinen Geschäften
he became more strict and more petty in his business
Gelegentlich träumte er nachts von Geld!
occasionally, he was dreaming at night about money!
Wann immer er von diesem hässlichen Zauber erwachte, floh er weiter

whenever he woke up from this ugly spell, he continued fleeing
Wann immer er feststellte, dass sein Gesicht im Spiegel gealtert war, fand er ein neues Spiel
whenever he found his face in the mirror to have aged, he found a new game
Wann immer Verlegenheit und Ekel ihn überkamen, betäubte er seinen Verstand
whenever embarrassment and disgust came over him, he numbed his mind
Er betäubte seinen Geist mit Sex und Wein
he numbed his mind with sex and wine
und von dort floh er zurück in den Drang, Besitztümer anzuhäufen und zu erwerben
and from there he fled back into the urge to pile up and obtain possessions
In diesem sinnlosen Kreislauf lief er
In this pointless cycle he ran
Im Laufe seines Lebens wurde er müde, alt und krank
fromt his life he grow tired, old, and ill

Dann kam die Zeit, in der ein Traum ihn warnte
Then the time came when a dream warned him
Er hatte die Stunden des Abends mit Kamala verbracht
He had spent the hours of the evening with Kamala
Er war in ihrem schönen Lustgarten gewesen
he had been in her beautiful pleasure-garden
Sie hatten unter den Bäumen gesessen und sich unterhalten
They had been sitting under the trees, talking
und Kamala hatte nachdenkliche Worte gesagt
and Kamala had said thoughtful words
Worte, hinter denen sich Traurigkeit und Müdigkeit verbargen
words behind which a sadness and tiredness lay hidden
Sie hatte ihn gebeten, ihr von Gotama zu erzählen
She had asked him to tell her about Gotama
Sie konnte nicht genug von ihm hören

she could not hear enough of him
Sie liebte es, wie klar seine Augen waren
she loved how clear his eyes were
Sie liebte es, wie still und schön sein Mund war
she loved how still and beautiful his mouth was
Sie liebte die Güte seines Lächelns
she loved the kindness of his smile
Sie liebte es, wie friedlich sein Gang gewesen war
she loved how peaceful his walk had been
Lange Zeit musste er ihr von dem erhabenen Buddha erzählen
For a long time, he had to tell her about the exalted Buddha
und Kamala hatte geseufzt und gesprochen
and Kamala had sighed, and spoke
"Eines Tages, vielleicht bald, werde ich auch diesem Buddha folgen"
"One day, perhaps soon, I'll also follow that Buddha"
"Ich schenke ihm meinen Lustgarten"
"I'll give him my pleasure-garden for a gift"
"und ich werde meine Zuflucht nehmen zu seinen Lehren"
"and I will take my refuge in his teachings"
Aber danach hatte sie ihn erregt
But after this, she had aroused him
Sie hatte ihn im Akt des Liebesspiels an sich gefesselt
she had tied him to her in the act of making love
mit schmerzlicher Inbrunst, beißend und in Tränen aufgelöst
with painful fervour, biting and in tears
Es war, als wolle sie den letzten süßen Tropfen aus diesem Wein herauspressen
it was as if she wanted to squeeze the last sweet drop out of this vain
Nie zuvor war es Siddhartha so seltsam klar geworden
Never before had it become so strangely clear to Siddhartha
Er fühlte, wie nahe die Lust dem Tod war
he felt how close lust was akin to death
Er lag an ihrer Seite, und Kamalas Gesicht war ihm nahe

he laid by her side, and Kamala's face was close to him
unter den Augen und neben den Mundwinkeln
under her eyes and next to the corners of her mouth
Es war so klar wie nie zuvor
it was as clear as never before
Dort stand eine furchtbare Inschrift
there read a fearful inscription
eine Beschriftung aus kleinen Linien und leichten Rillen
an inscription of small lines and slight grooves
eine Inschrift, die an Herbst und Alter erinnert
an inscription reminiscent of autumn and old age
hier und da graue Haare zwischen seinen schwarzen
here and there, gray hairs among his black ones
Siddhartha selbst, der erst in den Vierzigern war, bemerkte dasselbe
Siddhartha himself, who was only in his forties, noticed the same thing
Müdigkeit stand Kamala ins Gesicht geschrieben
Tiredness was written on Kamala's beautiful face
Müdigkeit vom Gehen eines langen Weges
tiredness from walking a long path
Ein Weg, der kein glückliches Ziel hat
a path which has no happy destination
Müdigkeit und beginnendes Verwelken
tiredness and the beginning of withering
Angst vor Alter, Herbst und Sterben
fear of old age, autumn, and having to die
Mit einem Seufzer hatte er sich von ihr verabschiedet
With a sigh, he had bid his farewell to her
die Seele voller Widerwillen und voll verborgener Besorgnis
the soul full of reluctance, and full of concealed anxiety

Siddhartha hatte die Nacht in seinem Haus mit tanzenden Mädchen verbracht
Siddhartha had spent the night in his house with dancing girls
Er tat so, als sei er ihnen überlegen
he acted as if he was superior to them

Er verhielt sich überlegen gegenüber den Mitbrüdern seiner Kaste
he acted superior towards the fellow-members of his caste
Aber das stimmte nicht mehr
but this was no longer true
Er hatte in dieser Nacht viel Wein getrunken
he had drunk much wine that night
und er ging lange nach Mitternacht zu Bett
and he went to bed a long time after midnight
müde und doch aufgeregt, dem Weinen und der Verzweiflung nahe
tired and yet excited, close to weeping and despair
Lange Zeit versuchte er zu schlafen, aber es war vergeblich
for a long time he sought to sleep, but it was in vain
sein Herz war voller Elend
his heart was full of misery
Er dachte, er könne es nicht länger ertragen
he thought he could not bear any longer
Er war von einem Ekel erfüllt, den er in seinem ganzen Körper spüren fühlte
he was full of a disgust, which he felt penetrating his entire body
wie der lauwarme, abstoßende Geschmack des Weins
like the lukewarm repulsive taste of the wine
Die dumpfe Musik war ein wenig zu fröhlich
the dull music was a little too happy
Das Lächeln der tanzenden Mädchen war ein wenig zu weich
the smile of the dancing girls was a little too soft
Der Duft ihrer Haare und Brüste war ein wenig zu süß
the scent of their hair and breasts was a little too sweet
Aber mehr als alles andere ekelte er sich vor sich selbst
But more than by anything else, he was disgusted by himself
Er war angewidert von seinem parfümierten Haar
he was disgusted by his perfumed hair
Er war angewidert von dem Geruch von Wein aus seinem Mund

he was disgusted by the smell of wine from his mouth
Er war angewidert von der Antriebslosigkeit seiner Haut
he was disgusted by the listlessness of his skin
Zum Beispiel, wenn jemand, der viel zu viel gegessen und getrunken hat,
Like when someone who has eaten and drunk far too much
sie erbrechen es wieder mit quälendem Schmerz
they vomit it back up again with agonising pain
aber sie fühlen sich durch das Erbrechen erleichtert
but they feel relieved by the vomiting
Dieser schlaflose Mann wollte sich von diesen Vergnügungen befreien
this sleepless man wished to free himself of these pleasures
Er wollte diese Gewohnheiten loswerden
he wanted to be rid of these habits
Er wollte diesem sinnlosen Leben entfliehen
he wanted to escape all of this pointless life
und er wollte sich selbst entfliehen
and he wanted to escape from himself
Erst im Morgengrauen war er leicht eingeschlafen
it wasn't until the light of the morning when he had slightly fallen sleep
Die ersten Aktivitäten auf der Straße begannen bereits
the first activities in the street were already beginning
Für ein paar Augenblicke hatte er einen Hauch von Schlaf gefunden
for a few moments he had found a hint of sleep
In diesen Momenten hatte er einen Traum
In those moments, he had a dream
Kamala besaß einen kleinen, seltenen Singvogel in einem goldenen Käfig
Kamala owned a small, rare singing bird in a golden cage
es sang ihm immer am Morgen vor
it always sung to him in the morning
Aber dann träumte er, dieser Vogel sei stumm geworden
but then he dreamt this bird had become mute
Da dies seine Aufmerksamkeit erregte, trat er vor den Käfig

since this arose his attention, he stepped in front of the cage
Er betrachtete den Vogel im Käfig
he looked at the bird inside the cage
Der kleine Vogel war tot und lag steif auf dem Boden
the small bird was dead, and lay stiff on the ground
Er holte den toten Vogel aus seinem Käfig
He took the dead bird out of its cage
Er nahm sich einen Moment Zeit, um den toten Vogel in seiner Hand zu wiegen
he took a moment to weigh the dead bird in his hand
und warf es dann weg, auf die Straße
and then threw it away, out in the street
Im selben Augenblick erschrak er fürchterlich
in the same moment he felt terribly shocked
Sein Herz schmerzte, als hätte er allen Wert weggeworfen
his heart hurt as if he had thrown away all value
Alles Gute war in diesem toten Vogel gewesen
everything good had been inside of this dead bird
Ausgehend von diesem Traum fühlte er sich von einer tiefen Traurigkeit umhüllt
Starting up from this dream, he felt encompassed by a deep sadness
alles schien ihm wertlos
everything seemed worthless to him
Wertlos und sinnlos war die Art und Weise, wie er durchs Leben gegangen war
worthless and pointless was the way he had been going through life
Nichts, was noch lebte, blieb in seinen Händen
nothing which was alive was left in his hands
Nichts, was irgendwie köstlich war, konnte aufbewahrt werden
nothing which was in some way delicious could be kept
Nichts, was es wert ist, aufbewahrt zu werden, würde bleiben
nothing worth keeping would stay
Allein stand er da, leer wie ein Schiffbrüchiger am Ufer

alone he stood there, empty like a castaway on the shore

Mit düsterem Gemüt begab sich Siddhartha in seinen Lustgarten
With a gloomy mind, Siddhartha went to his pleasure-garden
Er schloß das Tor ab und setzte sich unter einen Mangobaum
he locked the gate and sat down under a mango-tree
Er fühlte den Tod in seinem Herzen und das Grauen in seiner Brust
he felt death in his heart and horror in his chest
Er spürte, wie alles in ihm starb und verdorrte
he sensed how everything died and withered in him
Nach und nach sammelte er seine Gedanken in seinem Kopf
By and by, he gathered his thoughts in his mind
Wieder einmal ging er den gesamten Weg seines Lebens
once again, he went through the entire path of his life
Er begann mit den ersten Tagen, an die er sich erinnern konnte
he started with the first days he could remember
Wann gab es jemals eine Zeit, in der er eine wahre Glückseligkeit empfunden hatte?
When was there ever a time when he had felt a true bliss?
Oh ja, so etwas hatte er schon mehrmals erlebt
Oh yes, several times he had experienced such a thing
In seinen Jahren als Knabe hatte er einen Geschmack der Glückseligkeit gehabt
In his years as a boy he had had a taste of bliss
er hatte Glück in seinem Herzen empfunden, als er von den Brahmanen gelobt wurde
he had felt happiness in his heart when he obtained praise from the Brahmans
"Es gibt einen Weg vor dem, der sich ausgezeichnet hat"
"There is a path in front of the one who has distinguished himself"
Er hatte Glückseligkeit empfunden, als er die heiligen Verse rezitierte

he had felt bliss reciting the holy verses
Er hatte Glückseligkeit empfunden, als er mit den Gelehrten stritt
he had felt bliss disputing with the learned ones
Er hatte Glückseligkeit empfunden, als er ein Helfer bei den Opfergaben war
he had felt bliss when he was an assistant in the offerings
Dann hatte er es in seinem Herzen gefühlt
Then, he had felt it in his heart
"Vor dir liegt ein Weg"
"There is a path in front of you"
"Ihr seid für diesen Weg bestimmt"
"you are destined for this path"
"Die Götter warten auf dich"
"the gods are awaiting you"
Und wieder hatte er als junger Mann Glückseligkeit empfunden
And again, as a young man, he had felt bliss
als seine Gedanken ihn von denen trennten, die über dieselben Dinge nachdachten
when his thoughts separated him from those thinking on the same things
als er im Schmerz für Brahman rang
when he wrestled in pain for the purpose of Brahman
als jedes erlangte Wissen nur neuen Durst in ihm entfachte
when every obtained knowledge only kindled new thirst in him
Inmitten des Schmerzes fühlte er genau das Gleiche
in the midst of the pain he felt this very same thing
"Los! Ihr seid aufgerufen!"
"Go on! You are called upon!"
Er hatte diese Stimme gehört, als er sein Haus verlassen hatte
He had heard this voice when he had left his home
Er hörte diese Stimme, als er das Leben eines Samana gewählt hatte
he heard heard this voice when he had chosen the life of a

Samana
und wieder hörte er diese Stimme, als er die Samanas verließ
and again he heard this voice when left the Samanas
Er hatte die Stimme gehört, als er zu dem Vervollkommneten ging
he had heard the voice when he went to see the perfected one
und als er sich von dem Vollendeten entfernt hatte, hatte er die Stimme gehört
and when he had gone away from the perfected one, he had heard the voice
Er hatte die Stimme gehört, als er in die Ungewissheit ging.
he had heard the voice when he went into the uncertain
Wie lange hatte er diese Stimme nicht mehr gehört?
For how long had he not heard this voice any more?
Wie lange hatte er keine Höhe mehr erreicht?
for how long had he reached no height any more?
Wie gleichmäßig und langweilig war die Art und Weise, wie er durchs Leben ging?
how even and dull was the manner in which he went through life?
für viele lange Jahre ohne ein hohes Ziel
for many long years without a high goal
Er war ohne Durst und ohne Erhebung gewesen
he had been without thirst or elevation
Er hatte sich mit kleinen lüsternen Vergnügungen begnügt
he had been content with small lustful pleasures
Und doch war er nie zufrieden!
and yet he was never satisfied!
All die Jahre hatte er sich bemüht, so zu werden wie die anderen
For all of these years he had tried hard to become like the others
Er sehnte sich danach, einer der kindlichen Menschen zu sein
he longed to be one of the childlike people
Aber er wusste nicht, dass es das war, was er wirklich wollte

but he didn't know that that was what he really wanted
Sein Leben war viel elender und ärmer gewesen als das ihrige
his life had been much more miserable and poorer than theirs
denn ihre Ziele und Sorgen waren nicht seine
because their goals and worries were not his
die ganze Welt des Kamaswami-Volkes war für ihn nur ein Spiel gewesen
the entire world of the Kamaswami-people had only been a game to him
Ihr Leben war ein Tanz, dem er zusehen würde
their lives were a dance he would watch
Sie führten eine Komödie auf, mit der er sich amüsieren konnte
they performed a comedy he could amuse himself with
Nur Kamala war ihm lieb und wertvoll gewesen
Only Kamala had been dear and valuable to him
Aber war sie ihm noch wertvoll?
but was she still valuable to him?
Brauchte er sie noch?
Did he still need her?
Oder brauchte sie ihn noch?
Or did she still need him?
Haben sie nicht ein Spiel ohne Ende gespielt?
Did they not play a game without an ending?
War es notwendig, dafür zu leben?
Was it necessary to live for this?
Nein, das war nicht nötig!
No, it was not necessary!
Der Name dieses Spiels war Sansara
The name of this game was Sansara
Ein Spiel für Kinder, das vielleicht einmal Spaß gemacht hat
a game for children which was perhaps enjoyable to play once
Vielleicht könnte es zweimal gespielt werden
maybe it could be played twice
Vielleicht könntest du es zehnmal spielen
perhaps you could play it ten times

Aber sollte man es für immer und ewig spielen?
but should you play it for ever and ever?
Da wusste Siddhartha, dass das Spiel vorbei war
Then, Siddhartha knew that the game was over
Er wusste, dass er es nicht mehr spielen konnte
he knew that he could not play it any more
Schauer liefen über seinen Körper und in ihn hinein
Shivers ran over his body and inside of him
Er fühlte, dass etwas gestorben war
he felt that something had died

Den ganzen Tag saß er unter dem Mangobaum
That entire day, he sat under the mango-tree
Er dachte an seinen Vater
he was thinking of his father
er dachte an Govinda
he was thinking of Govinda
und er dachte an Gotama
and he was thinking of Gotama
Musste er sie verlassen, um ein Kamaswami zu werden?
Did he have to leave them to become a Kamaswami?
Er saß immer noch da, als die Nacht hereingebrochen war
He was still sitting there when the night had fallen
Er erblickte die Sterne und dachte bei sich
he caught sight of the stars, and thought to himself
"Hier sitze ich unter meinem Mangobaum in meinem Lustgarten"
"Here I'm sitting under my mango-tree in my pleasure-garden"
Er lächelte ein wenig in sich hinein
He smiled a little to himself
War es wirklich notwendig, einen Garten zu besitzen?
was it really necessary to own a garden?
War es nicht ein törichtes Spiel?
was it not a foolish game?
Musste er einen Mangobaum besitzen?
did he need to own a mango-tree?

Dem setzte er auch ein Ende
He also put an end to this
auch das starb in ihm
this also died in him
Er erhob sich und verabschiedete sich von dem Mangobaum
He rose and bid his farewell to the mango-tree
Er verabschiedete sich vom Lustgarten
he bid his farewell to the pleasure-garden
Da er an diesem Tag nichts zu essen hatte, verspürte er starken Hunger
Since he had been without food this day, he felt strong hunger
und er dachte an sein Haus in der Stadt
and he thought of his house in the city
Er dachte an seine Kammer und sein Bett
he thought of his chamber and bed
Er dachte an den Tisch mit den Mahlzeiten darauf
he thought of the table with the meals on it
Er lächelte müde, schüttelte sich und verabschiedete sich von diesen Dingen
He smiled tiredly, shook himself, and bid his farewell to these things
In derselben Stunde der Nacht verließ Siddhartha seinen Garten
In the same hour of the night, Siddhartha left his garden
Er verließ die Stadt und kehrte nie wieder zurück
he left the city and never came back

Lange Zeit ließ Kamaswami die Leute nach ihm suchen
For a long time, Kamaswami had people look for him
Sie dachten, er sei in die Hände von Räubern gefallen
they thought he had fallen into the hands of robbers
Kamala ließ niemanden nach ihm suchen
Kamala had no one look for him
Sie war nicht erstaunt über sein Verschwinden
she was not astonished by his disappearance
Hat sie nicht immer damit gerechnet?
Did she not always expect it?

War er nicht ein Samana?
Was he not a Samana?
ein Mann, der nirgends zu Hause war, ein Pilger
a man who was at home nowhere, a pilgrim
Das hatte sie gespürt, als sie das letzte Mal zusammen gewesen waren
she had felt this the last time they had been together
Sie war glücklich trotz aller Schmerzen über den Verlust
she was happy despite all the pain of the loss
Sie war froh, dass sie ein letztes Mal bei ihm gewesen war
she was happy she had been with him one last time
Sie war glücklich, dass sie ihn so zärtlich an ihr Herz gezogen hatte
she was happy she had pulled him so affectionately to her heart
Sie war froh, dass sie sich völlig besessen und von ihm durchdrungen gefühlt hatte
she was happy she had felt completely possessed and penetrated by him
Als sie die Nachricht erhielt, ging sie zum Fenster
When she received the news, she went to the window
Am Fenster hielt sie einen seltenen Singvogel
at the window she held a rare singing bird
Der Vogel wurde in einem goldenen Käfig gefangen gehalten
the bird was held captive in a golden cage
Sie öffnete die Tür des Käfigs
She opened the door of the cage
Sie nahm den Vogel heraus und ließ ihn fliegen
she took the bird out and let it fly
Lange Zeit blickte sie ihm nach
For a long time, she gazed after it
Von diesem Tag an empfing sie keinen Besuch mehr
From this day on, she received no more visitors
und sie hielt ihr Haus verschlossen
and she kept her house locked
Doch nach einiger Zeit wurde ihr bewusst, dass sie

schwanger war
But after some time, she became aware that she was pregnant
sie war schwanger, seit sie das letzte Mal mit Siddhartha zusammen war
she was pregnant from the last time she was with Siddhartha

Am Fluss
By the River

Siddhartha ging durch den Wald
Siddhartha walked through the forest
Er war schon weit weg von der Stadt
he was already far from the city
und er wußte nichts als eins
and he knew nothing but one thing
Für ihn gab es kein Zurück
there was no going back for him
Das Leben, das er viele Jahre gelebt hatte, war vorbei
the life that he had lived for many years was over
Er hatte sein ganzes Leben gekostet
he had tasted all of this life
Er hatte alles aus diesem Leben gesaugt
he had sucked everything out of this life
bis er sich davor ekelte
until he was disgusted with it
Der Singvogel, von dem er geträumt hatte, war tot
the singing bird he had dreamt of was dead
und der Vogel in seinem Herzen war auch tot
and the bird in his heart was dead too
er war tief in Sansara verstrickt gewesen
he had been deeply entangled in Sansara
Er hatte Ekel und Tod in seinen Körper gesaugt
he had sucked up disgust and death into his body
wie ein Schwamm Wasser aufsaugt, bis es voll ist
like a sponge sucks up water until it is full
Er war voller Elend und Tod
he was full of misery and death
Es gab nichts mehr auf dieser Welt, was ihn hätte anziehen können
there was nothing left in this world which could have attracted him
Nichts hätte ihm Freude oder Trost geben können
nothing could have given him joy or comfort

Er wünschte sich leidenschaftlich, nichts mehr über sich selbst zu wissen
he passionately wished to know nothing about himself anymore
Er wollte sich ausruhen und tot sein
he wanted to have rest and be dead
Er wünschte, es gäbe einen Blitz, der ihn totschlagen würde!
he wished there was a lightning-bolt to strike him dead!
Wenn es nur einen Tiger gäbe, der ihn verschlingt!
If there only was a tiger to devour him!
Wenn es nur einen giftigen Wein gäbe, der seine Sinne betäuben würde
If there only was a poisonous wine which would numb his senses
ein Wein, der ihm Vergesslichkeit und Schlaf brachte
a wine which brought him forgetfulness and sleep
ein Wein, von dem er nicht erwachen würde
a wine from which he wouldn't awake from
Gab es noch irgendeinen Schmutz, mit dem er sich nicht beschmutzt hatte?
Was there still any kind of filth he had not soiled himself with?
Gab es eine Sünde oder eine törichte Handlung, die er nicht begangen hatte?
was there a sin or foolish act he had not committed?
Gab es eine Tristesse der Seele, die er nicht kannte?
was there a dreariness of the soul he didn't know?
Gab es etwas, das er sich nicht selbst zugefügt hatte?
was there anything he had not brought upon himself?
War es überhaupt noch möglich, am Leben zu sein?
Was it still at all possible to be alive?
War es möglich, immer wieder einzuatmen?
Was it possible to breathe in again and again?
Konnte er noch ausatmen?
Could he still breathe out?
War er in der Lage, den Hunger zu ertragen?
was he able to bear hunger?

Gab es eine Möglichkeit, wieder etwas zu essen?
was there any way to eat again?
War es möglich, wieder zu schlafen?
was it possible to sleep again?
Könnte er wieder mit einer Frau schlafen?
could he sleep with a woman again?
Hatte sich dieser Kreislauf nicht erschöpft?
had this cycle not exhausted itself?
Wurden die Dinge nicht zu Ende gebracht?
were things not brought to their conclusion?

Siddhartha erreichte den großen Fluss im Walde
Siddhartha reached the large river in the forest
Es war derselbe Fluss, den er überquert hatte, als er noch ein junger Mann war
it was the same river he crossed when he had still been a young man
es war derselbe Fluss, den er von der Stadt Gotama aus überquerte
it was the same river he crossed from the town of Gotama
Er erinnerte sich an einen Fährmann, der ihn über den Fluss gebracht hatte
he remembered a ferryman who had taken him over the river
An diesem Fluß hielt er an und stand zögernd am Ufer
By this river he stopped, and hesitantly he stood at the bank
Müdigkeit und Hunger hatten ihn geschwächt
Tiredness and hunger had weakened him
"Wozu soll ich laufen?"
"what should I walk on for?"
"Bis zu welchem Ziel war es noch zu gehen?"
"to what goal was there left to go?"
Nein, es gab keine Tore mehr
No, there were no more goals
Es blieb nichts übrig als die schmerzliche Sehnsucht, diesen Traum abzuschütteln
there was nothing left but a painful yearning to shake off this dream

Er sehnte sich danach, diesen abgestandenen Wein auszuspucken
he yearned to spit out this stale wine
Er wollte diesem elenden und schändlichen Leben ein Ende setzen
he wanted to put an end to this miserable and shameful life
ein Kokosnussbaum, der sich über das Ufer des Flusses beugt
a coconut-tree bent over the bank of the river
Siddhartha lehnte sich mit der Schulter an den Stamm
Siddhartha leaned against its trunk with his shoulder
Er umklammerte den Stamm mit einem Arm
he embraced the trunk with one arm
und er schaute hinab in das grüne Wasser
and he looked down into the green water
Das Wasser lief unter ihm
the water ran under him
Er blickte nach unten und fand sich ganz erfüllt von dem Wunsch, loszulassen
he looked down and found himself to be entirely filled with the wish to let go
Er wollte in diesen Gewässern ertrinken
he wanted to drown in these waters
Das Wasser warf eine beängstigende Leere auf ihn zurück
the water reflected a frightening emptiness back at him
Das Wasser antwortete auf die schreckliche Leere in seiner Seele
the water answered to the terrible emptiness in his soul
Ja, er war am Ende angelangt
Yes, he had reached the end
Es blieb ihm nichts anderes übrig, als sich selbst zu vernichten
There was nothing left for him, except to annihilate himself
Er wollte das Scheitern, in das er sein Leben hinein geformt hatte, zerschlagen
he wanted to smash the failure into which he had shaped his life

Er wollte sein Leben vor die Füße spöttisch lachender Götter werfen
he wanted to throw his life before the feet of mockingly laughing gods
Das war das große Erbrechen, nach dem er sich gesehnt hatte; Tod
This was the great vomiting he had longed for; death
das Zertrümmern der Form, die er hasste
the smashing to bits of the form he hated
Er soll Futter für Fische und Krokodile sein
Let him be food for fishes and crocodiles
Siddhartha, der Hund, ein Wahnsinniger
Siddhartha the dog, a lunatic
ein verdorbener und verfaulter Körper; eine geschwächte und mißhandelte Seele!
a depraved and rotten body; a weakened and abused soul!
Lasst ihn von den Dämonen in Stücke gehackt werden
let him be chopped to bits by the daemons
Mit verzerrtem Gesicht starrte er ins Wasser
With a distorted face, he stared into the water
Er sah das Spiegelbild seines Gesichts und spuckte es an
he saw the reflection of his face and spat at it
In tiefer Müdigkeit nahm er seinen Arm vom Stamm des Baumes weg
In deep tiredness, he took his arm away from the trunk of the tree
Er drehte sich ein wenig, um sich gerade hinunterfallen zu lassen
he turned a bit, in order to let himself fall straight down
um schließlich im Fluss zu ertrinken
in order to finally drown in the river
Mit geschlossenen Augen glitt er dem Tod entgegen
With his eyes closed, he slipped towards death
Dann erhob sich aus entlegenen Gegenden seiner Seele ein Klang
Then, out of remote areas of his soul, a sound stirred up
ein Klang, der aus vergangenen Zeiten seines nun müden

Lebens hervorgewühlt wurde
a sound stirred up out of past times of his now weary life
Es war ein einzelnes Wort, eine einzige Silbe
It was a singular word, a single syllable
Ohne nachzudenken sprach er die Stimme zu sich selbst
without thinking he spoke the voice to himself
er verwischte den Anfang und das Ende aller Gebete der Brahmanen
he slurred the beginning and the end of all prayers of the Brahmans
er sprach das heilige Om
he spoke the holy Om
"das, was perfekt ist" oder "die Vollendung"
"that what is perfect" or "the completion"
Und in dem Augenblick erkannte er die Torheit seines Handelns
And in the moment he realized the foolishness of his actions
der Klang Oms berührte Siddharthas Ohr
the sound of Om touched Siddhartha's ear
Sein schlummernder Geist erwachte plötzlich
his dormant spirit suddenly woke up
Siddhartha war zutiefst erschüttert
Siddhartha was deeply shocked
Er sah, dass es ihm so ging
he saw this was how things were with him
Er war so dem Untergang geweiht, dass er in der Lage gewesen war, den Tod zu suchen
he was so doomed that he had been able to seek death
Er hatte sich so sehr verirrt, dass er sich das Ende wünschte
he had lost his way so much that he wished the end
Der Wunsch nach einem Kind hatte in ihm wachsen können
the wish of a child had been able to grow in him
Er hatte sich gewünscht, Ruhe zu finden, indem er seinen Körper vernichtete!
he had wished to find rest by annihilating his body!
all die Qualen der letzten Zeit
all the agony of recent times

alles ernüchternde Erkenntnisse, die sein Leben hervorgebracht hatte
all sobering realizations that his life had created
all die Verzweiflung, die er empfunden hatte
all the desperation that he had felt
Diese Dinge haben diesen Moment nicht herbeigeführt
these things did not bring about this moment
als das Om in sein Bewußtsein trat, wurde er sich seiner selbst bewußt
when the Om entered his consciousness he became aware of himself
Er erkannte sein Elend und seinen Irrtum
he realized his misery and his error
Om! Er sprach zu sich selbst
Om! he spoke to himself
Om! und wieder wußte er über Brahman Bescheid
Om! and again he knew about Brahman
Om! Er wusste um die Unzerstörbarkeit des Lebens
Om! he knew about the indestructibility of life
Om! Er wusste um alles Göttliche, was er vergessen hatte
Om! he knew about all that is divine, which he had forgotten
Aber das war nur ein Augenblick, der vor ihm aufblitzte
But this was only a moment that flashed before him
Am Fuße des Kokosnussbaumes brach Siddhartha zusammen
By the foot of the coconut-tree, Siddhartha collapsed
Er wurde von Müdigkeit überwältigt
he was struck down by tiredness
murmelte "Om" und legte seinen Kopf auf die Wurzel des Baumes
mumbling "Om", he placed his head on the root of the tree
und er fiel in einen tiefen Schlaf
and he fell into a deep sleep
Tief war sein Schlaf und ohne Träume
Deep was his sleep, and without dreams
Einen solchen Schlaf hatte er schon lange nicht mehr gekannt

for a long time he had not known such a sleep any more

Als er nach vielen Stunden aufwachte, fühlte er sich, als wären zehn Jahre vergangen
When he woke up after many hours, he felt as if ten years had passed
Er hörte das Wasser leise fließen
he heard the water quietly flowing
Er wusste nicht, wo er war
he did not know where he was
und er wußte nicht, wer ihn hierher gebracht hatte
and he did not know who had brought him here
Er öffnete die Augen und schaute erstaunt
he opened his eyes and looked with astonishment
Es gab Bäume und den Himmel über ihm
there were trees and the sky above him
Er erinnerte sich, wo er war und wie er hierher gekommen war
he remembered where he was and how he got here
Aber es hat lange gedauert, bis er das geschafft hat
But it took him a long while for this
Die Vergangenheit schien ihm, als wäre sie von einem Schleier umhüllt worden
the past seemed to him as if it had been covered by a veil
unendlich fern, unendlich weit weg, unendlich bedeutungslos
infinitely distant, infinitely far away, infinitely meaningless
Er wusste nur, dass sein früheres Leben aufgegeben worden war
He only knew that his previous life had been abandoned
Dieses vergangene Leben erschien ihm wie eine sehr alte, frühere Inkarnation
this past life seemed to him like a very old, previous incarnation
Dieses vergangene Leben fühlte sich an wie eine Vorgeburt seines gegenwärtigen Selbst
this past life felt like a pre-birth of his present self

Voller Ekel und Elend hatte er sich vorgenommen, sein Leben wegzuwerfen
full of disgust and wretchedness, he had intended to throw his life away
Er war an einem Fluss, unter einem Kokosnussbaum, zur Besinnung gekommen
he had come to his senses by a river, under a coconut-tree
das heilige Wort "Om" lag auf seinen Lippen
the holy word "Om" was on his lips
Er war eingeschlafen und nun aufgewacht
he had fallen asleep and had now woken up
Er betrachtete die Welt als einen neuen Menschen
he was looking at the world as a new man
Leise sprach er das Wort "Om" zu sich selbst
Quietly, he spoke the word "Om" to himself
das "Om", das er sprach, als er eingeschlafen war
the "Om" he was speaking when he had fallen asleep
sein Schlaf fühlte sich an wie nichts anderes als eine lange, meditative Rezitation von "Om"
his sleep felt like nothing more than a long meditative recitation of "Om"
sein ganzer Schlaf war ein Gedanke an "Om" gewesen
all his sleep had been a thinking of "Om"
ein Eintauchen und vollständiges Eintreten in "Om"
a submergence and complete entering into "Om"
ein Hineingehen in das Vervollkommnete und Vollendete
a going into the perfected and completed
Was für ein wunderbarer Schlaf das gewesen war!
What a wonderful sleep this had been!
Nie zuvor war er durch den Schlaf so erfrischt worden
he had never before been so refreshed by sleep
Vielleicht war er wirklich gestorben
Perhaps, he really had died
Vielleicht war er ertrunken und in einem neuen Körper wiedergeboren worden?
maybe he had drowned and was reborn in a new body?
Aber nein, er kannte sich selbst und wer er war

But no, he knew himself and who he was
Er kannte seine Hände und seine Füße
he knew his hands and his feet
Er kannte den Ort, an dem er lag
he knew the place where he lay
Er kannte dieses Selbst in seiner Brust
he knew this self in his chest
Siddhartha, der Exzentriker, der Seltsame
Siddhartha the eccentric, the weird one
aber dieser Siddhartha wurde dennoch verwandelt
but this Siddhartha was nevertheless transformed
Er war merkwürdig ausgeruht und wach
he was strangely well rested and awake
und er war fröhlich und neugierig
and he was joyful and curious

Siddhartha richtete sich auf und sah sich um
Siddhartha straightened up and looked around
Dann sah er eine Person ihm gegenüber sitzen
then he saw a person sitting opposite to him
Ein Mönch in einer gelben Robe mit kahlgeschorenem Kopf
a monk in a yellow robe with a shaven head
Er saß in der Position des Grübelns
he was sitting in the position of pondering
Er beobachtete den Mann, der weder Haare auf dem Kopf noch einen Bart trug
He observed the man, who had neither hair on his head nor a beard
Er hatte ihn noch nicht lange beobachtet, als er diesen Mönch erkannte
he had not observed him for long when he recognised this monk
es war Govinda, der Freund seiner Jugend
it was Govinda, the friend of his youth
Govinda, der seine Zuflucht bei dem erhabenen Buddha gesucht hatte
Govinda, who had taken his refuge with the exalted Buddha

Wie Siddhartha war auch Govinda gealtert
Like Siddhartha, Govinda had also aged
aber sein Gesicht trug immer noch die gleichen Züge
but his face still bore the same features
Sein Gesicht drückte immer noch Eifer und Treue aus
his face still expressed zeal and faithfulness
Man konnte sehen, dass er immer noch suchte, aber schüchtern
you could see he was still searching, but timidly
Govinda spürte seinen Blick, öffnete die Augen und sah ihn an
Govinda sensed his gaze, opened his eyes, and looked at him
Siddhartha sah, dass Govinda ihn nicht erkannte
Siddhartha saw that Govinda did not recognise him
Govinda war froh, ihn wach zu finden
Govinda was happy to find him awake
Anscheinend saß er schon lange hier
apparently, he had been sitting here for a long time
Er hatte darauf gewartet, dass er aufwachte
he had been waiting for him to wake up
Er wartete, obwohl er ihn nicht kannte
he waited, although he did not know him
»Ich habe geschlafen,« sagte Siddhartha
"I have been sleeping" said Siddhartha
"Wie bist du hierher gekommen?"
"However did you get here?"
»Du hast geschlafen«, antwortete Govinda
"You have been sleeping" answered Govinda
"Es ist nicht gut, an solchen Orten zu schlafen"
"It is not good to be sleeping in such places"
"Schlangen und die Tiere des Waldes haben hier ihre Wege"
"snakes and the animals of the forest have their paths here"
"Ich, oh Herr, bin ein Anhänger des erhabenen Gotama"
"I, oh sir, am a follower of the exalted Gotama"
"Ich war auf einer Pilgerreise auf diesem Weg"
"I was on a pilgrimage on this path"
"Ich habe dich an einem Ort liegen und schlafen sehen, wo

es gefährlich ist zu schlafen"
"I saw you lying and sleeping in a place where it is dangerous to sleep"
"Deshalb habe ich versucht, dich aufzuwecken"
"Therefore, I sought to wake you up"
"Aber ich habe gesehen, dass dein Schlaf sehr tief war"
"but I saw that your sleep was very deep"
"Also blieb ich von meiner Gruppe zurück"
"so I stayed behind from my group"
"Und ich saß bei dir, bis du aufwachtest"
"and I sat with you until you woke up"
"Und dann, so scheint es, bin ich selbst eingeschlafen"
"And then, so it seems, I have fallen asleep myself"
"Ich, der ich deinen Schlaf behüten wollte, schlief ein"
"I, who wanted to guard your sleep, fell asleep"
"Schlecht, ich habe dir gedient"
"Badly, I have served you"
"Die Müdigkeit hatte mich überwältigt"
"tiredness had overwhelmed me"
"Aber da du wach bist, lass mich gehen, um meine Brüder einzuholen."
"But since you're awake, let me go to catch up with my brothers"
»Ich danke dir, Samana, daß du über meinen Schlaf wachst,« sprach Siddhartha
"I thank you, Samana, for watching out over my sleep" spoke Siddhartha
"Ihr seid freundlich, ihr Anhänger des Erhabenen"
"You're friendly, you followers of the exalted one"
"Jetzt kannst du zu ihnen gehen"
"Now you may go to them"
"Ich gehe, Sir. Mögest du immer bei guter Gesundheit sein."
"I'm going, sir. May you always be in good health"
"Ich danke dir, Samana"
"I thank you, Samana"
Govinda machte die Geste einer Begrüßung und sagte
"Lebewohl"

Govinda made the gesture of a salutation and said "Farewell"
»Leb wohl, Govinda,« sagte Siddhartha
"Farewell, Govinda" said Siddhartha
Der Mönch blieb stehen, als ob er vom Blitz getroffen worden wäre
The monk stopped as if struck by lightning
»Erlauben Sie mir zu fragen, mein Herr, woher Sie meinen Namen kennen?«
"Permit me to ask, sir, from where do you know my name?"
Siddhartha lächelte: »Ich kenne dich, o Govinda, aus der Hütte deines Vaters.«
Siddhartha smiled, "I know you, oh Govinda, from your father's hut"
"Und ich kenne dich aus der Schule der Brahmanen"
"and I know you from the school of the Brahmans"
"Und ich kenne dich von den Opfern"
"and I know you from the offerings"
"**und ich kenne dich von unserem Marsch zu den Samanas**"
"and I know you from our walk to the Samanas"
"**Und ich kenne dich von der Zeit an, als du bei dem Erhabenen Zuflucht nahmst**"
"and I know you from when you took refuge with the exalted one"
»Du bist Siddhartha,« rief Govinda laut, »jetzt erkenne ich dich.«
"You're Siddhartha," Govinda exclaimed loudly, "Now, I recognise you"
"Ich verstehe nicht, wie ich dich nicht sofort erkennen konnte"
"I don't comprehend how I couldn't recognise you right away"
"**Siddhartha, meine Freude ist groß, dich wiederzusehen**"
"Siddhartha, my joy is great to see you again"
»Es macht mir auch Freude, dich wiederzusehen,« sprach Siddhartha
"It also gives me joy, to see you again" spoke Siddhartha
"**Du warst der Wächter meines Schlafes**"
"You've been the guard of my sleep"

"Nochmals, ich danke Ihnen dafür"
"again, I thank you for this"
"aber ich hätte keine Wache gebraucht"
"but I wouldn't have required any guard"
"Wohin gehst du, oh Freund?"
"Where are you going to, oh friend?"
»Ich gehe nirgendwohin«, antwortete Govinda
"I'm going nowhere," answered Govinda
"Wir Mönche sind immer auf Reisen"
"We monks are always travelling"
"Wenn nicht gerade Regenzeit ist, ziehen wir von einem Ort zum anderen"
"whenever it is not the rainy season, we move from one place to another"
"Wir leben nach den Regeln der uns überlieferten Lehren"
"we live according to the rules of the teachings passed on to us"
"Wir nehmen Almosen an, und dann ziehen wir weiter"
"we accept alms, and then we move on"
"Es ist immer so"
"It is always like this"
»Aber du, Siddhartha, wohin gehst du?«
"But you, Siddhartha, where are you going to?"
"Bei mir ist es so, wie es bei dir ist"
"for me it is as it is with you"
"Ich gehe nirgendwohin; Ich bin nur auf Reisen"
"I'm going nowhere; I'm just travelling"
"Ich bin auch auf einer Pilgerreise"
"I'm also on a pilgrimage"
Govinda sprach: "Du sagst, dass du auf einer Pilgerreise bist, und ich glaube dir."
Govinda spoke "You say you're on a pilgrimage, and I believe you"
"Aber, verzeih mir, o Siddhartha, du siehst nicht aus wie ein Pilger!"
"But, forgive me, oh Siddhartha, you do not look like a pilgrim"

"Du trägst die Kleider eines reichen Mannes"
"You're wearing a rich man's garments"
"Du trägst die Schuhe eines vornehmen Herrn"
"you're wearing the shoes of a distinguished gentleman"
"Und dein Haar mit dem Duft von Parfüm ist kein Pilgerhaar"
"and your hair, with the fragrance of perfume, is not a pilgrim's hair"
"Du hast nicht das Haar eines Samana"
"you do not have the hair of a Samana"
"Du hast recht, meine Liebe"
"you are right, my dear"
"Du hast die Dinge gut beobachtet"
"you have observed things well"
"Deine scharfen Augen sehen alles"
"your keen eyes see everything"
"Aber ich habe dir nicht gesagt, dass ich ein Samana bin."
"But I haven't said to you that I was a Samana"
"Ich habe gesagt, dass ich auf einer Pilgerreise bin"
"I said I'm on a pilgrimage"
"Und so ist es, ich bin auf einer Pilgerreise"
"And so it is, I'm on a pilgrimage"
»**Du bist auf einer Pilgerreise**«, sagte Govinda
"You're on a pilgrimage" said Govinda
"Aber nur wenige würden in solchen Kleidern auf eine Pilgerreise gehen"
"But few would go on a pilgrimage in such clothes"
"Nur wenige würden in solchen Schuhen pilgern"
"few would pilger in such shoes"
"Und nur wenige Pilger haben solche Haare"
"and few pilgrims have such hair"
"Ich habe noch nie einen solchen Pilger getroffen"
"I have never met such a pilgrim"
"und ich bin seit vielen Jahren ein Pilger"
"and I have been a pilgrim for many years"
"Ich glaube dir, mein lieber Govinda"
"I believe you, my dear Govinda"

"Aber jetzt, heute, hast du einen Pilger getroffen, der genau so ist"
"But now, today, you've met a pilgrim just like this"
"Ein Pilger, der diese Art von Schuhen und Kleidungsstücken trägt"
"a pilgrim wearing these kinds of shoes and garment"
"Denke daran, meine Liebe, die Welt der Erscheinungen ist nicht ewig"
"Remember, my dear, the world of appearances is not eternal"
"Unsere Schuhe und Kleidungsstücke sind alles andere als ewig"
"our shoes and garments are anything but eternal"
"Auch unsere Haare und Körper sind nicht ewig"
"our hair and bodies are not eternal either"
Ich trage die Kleider eines reichen Mannes."
I'm wearing a rich man's clothes"
"Du hast ganz richtig gesehen"
"you've seen this quite right"
"Ich trage sie, weil ich ein reicher Mann war"
"I'm wearing them, because I have been a rich man"
"und ich trage mein Haar wie die weltlichen und lüsternen Menschen"
"and I'm wearing my hair like the worldly and lustful people"
"weil ich einer von ihnen war"
"because I have been one of them"
»Und was bist du nun, Siddhartha?« fragte Govinda
"And what are you now, Siddhartha?" Govinda asked
"Ich weiß es nicht, genau wie du"
"I don't know it, just like you"
"Ich war ein reicher Mann, und jetzt bin ich kein reicher Mann mehr"
"I was a rich man, and now I am not a rich man anymore"
"und was ich morgen sein werde, weiß ich nicht"
"and what I'll be tomorrow, I don't know"
»Du hast deine Reichtümer verloren?« fragte Govinda
"You've lost your riches?" asked Govinda
"Ich habe meinen Reichtum verloren, oder sie haben mich

verloren"
"I've lost my riches, or they have lost me"
"Mein Reichtum ist mir irgendwie entglitten"
"My riches somehow happened to slip away from me"
"Das Rad der physischen Manifestationen dreht sich schnell, Govinda"
"The wheel of physical manifestations is turning quickly, Govinda"
"Wo ist Siddhartha, der Brahmane?"
"Where is Siddhartha the Brahman?"
"Wo ist Siddhartha, der Samana?"
"Where is Siddhartha the Samana?"
»Wo ist Siddhartha, der Reiche?«
"Where is Siddhartha the rich man?"
"Nicht-ewige Dinge ändern sich schnell, Govinda, du weißt es"
"Non-eternal things change quickly, Govinda, you know it"
Govinda sah den Freund seiner Jugend lange an
Govinda looked at the friend of his youth for a long time
Er sah ihn mit zweifelnden Augen an
he looked at him with doubt in his eyes
Danach gab er ihm die Anrede, die man bei einem Gentleman gebrauchen würde
After that, he gave him the salutation which one would use on a gentleman
und er ging weiter und setzte seine Pilgerfahrt fort
and he went on his way, and continued his pilgrimage
Mit lächelndem Gesicht sah Siddhartha ihm nach, wie er sich entfernte
With a smiling face, Siddhartha watched him leave
Er liebte ihn immer noch, diesen treuen, ängstlichen Mann
he loved him still, this faithful, fearful man
Wie hätte er in diesem Augenblick nicht alles und jeden lieben können?
how could he not have loved everybody and everything in this moment?
in der glorreichen Stunde nach seinem wunderbaren Schlaf,

erfüllt von Om!
in the glorious hour after his wonderful sleep, filled with Om!
Der Zauber, der sich im Schlaf in ihm abgespielt hatte
The enchantment, which had happened inside of him in his sleep
Dieser Zauber war alles, was er liebte
this enchantment was everything that he loved
Er war voll freudiger Liebe zu allem, was er sah
he was full of joyful love for everything he saw
Genau das war vorher seine Krankheit gewesen
exactly this had been his sickness before
Er war nicht in der Lage gewesen, irgendjemanden und irgendetwas zu lieben
he had not been able to love anybody or anything
Mit lächelndem Gesicht beobachtete Siddhartha den scheidenden Mönch
With a smiling face, Siddhartha watched the leaving monk

Der Schlaf hatte ihn sehr gestärkt
The sleep had strengthened him a lot
aber der Hunger bereitete ihm große Schmerzen
but hunger gave him great pain
Inzwischen hatte er seit zwei Tagen nichts mehr gegessen
by now he had not eaten for two days
Die Zeiten, in denen er diesem Hunger widerstehen konnte, waren lange vorbei
the times were long past when he could resist such hunger
Mit Traurigkeit und doch auch mit einem Lächeln dachte er an diese Zeit
With sadness, and yet also with a smile, he thought of that time
In jenen Tagen, so erinnerte er sich, hatte er Kamala gegenüber mit drei Dingen geprahlt
In those days, so he remembered, he had boasted of three things to Kamala
Er hatte drei edle und unbesiegbare Heldentaten vollbringen können

he had been able to do three noble and undefeatable feats
Er konnte fasten, warten und nachdenken
he was able to fast, wait, and think
Das waren seine Besitztümer gewesen; seine Macht und Stärke
These had been his possessions; his power and strength
In den arbeitsreichen, arbeitsreichen Jahren seiner Jugend hatte er diese drei Kunststücke erlernt
in the busy, laborious years of his youth, he had learned these three feats
Und nun hatten ihn seine Heldentaten im Stich gelassen
And now, his feats had abandoned him
Keine seiner Heldentaten gehörte mehr ihm
none of his feats were his any more
weder fasten, noch warten, noch nachdenken
neither fasting, nor waiting, nor thinking
Er hatte sie für die elendesten Dinge aufgegeben
he had given them up for the most wretched things
Was verblasst am schnellsten?
what is it that fades most quickly?
sinnliche Lust, das gute Leben und Reichtum!
sensual lust, the good life, and riches!
Sein Leben war in der Tat seltsam gewesen
His life had indeed been strange
Und nun, so schien es, war er wirklich ein kindlicher Mensch geworden
And now, so it seemed, he had really become a childlike person
Siddhartha dachte über seine Lage nach
Siddhartha thought about his situation
Das Denken fiel ihm jetzt schwer
Thinking was hard for him now
Er hatte nicht wirklich Lust zu denken
he did not really feel like thinking
aber er zwang sich zum Nachdenken
but he forced himself to think
"All diese Dinge, die am leichtesten vergehen, sind mir

entglitten"
"all these most easily perishing things have slipped from me"
"Schon wieder, jetzt stehe ich hier unter der Sonne"
"again, now I'm standing here under the sun"
"Ich stehe hier wie ein kleines Kind"
"I am standing here just like a little child"
"Nichts gehört mir, ich habe keine Fähigkeiten"
"nothing is mine, I have no abilities"
"Es gibt nichts, was ich bewirken könnte"
"there is nothing I could bring about"
"Ich habe nichts aus meinem Leben gelernt"
"I have learned nothing from my life"
"Wie wunderbar das alles ist!"
"How wondrous all of this is!"
"Es ist ein Wunder, dass ich nicht mehr jung bin"
"it's wondrous that I'm no longer young"
"Meine Haare sind schon halb grau und meine Kräfte schwinden"
"my hair is already half gray and my strength is fading"
"Und jetzt fange ich wieder von vorne an, als Kind!"
"and now I'm starting again at the beginning, as a child!"
Wieder musste er in sich hineinschmunzeln
Again, he had to smile to himself
Ja, sein Schicksal war seltsam gewesen!
Yes, his fate had been strange!
Mit ihm ging es bergab
Things were going downhill with him
Und nun stand er wieder nackt und dumm vor der Welt
and now he was again facing the world naked and stupid
Aber er konnte darüber nicht traurig sein
But he could not feel sad about this
Nein, er verspürte sogar einen großen Drang zu lachen
no, he even felt a great urge to laugh
Er verspürte den Drang, über sich selbst zu lachen
he felt an urge to laugh about himself
Er verspürte den Drang, über diese seltsame, törichte Welt zu lachen

he felt an urge to laugh about this strange, foolish world
"Mit dir geht es bergab!" sagte er zu sich selbst
"Things are going downhill with you!" he said to himself
und er lachte über seine Situation
and he laughed about his situation
Während er das sagte, warf er zufällig einen Blick auf den Fluss
as he was saying it he happened to glance at the river
und er sah auch, wie der Fluss bergab ging
and he also saw the river going downhill
Es war Singen und sich über alles freuen
it was singing and being happy about everything
Das gefiel ihm, und freundlich lächelte er dem Fluss zu
He liked this, and kindly he smiled at the river
War das nicht der Fluss, in dem er sich ertränken wollte?
Was this not the river in which he had intended to drown himself?
in früheren Zeiten, vor hundert Jahren
in past times, a hundred years ago
Oder hatte er das geträumt?
or had he dreamed this?
"Wahrhaftig wunderbar war mein Leben", dachte er
"Wondrous indeed was my life" he thought
"Mein Leben hat wundersame Umwege genommen"
"my life has taken wondrous detours"
"Als Junge habe ich mich nur mit Göttern und Opfergaben beschäftigt"
"As a boy, I only dealt with gods and offerings"
"Als Jugendlicher habe ich mich nur mit Askese beschäftigt"
"As a youth, I only dealt with asceticism"
"Ich verbrachte meine Zeit mit Nachdenken und Meditation"
"I spent my time in thinking and meditation"
"Ich war auf der Suche nach Brahman
"I was searching for Brahman
"Und ich betete das Ewige im Atman an"
"and I worshipped the eternal in the Atman"

"Aber als junger Mann folgte ich den Büßern"
"But as a young man, I followed the penitents"
"Ich lebte im Wald und litt unter Hitze und Frost"
"I lived in the forest and suffered heat and frost"
"Dort habe ich gelernt, den Hunger zu besiegen"
"there I learned how to overcome hunger"
"und ich lehrte meinen Körper, tot zu werden"
"and I taught my body to become dead"
"Wunderbarerweise kam bald darauf die Einsicht auf mich zu"
"Wonderfully, soon afterwards, insight came towards me"
"Einsicht in Form der Lehren des großen Buddha"
"insight in the form of the great Buddha's teachings"
"Ich fühlte das Wissen um die Einheit der Welt"
"I felt the knowledge of the oneness of the world"
"Ich spürte, wie es in mir kreiste wie mein eigenes Blut"
"I felt it circling in me like my own blood"
"Aber ich musste auch Buddha und das große Wissen verlassen"
"But I also had to leave Buddha and the great knowledge"
"Ich bin hingegangen und habe mit Kamala die Kunst der Liebe gelernt"
"I went and learned the art of love with Kamala"
"Ich habe Handel und Geschäft mit Kamaswami gelernt"
"I learned trading and business with Kamaswami"
"Ich habe Geld angehäuft und es wieder verschwendet"
"I piled up money, and wasted it again"
"Ich habe gelernt, meinen Bauch zu lieben und meine Sinne zu erfreuen"
"I learned to love my stomach and please my senses"
"Ich musste viele Jahre damit verbringen, meinen Geist zu verlieren"
"I had to spend many years losing my spirit"
"Und ich musste das Denken wieder verlernen"
"and I had to unlearn thinking again"
"Da hatte ich die Einheit vergessen"
"there I had forgotten the oneness"

"Ist es nicht so, als hätte ich mich langsam von einem Mann in ein Kind verwandelt"?
"Isn't it just as if I had turned slowly from a man into a child"?
"Vom Denker zum kindlichen Menschen"
"from a thinker into a childlike person"
"Und doch war dieser Weg sehr gut"
"And yet, this path has been very good"
"Und doch ist der Vogel in meiner Brust nicht gestorben"
"and yet, the bird in my chest has not died"
"Was war das für ein Weg!"
"what a path has this been!"
"Ich musste so viel Dummheit durchmachen"
"I had to pass through so much stupidity"
"Ich musste so viel Laster durchmachen"
"I had to pass through so much vice"
"Ich musste so viele Fehler machen"
"I had to make so many errors"
"Ich musste so viel Ekel und Enttäuschung empfinden"
"I had to feel so much disgust and disappointment"
"Ich musste das alles tun, um wieder ein Kind zu werden"
"I had to do all this to become a child again"
"Und dann könnte ich wieder von vorne anfangen"
"and then I could start over again"
"Aber es war der richtige Weg"
"But it was the right way to do it"
"Mein Herz sagt Ja dazu und meine Augen lächeln dazu"
"my heart says yes to it and my eyes smile to it"
"Ich musste verzweifeln"
"I've had to experience despair"
"Ich musste auf den dümmsten aller Gedanken herabsinken"
"I've had to sink down to the most foolish of all thoughts"
"Ich musste an Selbstmordgedanken denken"
"I've had to think to the thoughts of suicide"
"Nur dann würde ich die göttliche Gnade erfahren können"
"only then would I be able to experience divine grace"
"Erst dann konnte ich Om wieder hören"

"only then could I hear Om again"
"Nur dann könnte ich richtig schlafen und wieder wach werden"
"only then would I be able to sleep properly and awake again"
"Ich musste ein Narr werden, um Atman in mir wiederzufinden"
"I had to become a fool, to find Atman in me again"
"Ich musste sündigen, um wieder leben zu können"
"I had to sin, to be able to live again"
"Wohin könnte mich mein Weg sonst führen?"
"Where else might my path lead me to?"
"Es ist töricht, dieser Weg, er bewegt sich in Schleifen"
"It is foolish, this path, it moves in loops"
"Vielleicht dreht es sich im Kreis"
"perhaps it is going around in a circle"
"Lasst diesen Weg gehen, wohin er will"
"Let this path go where it likes"
"Wo auch immer dieser Weg hingeht, ich will ihn gehen"
"where ever this path goes, I want to follow it"
Er fühlte, wie die Freude wie Wellen in seiner Brust rollte
he felt joy rolling like waves in his chest
Er fragte sein Herz: "Woher hast du dieses Glück?"
he asked his heart, "from where did you get this happiness?"
"Kommt es vielleicht von diesem langen, guten Schlaf?"
"does it perhaps come from that long, good sleep?"
"Der Schlaf, der mir so gut getan hat"
"the sleep which has done me so much good"
"Oder kommt es von dem Wort Om, das ich gesagt habe?"
"or does it come from the word Om, which I said?"
"Oder kommt es daher, dass ich entkommen bin?"
"Or does it come from the fact that I have escaped?"
"Kommt dieses Glück, wenn man wie ein Kind unter dem Himmel steht?"
"does this happiness come from standing like a child under the sky?"
"Oh, wie gut ist es, geflohen zu sein"
"Oh how good is it to have fled"

"Es ist toll, frei geworden zu sein!"
"it is great to have become free!"
"Wie sauber und schön die Luft hier ist"
"How clean and beautiful the air here is"
"Die Luft ist gut zum Atmen"
"the air is good to breath"
"wo ich weggelaufen bin, alles roch nach Salben"
"where I ran away from everything smelled of ointments"
"Gewürze, Wein, Exzess, Faultier"
"spices, wine, excess, sloth"
"Wie ich diese Welt der Reichen hasste"
"How I hated this world of the rich"
"Ich hasste diejenigen, die in gutem Essen schwelgen, und die Spieler!"
"I hated those who revel in fine food and the gamblers!"
"Ich habe mich selbst dafür gehasst, dass ich so lange in dieser schrecklichen Welt geblieben bin!"
"I hated myself for staying in this terrible world for so long!"
"Ich habe mich selbst beraubt, vergiftet und gefoltert"
"I have deprived, poisoned, and tortured myself"
"Ich habe mich alt und böse gemacht!"
"I have made myself old and evil!"
"Nein, ich werde nie wieder die Dinge tun, die ich so gerne gemacht habe"
"No, I will never again do the things I liked doing so much"
"Ich will mich nicht der Illusion hingeben, Siddhartha sei weise gewesen!"
"I won't delude myself into thinking that Siddhartha was wise!"
"Aber diese eine Sache habe ich gut gemacht"
"But this one thing I have done well"
"Das gefällt mir, das muss ich loben"
"this I like, this I must praise"
"Ich finde es gut, dass dieser Hass gegen mich jetzt ein Ende hat"
"I like that there is now an end to that hatred against myself"
"Dieses törichte und trostlose Leben hat ein Ende!"

"there is an end to that foolish and dreary life!"
"Ich preise dich, Siddhartha, nach so vielen Jahren der Torheit"
"I praise you, Siddhartha, after so many years of foolishness"
"Du hattest mal wieder eine Idee"
"you have once again had an idea"
"Du hast den Vogel in deiner Brust singen hören"
"you have heard the bird in your chest singing"
"Und du bist dem Gesang des Vogels gefolgt!"
"and you followed the song of the bird!"
Mit diesen Gedanken lobte er sich selbst
with these thoughts he praised himself
Er hatte wieder Freude an sich selbst gefunden
he had found joy in himself again
Neugierig lauschte er seinem vor Hunger knurrenden Magen
he listened curiously to his stomach rumbling with hunger
Er hatte ein Stück Leid und Elend gekostet und ausgespuckt
he had tasted and spat out a piece of suffering and misery
In diesen letzten Zeiten und Tagen fühlte er sich so
in these recent times and days, this is how he felt
Er hatte es bis zur Verzweiflung und zum Tod verschlungen
he had devoured it up to the point of desperation and death
Wie alles geschehen war, war gut
how everything had happened was good
er hätte noch viel länger bei Kamaswami bleiben können
he could have stayed with Kamaswami for much longer
Er hätte mehr Geld verdienen und es dann verschwenden können
he could have made more money, and then wasted it
Er hätte sich den Magen vollstopfen und seine Seele verdursten lassen können
he could have filled his stomach and let his soul die of thirst
Er hätte noch viel länger in dieser weich gepolsterten Hölle leben können
he could have lived in this soft upholstered hell much longer
Wenn dies nicht geschehen wäre, hätte er dieses Leben

fortgesetzt
if this had not happened, he would have continued this life
Der Moment der völligen Hoffnungslosigkeit und Verzweiflung
the moment of complete hopelessness and despair
Der extremste Moment, als er über dem rauschenden Wasser hing
the most extreme moment when he hung over the rushing waters
in dem Moment, in dem er bereit war, sich selbst zu zerstören
the moment he was ready to destroy himself
in dem Augenblick, als er diese Verzweiflung und diesen tiefen Ekel gespürt hatte
the moment he had felt this despair and deep disgust
er war ihr nicht erlegen
he had not succumbed to it
Der Vogel lebte doch noch
the bird was still alive after all
Deshalb fühlte er Freude und lachte
this was why he felt joy and laughed
Deshalb lächelte sein Gesicht hell unter seinem Haar
this was why his face was smiling brightly under his hair
sein Haar, das nun grau geworden war
his hair which had now turned gray
"Es ist gut", dachte er, "alles selbst zu kosten."
"It is good," he thought, "to get a taste of everything for oneself"
"Alles, was man wissen muss"
"everything which one needs to know"
"Weltgier und Reichtum gehören nicht zu den guten Dingen"
"lust for the world and riches do not belong to the good things"
"Das habe ich schon als Kind gelernt"
"I have already learned this as a child"
"Ich weiß es schon lange"

"I have known it for a long time"
"aber ich hatte es bis jetzt noch nicht erlebt"
"but I hadn't experienced it until now"
"Und jetzt, wo ich es erlebt habe, weiß ich es"
"And now that I I've experienced it I know it"
"Ich weiß es nicht nur in meinem Gedächtnis, sondern auch in meinen Augen, meinem Herzen und meinem Bauch"
"I don't just know it in my memory, but in my eyes, heart, and stomach"
"Es ist gut für mich, das zu wissen!"
"it is good for me to know this!"

Lange dachte er über seine Verwandlung nach
For a long time, he pondered his transformation
Er lauschte dem Vogel, wie er vor Freude sang
he listened to the bird, as it sang for joy
War dieser Vogel nicht in ihm gestorben?
Had this bird not died in him?
Hatte er nicht den Tod dieses Vogels gespürt?
had he not felt this bird's death?
Nein, etwas anderes aus seinem Inneren war gestorben
No, something else from within him had died
etwas, das sich nach dem Tod sehnte, war gestorben
something which yearned to die had died
War es nicht das, was er zu töten beabsichtigte?
Was it not this that he used to intend to kill?
War es nicht sein kleines, verängstigtes und stolzes Ich, das gestorben war?
Was it not his his small, frightened, and proud self that had died?
Er hatte so viele Jahre mit sich selbst gerungen
he had wrestled with his self for so many years
das Ich, das ihn immer wieder besiegt hatte
the self which had defeated him again and again
das Selbst, das nach jedem Töten wieder da war
the self which was back again after every killing
das Selbst, das Freude verbot und Angst fühlte?

the self which prohibited joy and felt fear?
War es nicht dieses Ich, das heute endlich in den Tod gekommen war?
Was it not this self which today had finally come to its death?
hier im Wald, an diesem schönen Fluss
here in the forest, by this lovely river
War es nicht durch diesen Tod, dass er nun wie ein Kind war?
Was it not due to this death, that he was now like a child?
so voller Vertrauen und Freude, ohne Angst
so full of trust and joy, without fear
Nun bekam Siddhartha auch eine Ahnung, warum er vergeblich gegen dieses Selbst gekämpft hatte
Now Siddhartha also got some idea of why he had fought this self in vain
er wußte, warum er sich als Brahmane nicht selbst bekämpfen konnte
he knew why he couldn't fight his self as a Brahman
Zu viel Wissen hatte ihn zurückgehalten
Too much knowledge had held him back
Zu viele heilige Verse, Opferregeln und Selbstkasteiung
too many holy verses, sacrificial rules, and self-castigation
All diese Dinge hielten ihn zurück
all these things held him back
So viel zu tun und zu streben für dieses Ziel!
so much doing and striving for that goal!
Er war voller Arroganz gewesen
he had been full of arrogance
Er war immer der Klügste
he was always the smartest
Er hat immer am meisten gearbeitet
he was always working the most
Er war allen anderen immer einen Schritt voraus gewesen
he had always been one step ahead of all others
Er war immer der Wissende und Geistige
he was always the knowing and spiritual one
Er galt immer als Priester oder Weiser

he was always considered the priest or wise one
Sein Ich hatte sich in Priestertum, Arroganz und Spiritualität zurückgezogen
his self had retreated into being a priest, arrogance, and spirituality
Dort saß es fest und wuchs die ganze Zeit
there it sat firmly and grew all this time
und er hatte geglaubt, er könne es durch Fasten töten
and he had thought he could kill it by fasting
Jetzt sah er sein Leben, wie es geworden war
Now he saw his life as it had become
Er sah, dass die geheime Stimme Recht gehabt hatte
he saw that the secret voice had been right
Kein Lehrer wäre jemals in der Lage gewesen, seine Erlösung herbeizuführen
no teacher would ever have been able to bring about his salvation
Deshalb musste er in die Welt hinausgehen
Therefore, he had to go out into the world
Er musste sich der Lust und der Macht hingeben
he had to lose himself to lust and power
Er musste sich an Frauen und Geld verlieren
he had to lose himself to women and money
Er musste ein Kaufmann werden, ein Würfelspieler, ein Trinker
he had to become a merchant, a dice-gambler, a drinker
und er musste ein habgieriger Mensch werden
and he had to become a greedy person
er musste dies tun, bis der Priester und Samana in ihm tot waren
he had to do this until the priest and Samana in him was dead
Deshalb musste er diese hässlichen Jahre weiter ertragen
Therefore, he had to continue bearing these ugly years
Er musste den Ekel und die Lehren ertragen
he had to bear the disgust and the teachings
Er musste die Sinnlosigkeit eines trostlosen und vergeudeten Lebens ertragen

he had to bear the pointlessness of a dreary and wasted life
Er musste es bis zu seinem bitteren Ende abschließen
he had to conclude it up to its bitter end
er musste dies tun, bis auch Siddhartha, der Lüsterne, sterben konnte
he had to do this until Siddhartha the lustful could also die
Er war gestorben und ein neuer Siddhartha war aus dem Schlaf erwacht
He had died and a new Siddhartha had woken up from the sleep
dieser neue Siddhartha würde auch alt werden
this new Siddhartha would also grow old
Er würde auch irgendwann sterben müssen
he would also have to die eventually
Siddhartha war noch sterblich, wie jede physische Form
Siddhartha was still mortal, as is every physical form
Aber heute war er jung und ein Kind und voller Freude
But today he was young and a child and full of joy
Diese Gedanken dachte er bei sich
He thought these thoughts to himself
Er lauschte mit einem Lächeln in seinem Magen
he listened with a smile to his stomach
Dankbar lauschte er einer summenden Biene
he listened gratefully to a buzzing bee
Fröhlich blickte er in den rauschenden Fluss
Cheerfully, he looked into the rushing river
Er hatte noch nie ein Wasser so sehr gemocht wie dieses
he had never before liked a water as much as this one
Nie zuvor hatte er die Stimme so stark wahrgenommen
he had never before perceived the voice so stronger
Nie hatte er das Gleichnis vom bewegten Wasser so stark verstanden
he had never understood the parable of the moving water so strongly
Er hatte noch nie bemerkt, wie schön sich der Fluss bewegte
he had never before noticed how beautifully the river moved
Es schien ihm, als ob der Fluss ihm etwas Besonderes zu

sagen hätte
It seemed to him, as if the river had something special to tell him
etwas, das er noch nicht kannte, das ihn noch erwartete
something he did not know yet, which was still awaiting him
In diesem Fluß hatte sich Siddhartha ertränken wollen
In this river, Siddhartha had intended to drown himself
in diesem Fluß war heute der alte, müde, verzweifelte Siddhartha ertrunken
in this river the old, tired, desperate Siddhartha had drowned today
Aber der neue Siddhartha empfand eine tiefe Liebe zu diesem rauschenden Wasser
But the new Siddhartha felt a deep love for this rushing water
Und er beschloß für sich, es nicht so schnell zu verlassen
and he decided for himself, not to leave it very soon

Der Fährmann
The Ferryman

"An diesem Flusse will ich bleiben!" dachte Siddhartha
"By this river I want to stay," thought Siddhartha
"Es ist derselbe Fluss, den ich vor langer Zeit überquert habe"
"it is the same river which I have crossed a long time ago"
"Ich war auf dem Weg zu den kindlichen Menschen"
"I was on my way to the childlike people"
"Ein freundlicher Fährmann hatte mich über den Fluss geführt"
"a friendly ferryman had guided me across the river"
"Er ist derjenige, zu dem ich gehen will"
"he is the one I want to go to"
"Ausgehend von seiner Hütte führte mich mein Weg in ein neues Leben"
"starting out from his hut, my path led me to a new life"
"Ein Weg, der alt geworden war und nun tot ist"
"a path which had grown old and is now dead"
"Dort soll auch mein jetziger Weg seinen Anfang nehmen!"
"my present path shall also take its start there!"
Zärtlich blickte er in das rauschende Wasser
Tenderly, he looked into the rushing water
Er blickte in die durchsichtigen grünen Linien, die das Wasser zeichnete
he looked into the transparent green lines the water drew
Die kristallenen Wasserlinien waren reich an Geheimnissen
the crystal lines of water were rich in secrets
Er sah leuchtende Perlen aus der Tiefe aufsteigen
he saw bright pearls rising from the deep
leise Luftblasen, die auf der reflektierenden Oberfläche schweben
quiet bubbles of air floating on the reflecting surface
das Blau des Himmels, dargestellt in den Blasen
the blue of the sky depicted in the bubbles
Der Fluss sah ihn mit tausend Augen an

the river looked at him with a thousand eyes
Der Fluss hatte grüne und weiße Augen
the river had green eyes and white eyes
Der Fluss hatte Kristallaugen und himmelblaue Augen
the river had crystal eyes and sky-blue eyes
Er liebte dieses Wasser sehr, es entzückte ihn
he loved this water very much, it delighted him
Er war dem Wasser dankbar
he was grateful to the water
In seinem Herzen hörte er die Stimme sprechen
In his heart he heard the voice talking
"Ich liebe dieses Wasser! Bleiben Sie in der Nähe!"
"Love this water! Stay near it!"
"Lerne aus dem Wasser!", befahl ihm seine Stimme
"Learn from the water!" hiw voice commanded him
Oh ja, er wollte daraus lernen
Oh yes, he wanted to learn from it
Er wollte dem Wasser lauschen
he wanted to listen to the water
Wer die Geheimnisse dieses Wassers verstehen will,
He who would understand this water's secrets
Er würde auch viele andere Dinge verstehen
he would also understand many other things
So kam es ihm vor
this is how it seemed to him
Aber von allen Geheimnissen des Flusses sah er heute nur eines
But out of all secrets of the river, today he only saw one
Dieses Geheimnis berührte seine Seele
this secret touched his soul
Dieses Wasser lief und lief unaufhörlich
this water ran and ran, incessantly
Das Wasser floss, aber trotzdem war es immer da
the water ran, but nevertheless it was always there
Das Wasser war immer und zu jeder Zeit gleich
the water always, at all times, was the same
und gleichzeitig war es in jedem Moment neu

and at the same time it was new in every moment
Wer das begreifen könnte, wäre groß
he who could grasp this would be great
aber er verstand und begriff es nicht
but he didn't understand or grasp it
Er fühlte nur, wie sich eine Ahnung davon regte
he only felt some idea of it stirring
Es war wie eine ferne Erinnerung, eine göttliche Stimme
it was like a distant memory, a divine voices

Siddhartha erhob sich, als der Hunger in seinem Körper unerträglich wurde
Siddhartha rose as the workings of hunger in his body became unbearable
Benommen entfernte er sich weiter von der Stadt
In a daze he walked further away from the city
Er ging den Fluss hinauf auf dem Pfad am Ufer
he walked up the river along the path by the bank
Er lauschte auf die Strömung des Wassers
he listened to the current of the water
Er lauschte dem grollenden Hunger in seinem Körper
he listened to the rumbling hunger in his body
Als er die Fähre erreichte, kam das Boot gerade an
When he reached the ferry, the boat was just arriving
derselbe Fährmann, der einst den jungen Samana über den Fluss gebracht hatte
the same ferryman who had once transported the young Samana across the river
er stand im Boot und Siddhartha erkannte ihn
he stood in the boat and Siddhartha recognised him
Er war auch sehr gealtert
he had also aged very much
Der Fährmann war erstaunt, einen so eleganten Mann zu Fuß gehen zu sehen
the ferryman was astonished to see such an elegant man walking on foot
"Möchtest du mich hinüberbringen?", fragte er

"Would you like to ferry me over?" he asked
Er nahm ihn in sein Boot und stieß es vom Ufer
he took him into his boat and pushed it off the bank
"Es ist ein schönes Leben, das du dir ausgesucht hast",
sprach der Passagier
"It's a beautiful life you have chosen for yourself" the passenger spoke
"Es muss schön sein, jeden Tag an diesem Wasser zu leben"
"It must be beautiful to live by this water every day"
"Und es muss schön sein, damit auf dem Fluss zu fahren"
"and it must be beautiful to cruise on it on the river"
Mit einem Lächeln bewegte sich der Mann am Ruder von einer Seite zur anderen
With a smile, the man at the oar moved from side to side
"Es ist so schön, wie Sie sagen, Sir"
"It is as beautiful as you say, sir"
"Aber ist nicht jedes Leben und jede Arbeit schön?"
"But isn't every life and all work beautiful?"
»Das mag wahr sein,« erwiderte Siddhartha
"This may be true" replied Siddhartha
"Aber ich beneide dich um dein Leben"
"But I envy you for your life"
"Ah, du würdest bald aufhören, es zu genießen"
"Ah, you would soon stop enjoying it"
"Das ist keine Arbeit für Leute, die feine Kleider tragen"
"This is no work for people wearing fine clothes"
Siddhartha lachte über diese Beobachtung
Siddhartha laughed at the observation
"Früher wurde ich wegen meiner Kleidung angeschaut"
"Once before, I have been looked upon today because of my clothes"
"Man hat mich mit Misstrauen betrachtet"
"I have been looked upon with distrust"
"Sie sind ein Ärgernis für mich"
"they are a nuisance to me"
"Möchtest du nicht, Fährmann, diese Kleider annehmen?"
"Wouldn't you, ferryman, like to accept these clothes"

"Weil du wissen musst, dass ich kein Geld habe, um deinen Fahrpreis zu bezahlen"
"because you must know, I have no money to pay your fare"
»Sie machen Witze, Sir«, lachte der Fährmann
"You're joking, sir," the ferryman laughed
"Ich mache keine Witze, Freund"
"I'm not joking, friend"
"Du hast mich schon einmal in deinem Boot über dieses Wasser gebracht"
"once before you have ferried me across this water in your boat"
"Du hast es für den immateriellen Lohn einer guten Tat getan"
"you did it for the immaterial reward of a good deed"
"Bringen Sie mich über den Fluss und nehmen Sie meine Kleider dafür an"
"ferry me across the river and accept my clothes for it"
»Und haben Sie, mein Herr, die Absicht, ohne Kleider weiterzureisen?«
"And do you, sir, intent to continue travelling without clothes?"
"Ah, am liebsten würde ich gar nicht mehr weiterreisen wollen"
"Ah, most of all I wouldn't want to continue travelling at all"
"Mir wäre es lieber, du würdest mir einen alten Lendenschurz geben"
"I would rather you gave me an old loincloth"
"Ich fände es gut, wenn du mich als Assistenten bei dir hättest"
"I would like it if you kept me with you as your assistant"
"Oder besser gesagt, ich würde mich freuen, wenn Sie mich als Ihren Praktikanten aufnehmen würden"
"or rather, I would like if you accepted me as your trainee"
"Denn erst muss ich lernen, mit dem Boot umzugehen"
"because first I'll have to learn how to handle the boat"
Lange sah der Fährmann den Fremden an
For a long time, the ferryman looked at the stranger

Er suchte in seinem Gedächtnis nach diesem seltsamen Mann
he was searching in his memory for this strange man
»Jetzt erkenne ich dich«, sagte er schließlich
"Now I recognise you," he finally said
"Du hast einmal in meiner Hütte geschlafen"
"At one time, you've slept in my hut"
"Das ist lange her, vielleicht mehr als zwanzig Jahre"
"this was a long time ago, possibly more than twenty years"
"Und du wurdest von mir über den Fluss gebracht"
"and you've been ferried across the river by me"
"An diesem Tag trennten wir uns wie gute Freunde"
"that day we parted like good friends"
"Warst du nicht ein Samana?"
"Haven't you been a Samana?"
"Mir fällt dein Name nicht mehr ein"
"I can't think of your name any more"
"Mein Name ist Siddhartha, und ich war ein Samana"
"My name is Siddhartha, and I was a Samana"
"Ich war noch ein Samana, als du mich das letzte Mal gesehen hast"
"I had still been a Samana when you last saw me"
"Sei also willkommen, Siddhartha! Mein Name ist Vasudeva."
"So be welcome, Siddhartha. My name is Vasudeva"
"Du wirst, so hoffe ich, auch heute mein Gast sein"
"You will, so I hope, be my guest today as well"
"Und du darfst in meiner Hütte schlafen"
"and you may sleep in my hut"
"Und du darfst mir sagen, woher du kommst"
"and you may tell me, where you're coming from"
"Und du kannst mir sagen, warum dir diese schönen Kleider so lästig sind"
"and you may tell me why these beautiful clothes are such a nuisance to you"
Sie hatten die Mitte des Flusses erreicht
They had reached the middle of the river

Vasudeva drückte das Ruder mit mehr Kraft
Vasudeva pushed the oar with more strength
um die Strömung zu überwinden
in order to overcome the current
Er arbeitete ruhig, mit kräftigen Armen
He worked calmly, with brawny arms
Seine Augen waren auf die Vorderseite des Bootes gerichtet
his eyes were fixed in on the front of the boat
Siddhartha saß da und sah ihm zu
Siddhartha sat and watched him
er erinnerte sich an seine Zeit als Samana
he remembered his time as a Samana
Er erinnerte sich, wie sich die Liebe zu diesem Mann in seinem Herzen geregt hatte
he remembered how love for this man had stirred in his heart
Dankbar nahm er Vasudevas Einladung an
Gratefully, he accepted Vasudeva's invitation
Als sie das Ufer erreicht hatten, half er ihm, das Boot an den Pfählen festzumachen
When they had reached the bank, he helped him to tie the boat to the stakes
Darauf bat ihn der Fährmann, in die Hütte einzutreten
after this, the ferryman asked him to enter the hut
er bot ihm Brot und Wasser an, und Siddhartha aß mit eifrigem Vergnügen
he offered him bread and water, and Siddhartha ate with eager pleasure
und er aß auch mit eifrigem Vergnügen von den Mangofrüchten, die Vasudeva ihm anbot
and he also ate with eager pleasure of the mango fruits Vasudeva offered him

Danach war es fast die Zeit des Sonnenuntergangs
Afterwards, it was almost the time of the sunset
Sie saßen auf einem Baumstamm neben der Bank
they sat on a log by the bank
Siddhartha erzählte dem Fährmann, woher er ursprünglich

kam
Siddhartha told the ferryman about where he originally came from
Er erzählte ihm von seinem Leben, wie er es heute gesehen hatte
he told him about his life as he had seen it today
so wie er es in jener Stunde der Verzweiflung gesehen hatte
the way he had seen it in that hour of despair
Die Geschichte seines Lebens dauerte bis spät in die Nacht
the tale of his life lasted late into the night
Vasudeva hörte mit großer Aufmerksamkeit zu
Vasudeva listened with great attention
Er hörte aufmerksam zu und ließ alles in seinen Geist eindringen
Listening carefully, he let everything enter his mind
Geburtsort und Kindheit, all das Lernen
birthplace and childhood, all that learning
all das Suchen, all die Freude, alle Bedrängnis
all that searching, all joy, all distress
Dies war eine der größten Tugenden des Fährmanns
This was one of the greatest virtues of the ferryman
Wie nur wenige wusste er zuzuhören
like only a few, he knew how to listen
Er brauchte kein Wort zu sprechen
he did not have to speak a word
aber der Sprecher spürte, wie Vasudeva seine Worte in seinen Geist eindringen ließ
but the speaker sensed how Vasudeva let his words enter his mind
Sein Geist war ruhig, offen und wartend
his mind was quiet, open, and waiting
Er verlor kein einziges Wort
he did not lose a single word
Er wartete kein einziges Wort mit Ungeduld ab
he did not await a single word with impatience
Er fügte weder sein Lob noch seine Zurechtweisung hinzu
he did not add his praise or rebuke

Er hörte nur zu und sonst nichts
he was just listening, and nothing else
Siddhartha fühlte, was für ein glückliches Glück es ist, einem solchen Zuhörer zu gestehen
Siddhartha felt what a happy fortune it is to confess to such a listener
Er hatte das Glück, sein eigenes Leben in seinem Herzen zu begraben
he felt fortunate to bury in his heart his own life
Er begrub sein eigenes Suchen und Leiden
he buried his own search and suffering
er erzählte die Geschichte von Siddharthas Leben
he told the tale of Siddhartha's life
als er von dem Baum am Fluss sprach
when he spoke of the tree by the river
als er von seinem tiefen Fall sprach
when he spoke of his deep fall
als er vom heiligen Om sprach
when he spoke of the holy Om
als er davon sprach, wie sehr er eine solche Liebe zum Fluss empfunden hatte
when he spoke of how he had felt such a love for the river
Der Fährmann hörte diesen Dingen mit doppelter Aufmerksamkeit zu
the ferryman listened to these things with twice as much attention
Er war ganz und gar davon absorbiert
he was entirely and completely absorbed by it
Er lauschte mit geschlossenen Augen
he was listening with his eyes closed
als Siddhartha verstummte, trat ein langes Schweigen ein
when Siddhartha fell silent a long silence occurred
dann sprach Vasudeva: "Es ist so, wie ich dachte."
then Vasudeva spoke "It is as I thought"
"Der Fluss hat zu dir gesprochen"
"The river has spoken to you"
"Der Fluss ist auch dein Freund"

"the river is your friend as well"
"Der Fluss spricht auch zu dir"
"the river speaks to you as well"
"Das ist gut, das ist sehr gut"
"That is good, that is very good"
"Bleib bei mir, Siddhartha, mein Freund"
"Stay with me, Siddhartha, my friend"
"Früher hatte ich eine Frau"
"I used to have a wife"
"Ihr Bett war neben meinem"
"her bed was next to mine"
"Aber sie ist schon lange gestorben"
"but she has died a long time ago"
"Lange Zeit habe ich allein gelebt"
"for a long time, I have lived alone"
"Jetzt sollst du bei mir wohnen"
"Now, you shall live with me"
"Es gibt genug Platz und Essen für uns beide"
"there is enough space and food for both of us"
»Ich danke dir,« sagte Siddhartha
"I thank you," said Siddhartha
"Ich danke Ihnen und akzeptiere"
"I thank you and accept"
"Und ich danke dir auch dafür, Vasudeva"
"And I also thank you for this, Vasudeva"
"Ich danke Ihnen, dass Sie mir so gut zugehört haben"
"I thank you for listening to me so well"
"Menschen, die zuhören können, sind selten"
"people who know how to listen are rare"
"Ich habe keinen einzigen Menschen getroffen, der es so gut wusste wie du"
"I have not met a single person who knew it as well as you do"
"Auch in dieser Hinsicht werde ich von Ihnen lernen"
"I will also learn in this respect from you"
»Du wirst es lernen«, sprach Vasudeva
"You will learn it," spoke Vasudeva
"Aber du wirst es nicht von mir lernen"

"but you will not learn it from me"
"Der Fluss hat mich das Zuhören gelehrt"
"The river has taught me to listen"
"Du wirst lernen, auch vom Fluss aus zu hören"
"you will learn to listen from the river as well"
"Er weiß alles, der Fluss"
"It knows everything, the river"
"Vom Fluss kann man alles lernen"
"everything can be learned from the river"
"Siehst du, das hast du auch schon vom Wasser gelernt"
"See, you've already learned this from the water too"
"Du hast gelernt, dass es gut ist, nach unten zu streben"
"you have learned that it is good to strive downwards"
"Du hast gelernt zu versinken und die Tiefe zu suchen"
"you have learned to sink and to seek depth"
"Der reiche und elegante Siddhartha wird zum Diener des Ruderers"
"The rich and elegant Siddhartha is becoming an oarsman's servant"
"der gelehrte Brahmane Siddhartha wird Fährmann"
"the learned Brahman Siddhartha becomes a ferryman"
"Das hat dir auch der Fluss gesagt"
"this has also been told to you by the river"
"Du wirst auch das andere daraus lernen"
"You'll learn the other thing from it as well"
Siddhartha sprach nach einer langen Pause
Siddhartha spoke after a long pause
"Was werde ich sonst noch lernen, Vasudeva?"
"What other things will I learn, Vasudeva?"
Vasudeva erhob sich. »Es ist spät«, sagte er
Vasudeva rose. "It is late," he said
und Vasudeva schlug vor, schlafen zu gehen
and Vasudeva proposed going to sleep
"Das andere kann ich dir nicht sagen, oh Freund"
"I can't tell you that other thing, oh friend"
"Du wirst das andere lernen, oder vielleicht weißt du es schon"

"You'll learn the other thing, or perhaps you know it already"
"Siehst du, ich bin kein gelehrter Mann"
"See, I'm no learned man"
"Ich habe keine besondere Fähigkeit zu sprechen"
"I have no special skill in speaking"
"Ich habe auch keine besondere Denkfähigkeit"
"I also have no special skill in thinking"
"Alles, was ich tun kann, ist zuzuhören und gottesfürchtig zu sein"
"All I'm able to do is to listen and to be godly"
"Ich habe nichts anderes gelernt"
"I have learned nothing else"
"Wenn ich es sagen und lehren könnte, wäre ich vielleicht ein weiser Mann"
"If I was able to say and teach it, I might be a wise man"
"Aber so bin ich nur ein Fährmann"
"but like this I am only a ferryman"
"Und es ist meine Aufgabe, Menschen über den Fluss zu bringen"
"and it is my task to ferry people across the river"
"Ich habe viele tausend Menschen transportiert"
"I have transported many thousands of people"
"Und für sie alle war mein Fluss nichts als ein Hindernis".
"and to all of them, my river has been nothing but an obstacle"
"Es war etwas, das ihren Reisen im Weg stand"
"it was something that got in the way of their travels"
"Sie reisten, um Geld und Geschäfte zu suchen"
"they travelled to seek money and business"
"Sie reisten zu Hochzeiten und Wallfahrten"
"they travelled for weddings and pilgrimages"
"Und der Fluss versperrte ihnen den Weg"
"and the river was obstructing their path"
"Die Aufgabe des Fährmanns war es, sie schnell über dieses Hindernis zu bringen"
"the ferryman's job was to get them quickly across that obstacle"
"Aber für einige von Tausenden, für einige wenige ist der

Fluss kein Hindernis mehr"
"But for some among thousands, a few, the river has stopped being an obstacle"
"Sie haben seine Stimme gehört und sie haben auf sie gehört"
"they have heard its voice and they have listened to it"
"Und der Fluss ist ihnen heilig geworden"
"and the river has become sacred to them"
"Es ist ihnen heilig geworden, wie es mir heilig geworden ist"
"it become sacred to them as it has become sacred to me"
"Ruhen wir uns jetzt aus, Siddhartha"
"for now, let us rest, Siddhartha"

Siddhartha blieb bei dem Fährmann und lernte das Boot zu bedienen
Siddhartha stayed with the ferryman and learned to operate the boat
wenn es auf der Fähre nichts zu tun gab, arbeitete er mit Vasudeva im Reisfeld
when there was nothing to do at the ferry, he worked with Vasudeva in the rice-field
Er sammelte Holz und pflückte die Früchte von den Bananenstauden
he gathered wood and plucked the fruit off the banana-trees
Er lernte, wie man ein Ruder baut und wie man das Boot repariert
He learned to build an oar and how to mend the boat
Er lernte, wie man Körbe flechtet, und zahlte es der Hütte zurück
he learned how to weave baskets and repaid the hut
und er freute sich über alles, was er lernte
and he was joyful because of everything he learned
Die Tage und Monate vergingen wie im Flug
the days and months passed quickly
Aber mehr als Vasudeva ihn lehren konnte, lehrte ihn der Fluss

But more than Vasudeva could teach him, he was taught by the river
Unaufhörlich lernte er vom Fluss
Incessantly, he learned from the river
Vor allem aber lernte er zuzuhören
Most of all, he learned to listen
Er lernte, mit ruhigem Herzen aufmerksam zu sein
he learned to pay close attention with a quiet heart
Er lernte, eine wartende, offene Seele zu bewahren
he learned to keep a waiting, open soul
Er lernte, ohne Leidenschaft zuzuhören
he learned to listen without passion
Er lernte, ohne Wünsche zuzuhören
he learned to listen without a wish
Er lernte, zuzuhören, ohne zu urteilen
he learned to listen without judgement
Er lernte, ohne Meinung zuzuhören
he learned to listen without an opinion

Freundschaftlich lebte er Seite an Seite mit Vasudeva
In a friendly manner, he lived side by side with Vasudeva
Gelegentlich wechselten sie ein paar Worte
occasionally they exchanged some words
Endlich dachten sie über die Worte nach
then, at length, they thought about the words
Vasudeva war kein Freund von Worten
Vasudeva was no friend of words
Siddhartha gelang es nur selten, ihn zum Reden zu überreden
Siddhartha rarely succeeded in persuading him to speak
"Hast auch du dieses Geheimnis vom Fluss erfahren?"
"did you too learn that secret from the river?"
"Das Geheimnis, dass es keine Zeit gibt?"
"the secret that there is no time?"
Vasudevas Gesicht war von einem strahlenden Lächeln erfüllt
Vasudeva's face was filled with a bright smile

»Ja, Siddhartha,« sprach er
"Yes, Siddhartha," he spoke
"Ich habe gelernt, dass der Fluss überall gleichzeitig ist"
"I learned that the river is everywhere at once"
"Es ist an der Quelle und an der Mündung des Flusses"
"it is at the source and at the mouth of the river"
"Es ist am Wasserfall und an der Fähre"
"it is at the waterfall and at the ferry"
"Es ist an den Stromschnellen und im Meer"
"it is at the rapids and in the sea"
"Es ist in den Bergen und überall zugleich"
"it is in the mountains and everywhere at once"
"Und ich habe gelernt, dass es nur die Gegenwart für den Fluss gibt"
"and I learned that there is only the present time for the river"
"Es hat nicht den Schatten der Vergangenheit"
"it does not have the shadow of the past"
"Und es hat nicht den Schatten der Zukunft"
"and it does not have the shadow of the future"
"Ist es das, was du meinst?", fragte er
"is this what you mean?" he asked
»Das ist es, was ich meinte«, sagte Siddhartha
"This is what I meant," said Siddhartha
"Und als ich es gelernt hatte, schaute ich auf mein Leben"
"And when I had learned it, I looked at my life"
"Und mein Leben war auch ein Fluss"
"and my life was also a river"
"Der Knabe Siddhartha war nur durch einen Schatten von dem Menschen Siddhartha getrennt"
"the boy Siddhartha was only separated from the man Siddhartha by a shadow"
"Und ein Schatten trennte den Mann Siddhartha von dem alten Mann Siddhartha"
"and a shadow separated the man Siddhartha from the old man Siddhartha"
"Die Dinge sind durch einen Schatten getrennt, nicht durch etwas Reales"

"things are separated by a shadow, not by something real"
"Auch Siddharthas frühere Geburten lagen nicht in der Vergangenheit"
"Also, Siddhartha's previous births were not in the past"
"und sein Tod und seine Rückkehr zu Brahma liegen nicht in der Zukunft"
"and his death and his return to Brahma is not in the future"
"Nichts war, nichts wird sein, aber alles ist"
"nothing was, nothing will be, but everything is"
"Alles hat Existenz und ist präsent"
"everything has existence and is present"
Siddhartha sprach mit Ekstase
Siddhartha spoke with ecstasy
Diese Erleuchtung hatte ihn zutiefst erfreut
this enlightenment had delighted him deeply
"War nicht alles Leiden Zeit?"
"was not all suffering time?"
"Waren nicht alle Formen, sich selbst zu quälen, eine Form von Zeit?"
"were not all forms of tormenting oneself a form of time?"
"War nicht alles hart und feindselig wegen der Zeit?"
"was not everything hard and hostile because of time?"
"Ist nicht alles Böse überwunden, wenn man die Zeit überwindet?"
"is not everything evil overcome when one overcomes time?"
"Sobald die Zeit den Geist verlässt, verschwindet dann auch das Leiden?"
"as soon as time leaves the mind, does suffering leave too?"
Siddhartha hatte in ekstatischem Entzücken gesprochen
Siddhartha had spoken in ecstatic delight
aber Vasudeva lächelte ihn strahlend an und nickte bestätigend
but Vasudeva smiled at him brightly and nodded in confirmation
Schweigend nickte er und strich mit der Hand über Siddharthas Schulter
silently he nodded and brushed his hand over Siddhartha's

shoulder
Und dann wandte er sich wieder seiner Arbeit zu
and then he turned back to his work

Und Siddhartha fragte Vasudeva noch einmal ein andermal
And Siddhartha asked Vasudeva again another time
Der Fluss hatte gerade in der Regenzeit seinen Durchfluss erhöht
the river had just increased its flow in the rainy season
und es machte einen mächtigen Lärm
and it made a powerful noise
"Ist es nicht so, oh Freund, der Fluss hat viele Stimmen?"
"Isn't it so, oh friend, the river has many voices?"
"Ist es nicht die Stimme eines Königs und eines Kriegers?"
"Hasn't it the voice of a king and of a warrior?"
"Ist es nicht die Stimme eines Stieres und eines Vogels der Nacht?"
"Hasn't it the voice of of a bull and of a bird of the night?"
"Ist es nicht die Stimme einer gebärenden Frau und eines seufzenden Mannes?"
"Hasn't it the voice of a woman giving birth and of a sighing man?"
»Und hat sie nicht auch tausend andere Stimmen?«
"and does it not also have a thousand other voices?"
"Es ist so, wie du sagst", nickte Vasudeva
"it is as you say it is," Vasudeva nodded
"Alle Stimmen der Kreaturen sind in seiner Stimme"
"all voices of the creatures are in its voice"
"Und weißt du..." Siddhartha fuhr fort
"And do you know..." Siddhartha continued
"Welches Wort spricht es, wenn es dir gelingt, alle Stimmen auf einmal zu hören?"
"what word does it speak when you succeed in hearing all of voices at once?"
Glücklicherweise lächelte Vasudevas Gesicht
Happily, Vasudeva's face was smiling
er beugte sich zu Siddhartha hinüber und sprach ihm das

heilige Om ins Ohr
he bent over to Siddhartha and spoke the holy Om into his ear
Und das war es gewesen, was auch Siddhartha gehört hatte
And this had been the very thing which Siddhartha had also been hearing

Immer wieder ähnelte sein Lächeln dem des Fährmanns
time after time, his smile became more similar to the ferryman's
Sein Lächeln wurde fast so hell wie das des Fährmanns
his smile became almost just as bright as the ferryman's
Es glühte fast genauso gründlich vor Glückseligkeit
it was almost just as thoroughly glowing with bliss
Leuchten aus tausend kleinen Fältchen
shining out of thousand small wrinkles
wie das Lächeln eines Kindes
just like the smile of a child
wie das Lächeln eines alten Mannes
just like the smile of an old man
Viele Reisende, die die beiden Fährleute sahen, hielten sie für Brüder
Many travellers, seeing the two ferrymen, thought they were brothers
Oft saßen sie abends zusammen an der Bank
Often, they sat in the evening together by the bank
Sie sagten nichts und lauschten beide auf das Wasser
they said nothing and both listened to the water
das Wasser, das für sie kein Wasser war
the water, which was not water to them
Es war kein Wasser, sondern die Stimme des Lebens
it wasn't water, but the voice of life
die Stimme dessen, was existiert und was ewig Gestalt annimmt
the voice of what exists and what is eternally taking shape
Es kam von Zeit zu Zeit vor, dass beide an dasselbe dachten
it happened from time to time that both thought of the same thing

Sie dachten an ein Gespräch vom Vortag
they thought of a conversation from the day before
Sie dachten an einen ihrer Reisenden
they thought of one of their travellers
Sie dachten an den Tod und ihre Kindheit
they thought of death and their childhood
Sie hörten, wie der Fluss ihnen dasselbe sagte
they heard the river tell them the same thing
Beide freuten sich über die gleiche Antwort auf die gleiche Frage
both delighted about the same answer to the same question
Es gab etwas an den beiden Fährleuten, das auf andere übertragen wurde
There was something about the two ferrymen which was transmitted to others
Es war etwas, das viele der Reisenden spürten
it was something which many of the travellers felt
Gelegentlich schauten die Reisenden in die Gesichter der Fährleute
travellers would occasionally look at the faces of the ferrymen
Und dann erzählten sie die Geschichte ihres Lebens
and then they told the story of their life
Sie haben allerlei Böses gebeichtet
they confessed all sorts of evil things
und sie baten um Trost und Rat
and they asked for comfort and advice
Gelegentlich bat jemand um Erlaubnis, eine Nacht bleiben zu dürfen
occasionally someone asked for permission to stay for a night
Sie wollten auch dem Fluss lauschen
they also wanted to listen to the river
Es kam auch vor, dass Neugierige kamen
It also happened that curious people came
Man hatte ihnen gesagt, es gäbe zwei weise Männer
they had been told that there were two wise men
oder man hatte ihnen gesagt, es gäbe zwei Zauberer
or they had been told there were two sorcerers

Die Neugierigen stellten viele Fragen
The curious people asked many questions
Aber sie bekamen keine Antworten auf ihre Fragen
but they got no answers to their questions
Sie fanden weder Zauberer noch Weise
they found neither sorcerers nor wise men
Sie fanden nur zwei freundliche kleine alte Männer, die stumm zu sein schienen
they only found two friendly little old men, who seemed to be mute
Sie schienen im Wald von selbst etwas seltsam geworden zu sein
they seemed to have become a bit strange in the forest by themselves
Und die Neugierigen lachten über das, was sie gehört hatten
And the curious people laughed about what they had heard
Sie sagten, einfache Leute würden törichterweise leere Gerüchte verbreiten
they said common people were foolishly spreading empty rumours

Die Jahre vergingen, und niemand zählte sie
The years passed by, and nobody counted them
Einmal kamen Mönche auf einer Pilgerreise vorbei
Then, at one time, monks came by on a pilgrimage
sie waren Anhänger von Gotama, dem Buddha
they were followers of Gotama, the Buddha
Sie baten darum, über den Fluss gebracht zu werden
they asked to be ferried across the river
Sie sagten ihnen, dass sie es eilig hätten, zu ihrem weisen Lehrer zurückzukehren
they told them they were in a hurry to get back to their wise teacher
Die Nachricht hatte sich verbreitet, dass der Erhabene todkrank war
news had spread the exalted one was deadly sick
Er würde bald seinen letzten menschlichen Tod sterben

he would soon die his last human death
um eins zu werden mit dem Heil
in order to become one with the salvation
Es dauerte nicht lange, bis eine neue Herde von Mönchen kam
It was not long until a new flock of monks came
auch sie waren auf der Pilgerreise
they were also on their pilgrimage
die meisten Reisenden sprachen von nichts anderem als von Gotama
most of the travellers spoke of nothing other than Gotama
Sein bevorstehender Tod war alles, woran sie dachten
his impending death was all they thought about
Wenn es Krieg gegeben hätte, würden genauso viele reisen
if there had been war, just as many would travel
Genauso viele würden zur Krönung eines Königs kommen
just as many would come to the coronation of a king
sie versammelten sich wie Ameisen in Scharen
they gathered like ants in droves
sie strömten in Scharen, wie von einem Zauberspruch vorwärts gezogen
they flocked, like being drawn onwards by a magic spell
sie gingen dorthin, wo der große Buddha auf seinen Tod wartete
they went to where the great Buddha was awaiting his death
Der Vervollkommnete einer Epoche sollte eins werden mit der Herrlichkeit
the perfected one of an era was to become one with the glory
Oft dachte Siddhartha in jenen Tagen an den sterbenden Weisen
Often, Siddhartha thought in those days of the dying wise man
der große Lehrer, dessen Stimme die Völker ermahnt hatte
the great teacher whose voice had admonished nations
Derjenige, der Hunderttausende geweckt hatte
the one who had awoken hundreds of thousands
ein Mann, dessen Stimme er auch einmal gehört hatte

a man whose voice he had also once heard
ein Lehrer, dessen heiliges Antlitz er auch einmal mit Ehrfurcht gesehen hatte
a teacher whose holy face he had also once seen with respect
Freundlich dachte er an ihn
Kindly, he thought of him
Er sah seinen Weg zur Vollkommenheit vor seinen Augen
he saw his path to perfection before his eyes
und er erinnerte sich mit einem Lächeln an die Worte, die er zu ihm gesagt hatte
and he remembered with a smile those words he had said to him
als er ein junger Mann war und mit dem Erhabenen sprach
when he was a young man and spoke to the exalted one
Es waren, so schien es ihm, stolze und kostbare Worte gewesen
They had been, so it seemed to him, proud and precious words
Mit einem Lächeln erinnerte er sich an die Worte
with a smile, he remembered the the words
er wußte, daß nichts mehr zwischen Gotama und ihm stand
he knew that there was nothing standing between Gotama and him any more
Das wusste er schon lange
he had known this for a long time already
obwohl er immer noch nicht in der Lage war, seine Lehren zu akzeptieren
though he was still unable to accept his teachings
Es gab keine Belehrung eines wirklich suchenden Menschen
there was no teaching a truly searching person
Jemand, der wirklich finden wollte, konnte
someone who truly wanted to find, could accept
Aber wer die Antwort gefunden hatte, konnte jede Lehre gutheißen
But he who had found the answer could approve of any teaching
Jeder Weg, jedes Ziel, sie waren alle gleich

every path, every goal, they were all the same
Es stand nichts mehr zwischen ihm und all den anderen Tausenden
there was nothing standing between him and all the other thousands any more
die Tausenden, die in dem lebten, was ewig ist
the thousands who lived in that what is eternal
die Tausende, die das Göttliche atmeten
the thousands who breathed what is divine

An einem dieser Tage ging auch Kamala zu ihm
On one of these days, Kamala also went to him
Früher war sie die schönste Kurtisane
she used to be the most beautiful of the courtesans
Vor langer Zeit hatte sie sich aus ihrem früheren Leben zurückgezogen
A long time ago, she had retired from her previous life
sie hatte ihren Garten den Mönchen von Gotama geschenkt
she had given her garden to the monks of Gotama as a gift
Sie hatte ihre Zuflucht in den Lehren genommen
she had taken her refuge in the teachings
Sie gehörte zu den Freunden und Wohltätern der Pilger
she was among the friends and benefactors of the pilgrims
sie war zusammen mit Siddhartha, dem Knaben
she was together with Siddhartha, the boy
Siddhartha, der Knabe, war ihr Sohn
Siddhartha the boy was her son
sie hatte sich aufgrund der Nachricht vom nahen Tode Gotama's auf den Weg gemacht
she had gone on her way due to the news of the near death of Gotama
Sie war in einfacher Kleidung und zu Fuß unterwegs
she was in simple clothes and on foot
und sie war mit ihrem kleinen Sohn
and she was With her little son
Sie reiste am Fluss entlang
she was travelling by the river

aber der Knabe war bald müde geworden
but the boy had soon grown tired
Er wollte nach Hause
he desired to go back home
Er wünschte, sich auszuruhen und zu essen
he desired to rest and eat
Er wurde ungehorsam und fing an zu jammern
he became disobedient and started whining
Kamala musste sich oft mit ihm ausruhen
Kamala often had to take a rest with him
Er war es gewohnt, zu bekommen, was er wollte
he was accustomed to getting what he wanted
Sie musste ihn füttern und trösten
she had to feed him and comfort him
Sie musste ihn für sein Verhalten ausschimpfen
she had to scold him for his behaviour
Er verstand nicht, warum er auf diese anstrengende Pilgerreise gehen musste
He did not comprehend why he had to go on this exhausting pilgrimage
Er wusste nicht, warum er an einen unbekannten Ort gehen musste
he did not know why he had to go to an unknown place
Er wußte, warum er einen heiligen, sterbenden Fremden sehen mußte
he did know why he had to see a holy dying stranger
"Und was wäre, wenn er sterben würde?", klagte er
"So what if he died?" he complained
Warum sollte ihn das beunruhigen?
why should this concern him?
Die Pilger näherten sich Vasudevas Fähre
The pilgrims were getting close to Vasudeva's ferry
Der kleine Siddhartha zwang die Mutter abermals zur Ruhe
little Siddhartha once again forced his mother to rest
Auch Kamala war müde geworden
Kamala had also become tired
Während der Junge eine Banane kaute, kaute sie sich auf

den Boden
while the boy was chewing a banana, she crouched down on the ground
Sie schloss ein wenig die Augen und ruhte sich aus
she closed her eyes a bit and rested
Doch plötzlich stieß sie einen heulenden Schrei aus
But suddenly, she uttered a wailing scream
Der Junge sah sie ängstlich an
the boy looked at her in fear
Er sah, dass ihr Gesicht vor Entsetzen bleich geworden war
he saw her face had grown pale from horror
und unter ihrem Kleid entfloh eine kleine, schwarze Schlange
and from under her dress, a small, black snake fled
eine Schlange, von der Kamala gebissen worden war
a snake by which Kamala had been bitten
Eilig rannten sie beide den Weg entlang, um die Leute zu erreichen
Hurriedly, they both ran along the path, to reach people
Sie näherten sich der Fähre und Kamala brach zusammen
they got near to the ferry and Kamala collapsed
Sie war nicht in der Lage, weiter zu gehen
she was not able to go any further
Der Junge fing jämmerlich an zu weinen
the boy started crying miserably
Seine Schreie wurden nur unterbrochen, als er seine Mutter küsste
his cries were only interrupted when he kissed his mother
Sie stimmte auch in seine lauten Hilferufe ein
she also joined his loud screams for help
sie schrie, bis das Geräusch Vasudevas Ohren erreichte
she screamed until the sound reached Vasudeva's ears
Vasudeva kam schnell und nahm die Frau auf seine Arme
Vasudeva quickly came and took the woman on his arms
Er trug sie in das Boot und der Junge lief mit
he carried her into the boat and the boy ran along
bald erreichten sie die Hütte, wo Siddhartha am Ofen stand

soon they reached the hut, where Siddhartha stood by the stove
Er hat nur das Feuer angezündet
he was just lighting the fire
Er blickte auf und sah zuerst das Gesicht des Jungen
He looked up and first saw the boy's face
Es erinnerte ihn auf wundersame Weise an etwas
it wondrously reminded him of something
wie eine Warnung, sich an etwas zu erinnern, das er vergessen hatte
like a warning to remember something he had forgotten
Dann sah er Kamala, die er sofort erkannte
Then he saw Kamala, whom he instantly recognised
Sie lag bewußtlos in den Armen des Fährmanns
she lay unconscious in the ferryman's arms
Jetzt wusste er, dass es sein eigener Sohn war
now he knew that it was his own son
sein Sohn, dessen Gesicht ihm eine so warnende Erinnerung gewesen war
his son whose face had been such a warning reminder to him
und das Herz regte sich in seiner Brust
and the heart stirred in his chest
Kamalas Wunde war gewaschen, aber bereits schwarz geworden
Kamala's wound was washed, but had already turned black
und ihr Körper war geschwollen
and her body was swollen
Sie wurde gezwungen, einen Heiltrank zu trinken
she was made to drink a healing potion
Ihr Bewußtsein kehrte zurück und sie lag auf Siddharthas Bett
Her consciousness returned and she lay on Siddhartha's bed
Siddhartha stand über Kamala, die er früher so sehr geliebt hatte
Siddhartha stood over Kamala, who he used to love so much
Es kam ihr wie ein Traum vor
It seemed like a dream to her

Mit einem Lächeln blickte sie in das Gesicht ihrer Freundin
with a smile, she looked at her friend's face
Langsam erkannte sie ihre Situation
slowly she realized her situation
Sie erinnerte sich, dass sie gebissen worden war
she remembered she had been bitten
und sie rief schüchtern nach ihrem Sohn
and she timidly called for her son
»Er ist bei dir, mach dir keine Sorgen«, sagte Siddhartha
"He's with you, don't worry," said Siddhartha
Kamala sah ihm in die Augen
Kamala looked into his eyes
Sie sprach mit schwerer Zunge, gelähmt durch das Gift
She spoke with a heavy tongue, paralysed by the poison
"Du bist alt geworden, meine Liebe", sagte sie
"You've become old, my dear," she said
"Du bist grau geworden", fügte sie hinzu
"you've become gray," she added
"Aber du bist wie der junge Samana, der ohne Kleider kam"
"But you are like the young Samana, who came without clothes"
"Du bist wie die Samana, die mit staubigen Füßen in meinen Garten kam"
"you're like the Samana who came into my garden with dusty feet"
"Du bist ihm viel ähnlicher, als du es warst, als du mich verlassen hast"
"You are much more like him than you were when you left me"
"In den Augen bist du wie er, Siddhartha"
"In the eyes, you're like him, Siddhartha"
"Ach, ich bin auch alt geworden"
"Alas, I have also grown old"
"Kannst du mich noch erkennen?"
"could you still recognise me?"
Siddhartha lächelte: "Augenblicklich erkannte ich dich, Kamala, meine Liebe."

Siddhartha smiled, "Instantly, I recognised you, Kamala, my dear"
Kamala deutete auf ihren Jungen
Kamala pointed to her boy
»Hast du ihn auch erkannt?«
"Did you recognise him as well?"
"Er ist dein Sohn", bestätigte sie
"He is your son," she confirmed
Ihre Augen wurden verwirrt und fielen zu
Her eyes became confused and fell shut
Der Knabe weinte, und Siddhartha nahm ihn auf die Knie
The boy wept and Siddhartha took him on his knees
Er ließ ihn weinen und streichelte sein Haar
he let him weep and petted his hair
beim Anblick des Gesichtes des Kindes kam ihm ein Brahman-Gebet in den Sinn
at the sight of the child's face, a Brahman prayer came to his mind
ein Gebet, das er schon vor langer Zeit gelernt hatte
a prayer which he had learned a long time ago
eine Zeit, in der er selbst ein kleiner Junge gewesen war
a time when he had been a little boy himself
Langsam, mit singender Stimme, begann er zu sprechen
Slowly, with a singing voice, he started to speak
Aus seiner Vergangenheit und Kindheit flossen ihm die Worte zu
from his past and childhood, the words came flowing to him
Und mit diesem Lied wurde der Junge ruhig
And with that song, the boy became calm
Er schluchzte nur ab und zu
he was only now and then uttering a sob
und endlich schlief er ein
and finally he fell asleep
Siddhartha legte ihn auf Vasudevas Bett
Siddhartha placed him on Vasudeva's bed
Vasudeva stand am Herd und kochte Reis
Vasudeva stood by the stove and cooked rice

Siddhartha warf ihm einen Blick zu, den er lächelnd erwiderte
Siddhartha gave him a look, which he returned with a smile
»Sie wird sterben,« sagte Siddhartha leise
"She'll die," Siddhartha said quietly
Vasudeva wusste, dass es wahr war, und nickte
Vasudeva knew it was true, and nodded
Über sein freundliches Gesicht lief das Licht des Ofenfeuers
over his friendly face ran the light of the stove's fire
Kamala kam wieder zu Bewusstsein
once again, Kamala returned to consciousness
Der Schmerz des Giftes verzerrte ihr Gesicht
the pain of the poison distorted her face
Siddharthas Augen lasen das Leid in ihrem Mund
Siddhartha's eyes read the suffering on her mouth
An ihren bleichen Wangen konnte er sehen, dass sie litt
from her pale cheeks he could see that she was suffering
Leise las er den Schmerz in ihren Augen
Quietly, he read the pain in her eyes
Aufmerksam, wartend, wird sein Geist eins mit ihrem Leiden
attentively, waiting, his mind become one with her suffering
Kamala fühlte es und ihr Blick suchte seine Augen
Kamala felt it and her gaze sought his eyes
Sie sah ihn an und sprach
Looking at him, she spoke
"Jetzt sehe ich, dass sich auch deine Augen verändert haben"
"Now I see that your eyes have changed as well"
"Sie sind ganz anders geworden"
"They've become completely different"
"Was erkenne ich noch an dir, das Siddhartha ist?
"what do I still recognise in you that is Siddhartha?
"Du bist es, und du bist es nicht"
"It's you, and it's not you"
Siddhartha schwieg, seine Augen blickten ruhig auf die ihren
Siddhartha said nothing, quietly his eyes looked at hers

"Du hast es geschafft?", fragte sie
"You have achieved it?" she asked
"Du hast Frieden gefunden?"
"You have found peace?"
Er lächelte und legte seine Hand auf ihre
He smiled and placed his hand on hers
"Ich sehe es", sagte sie
"I'm seeing it" she said
"Auch ich werde Frieden finden"
"I too will find peace"
»Du hast es gefunden,« flüsterte Siddhartha
"You have found it," Siddhartha spoke in a whisper
Kamala hörte nie auf, ihm in die Augen zu schauen
Kamala never stopped looking into his eyes
Sie dachte an ihre Pilgerreise nach Gotama
She thought about her pilgrimage to Gotama
die Pilgerreise, die sie unternehmen wollte
the pilgrimage which she wanted to take
um das Antlitz des Vervollkommneten zu sehen
in order to see the face of the perfected one
um seinen Frieden zu atmen
in order to breathe his peace
Aber sie hatte es jetzt an einem anderen Ort gefunden
but she had now found it in another place
Und das fand sie auch gut
and this she thought that was good too
Es war gerade so gut, als hätte sie den anderen gesehen
it was just as good as if she had seen the other one
Das wollte sie ihm sagen
She wanted to tell this to him
aber ihre Zunge gehorchte ihrem Willen nicht mehr
but her tongue no longer obeyed her will
Ohne zu sprechen, sah sie ihn an
Without speaking, she looked at him
Er sah, wie das Leben aus ihren Augen wich
he saw the life fading from her eyes
Der letzte Schmerz erfüllte ihre Augen und ließ sie trübe

werden
the final pain filled her eyes and made them grow dim
Der letzte Schauer lief durch ihre Glieder
the final shiver ran through her limbs
Sein Finger schloss ihre Augenlider
his finger closed her eyelids

Lange saß er da und betrachtete ihr friedlich totes Gesicht
For a long time, he sat and looked at her peacefully dead face
Lange Zeit beobachtete er ihren Mund
For a long time, he observed her mouth
ihr alter, müder Mund mit jenen Lippen, die dünn geworden waren
her old, tired mouth, with those lips, which had become thin
Er erinnerte sich, dass er diesen Mund mit einer frisch geknackten Feige verglichen hatte
he remembered he used to compare this mouth with a freshly cracked fig
Das war im Frühjahr seiner Jahre
this was in the spring of his years
Lange saß er da und las in dem bleichen Gesicht
For a long time, he sat and read the pale face
Er las die müden Falten
he read the tired wrinkles
Er erfüllte sich mit diesem Anblick
he filled himself with this sight
Er sah sein eigenes Gesicht auf die gleiche Weise
he saw his own face in the same manner
Er sah, dass sein Gesicht genauso weiß war
he saw his face was just as white
Er sah, dass sein Gesicht ebenso erloschen war
he saw his face was just as quenched out
Gleichzeitig sah er, dass sein und ihr Gesicht jung waren
at the same time he saw his face and hers being young
ihre Gesichter mit roten Lippen und feurigen Augen
their faces with red lips and fiery eyes
das Gefühl, dass beides gleichzeitig real ist

the feeling of both being real at the same time
Das Gefühl der Ewigkeit erfüllte jeden Aspekt seines Wesens vollständig
the feeling of eternity completely filled every aspect of his being
In dieser Stunde fühlte er tiefer als je zuvor
in this hour he felt more deeply than than he had ever felt before
Er fühlte die Unzerstörbarkeit jedes Lebens
he felt the indestructibility of every life
Er fühlte die Ewigkeit eines jeden Augenblicks
he felt the eternity of every moment
Als er sich erhob, hatte Vasudeva Reis für ihn vorbereitet
When he rose, Vasudeva had prepared rice for him
Aber Siddhartha aß in dieser Nacht nicht
But Siddhartha did not eat that night
Im Stall stand ihre Ziege
In the stable their goat stood
Die beiden alten Männer bereiteten sich Strohbetten
the two old men prepared beds of straw for themselves
Vasudeva legte sich schlafen
Vasudeva laid himself down to sleep
Siddhartha aber ging hinaus und setzte sich vor die Hütte
But Siddhartha went outside and sat before the hut
Er lauschte dem Fluss, umgeben von der Vergangenheit
he listened to the river, surrounded by the past
Er wurde von allen Zeiten seines Lebens gleichzeitig berührt und umzingelt
he was touched and encircled by all times of his life at the same time
Von Zeit zu Zeit erhob er sich und trat an die Tür der Hütte
occasionally he rose and he stepped to the door of the hut
Er horchte, ob der Junge schlief
he listened whether the boy was sleeping

ehe die Sonne zu sehen war, kam Vasudeva aus dem Stall
before the sun could be seen, Vasudeva came out of the stable

Er ging zu seinem Freund hinüber
he walked over to his friend
"Du hast nicht geschlafen", sagte er
"You haven't slept," he said
"Nein, Vasudeva. Ich saß hier"
"No, Vasudeva. I sat here"
"Ich lauschte dem Fluss"
"I was listening to the river"
"Der Fluss hat mir viel erzählt"
"the river has told me a lot"
"Es hat mich zutiefst mit dem heilenden Gedanken des Einsseins erfüllt"
"it has deeply filled me with the healing thought of oneness"
"Du hast Leid erfahren, Siddhartha"
"You've experienced suffering, Siddhartha"
"Aber ich sehe, dass keine Traurigkeit in dein Herz eingedrungen ist"
"but I see no sadness has entered your heart"
"Nein, meine Liebe, wie sollte ich traurig sein?"
"No, my dear, how should I be sad?"
"Ich, der ich reich und glücklich gewesen bin"
"I, who have been rich and happy"
"Ich bin jetzt noch reicher und glücklicher geworden"
"I have become even richer and happier now"
"Mein Sohn ist mir geschenkt"
"My son has been given to me"
"Dein Sohn soll mir auch willkommen sein"
"Your son shall be welcome to me as well"
"Aber nun, Siddhartha, machen wir uns an die Arbeit"
"But now, Siddhartha, let's get to work"
"Es gibt noch viel zu tun"
"there is much to be done"
"Kamala ist auf demselben Bett gestorben, auf dem meine Frau gestorben ist"
"Kamala has died on the same bed on which my wife had died"
"Lasst uns Kamalas Begräbnishaufen auf dem Hügel bauen"

"Let us build Kamala's funeral pile on the hill"
"der Hügel, auf dem der Begräbnishaufen meiner Frau liegt"
"the hill on which I my wife's funeral pile is"
Während der Junge noch schlief, bauten sie den Leichenhaufen
While the boy was still asleep, they built the funeral pile

Der Sohn
The Son

Schüchtern und weinend hatte der Junge an der Beerdigung seiner Mutter teilgenommen
Timid and weeping, the boy had attended his mother's funeral
düster und schüchtern hatte er Siddhartha zugehört
gloomy and shy, he had listened to Siddhartha
Siddhartha begrüßte ihn als seinen Sohn
Siddhartha greeted him as his son
er empfing ihn an seinem Platz in Vasudevas Hütte
he welcomed him at his place in Vasudeva's hut
Bleich saß er viele Tage am Hügel der Toten
Pale, he sat for many days by the hill of the dead
Er wollte nicht essen
he did not want to eat
Er sah niemanden an
he did not look at anyone
Er öffnete sein Herz nicht
he did not open his heart
Er begegnete seinem Schicksal mit Widerstand und Verleugnung
he met his fate with resistance and denial
Siddhartha sparte es, ihm Unterricht zu erteilen
Siddhartha spared giving him lessons
und er ließ ihn tun, was er wollte
and he let him do as he pleased
Siddhartha ehrte die Trauer seines Sohnes
Siddhartha honoured his son's mourning
Er verstand, dass sein Sohn ihn nicht kannte
he understood that his son did not know him
Er verstand, dass er ihn nicht wie einen Vater lieben konnte
he understood that he could not love him like a father
Langsam begriff er auch, dass der Elfjährige ein verwöhnter Junge war
Slowly, he also understood that the eleven-year-old was a pampered boy

Er sah, dass er ein Muttersöhnchen war
he saw that he was a mother's boy
Er sah, dass er in den Gewohnheiten reicher Leute aufgewachsen war
he saw that he had grown up in the habits of rich people
Er war an feineres Essen und ein weiches Bett gewöhnt
he was accustomed to finer food and a soft bed
Er war es gewohnt, Dienern Befehle zu erteilen
he was accustomed to giving orders to servants
Das trauernde Kind konnte sich nicht plötzlich mit einem Leben unter Fremden begnügen
the mourning child could not suddenly be content with a life among strangers
Siddhartha verstand, dass das verhätschelte Kind nicht freiwillig in Armut sein würde
Siddhartha understood the pampered child would not willingly be in poverty
Er zwang ihn nicht, diese Dinge zu tun
He did not force him to do these these things
Siddhartha erledigte viele Arbeiten für den Knaben
Siddhartha did many chores for the boy
Er hob sich immer das beste Stück des Essens für ihn auf
he always saved the best piece of the meal for him
Langsam hoffte er, ihn durch freundliche Geduld für sich gewinnen zu können
Slowly, he hoped to win him over, by friendly patience
Reich und glücklich hatte er sich genannt, als der Knabe zu ihm gekommen war
Rich and happy, he had called himself, when the boy had come to him
Seitdem war einige Zeit vergangen
Since then some time had passed
aber der Knabe blieb ein Fremder und in düsterem Gemüt
but the boy remained a stranger and in a gloomy disposition
Er zeigte ein stolzes und hartnäckig ungehorsames Herz
he displayed a proud and stubbornly disobedient heart
Er wollte keine Arbeit verrichten

he did not want to do any work
Er zollte den alten Männern nicht seinen Respekt
he did not pay his respect to the old men
er stahl von Vasudevas Obstbäumen
he stole from Vasudeva's fruit-trees
Sein Sohn hatte ihm weder Glück noch Frieden gebracht
his son had not brought him happiness and peace
Der Junge hatte ihm Leid und Sorgen gebracht
the boy had brought him suffering and worry
langsam begann Siddhartha dies zu begreifen
slowly Siddhartha began to understand this
Aber er liebte ihn, ungeachtet des Leids, das er ihm brachte
But he loved him regardless of the suffering he brought him
Er zog das Leid und die Sorgen der Liebe dem Glück und der Freude ohne den Jungen vor
he preferred the suffering and worries of love over happiness and joy without the boy
von da an, als der junge Siddhartha in der Hütte war, hatten die Alten die Arbeit geteilt
from when young Siddhartha was in the hut the old men had split the work
Vasudeva hatte wieder die Stelle des Fährmanns übernommen
Vasudeva had again taken on the job of the ferryman
und Siddhartha, um bei seinem Sohn zu sein, tat die Arbeit in der Hütte und auf dem Felde
and Siddhartha, in order to be with his son, did the work in the hut and the field

lange Monate wartete Siddhartha darauf, daß sein Sohn ihn verstehe
for long months Siddhartha waited for his son to understand him
Er wartete darauf, dass er seine Liebe annahm
he waited for him to accept his love
und er wartete darauf, dass sein Sohn seine Liebe vielleicht erwidern würde

and he waited for his son to perhaps reciprocate his love
Monatelang wartete Vasudeva und beobachtete
For long months Vasudeva waited, watching
Er wartete und sagte nichts
he waited and said nothing
Eines Tages quälte der junge Siddhartha seinen Vater sehr
One day, young Siddhartha tormented his father very much
Er hatte seine beiden Reisschüsseln zerbrochen
he had broken both of his rice-bowls
Vasudeva nahm seinen Freund beiseite und sprach mit ihm
Vasudeva took his friend aside and talked to him
»Verzeihen Sie,« sagte er zu Siddhartha
"Pardon me," he said to Siddhartha
"Von freundlichem Herzen spreche ich zu dir"
"from a friendly heart, I'm talking to you"
"Ich sehe, dass du dich quälst"
"I'm seeing that you are tormenting yourself"
"Ich sehe, dass du in Trauer bist"
"I'm seeing that you're in grief"
"Dein Sohn, meine Liebe, macht dir Sorgen"
"Your son, my dear, is worrying you"
"Und er macht mir auch Sorgen"
"and he is also worrying me"
"Dieser junge Vogel ist an ein anderes Leben gewöhnt"
"That young bird is accustomed to a different life"
"Er ist es gewohnt, in einem anderen Nest zu leben"
"he is used to living in a different nest"
"Er ist nicht, wie du, vor dem Reichtum und der Stadt davongelaufen"
"he has not, like you, run away from riches and the city"
"Er war nicht angewidert und hatte das Leben in Sansara satt"
"he was not disgusted and fed up with the life in Sansara"
"Er musste all diese Dinge gegen seinen Willen tun"
"he had to do all these things against his will"
"Er musste das alles hinter sich lassen"
"he had to leave all this behind"

"Ich habe den Fluss gefragt, oh Freund"
"I asked the river, oh friend"
"Viele Male habe ich den Fluss gefragt"
"many times I have asked the river"
"Aber der Fluss lacht über all das"
"But the river laughs at all of this"
"Es lacht mich aus und es lacht dich aus"
"it laughs at me and it laughs at you"
"Der Fluss bebt vor Lachen über unsere Torheit"
"the river is shaking with laughter at our foolishness"
"Wasser will sich mit Wasser verbinden, wie die Jugend mit der Jugend zusammenkommen will"
"Water wants to join water as youth wants to join youth"
"Dein Sohn ist nicht an dem Ort, an dem es ihm gut gehen kann"
"your son is not in the place where he can prosper"
"Auch du solltest den Fluss fragen"
"you too should ask the river"
"Auch du solltest es dir anhören!"
"you too should listen to it!"
Beunruhigt blickte Siddhartha in sein freundliches Gesicht
Troubled, Siddhartha looked into his friendly face
Er betrachtete die vielen Falten, in denen unaufhörliche Heiterkeit lag
he looked at the many wrinkles in which there was incessant cheerfulness
»Wie könnte ich mich von ihm trennen?« sagte er leise und beschämt
"How could I part with him?" he said quietly, ashamed
"Gib mir noch etwas Zeit, meine Liebe"
"Give me some more time, my dear"
"Siehst du, ich kämpfe für ihn"
"See, I'm fighting for him"
"Ich versuche, sein Herz zu gewinnen"
"I'm seeking to win his heart"
"mit Liebe und mit freundlicher Geduld beabsichtige ich, es einzufangen"

"with love and with friendly patience I intend to capture it"
"Eines Tages wird der Fluss auch mit ihm sprechen"
"One day, the river shall also talk to him"
"Auch er ist angerufen"
"he also is called upon"
Vasudevas Lächeln blühte wärmer auf
Vasudeva's smile flourished more warmly
"Oh ja, auch er ist gefragt"
"Oh yes, he too is called upon"
"Auch er ist vom ewigen Leben"
"he too is of the eternal life"
"Aber wissen wir, du und ich, wozu er berufen ist?"
"But do we, you and me, know what he is called upon to do?"
"Wir wissen, welchen Weg wir einschlagen und welche Maßnahmen wir ergreifen müssen"
"we know what path to take and what actions to perform"
"Wir wissen, welchen Schmerz wir ertragen müssen"
"we know what pain we have to endure"
»Aber weiß er diese Dinge?«
"but does he know these things?"
"Nicht klein, sein Schmerz wird sein"
"Not a small one, his pain will be"
"Schließlich ist sein Herz stolz und hart"
"after all, his heart is proud and hard"
"Solche Menschen müssen viel leiden und irren"
"people like this have to suffer and err a lot"
"Sie müssen viel Unrecht tun"
"they have to do much injustice"
"Und sie haben sich mit viel Sünde belastet"
"and they have burden themselves with much sin"
»Sag es mir, meine Liebe,« bat er Siddhartha
"Tell me, my dear," he asked of Siddhartha
"Du übernimmst nicht die Kontrolle über die Erziehung deines Sohnes?"
"you're not taking control of your son's upbringing?"
"Du zwingst ihn nicht, schlägst ihn nicht und bestrafst ihn nicht?"

"You don't force him, beat him, or punish him?"
"Nein, Vasudeva, ich tue nichts von alledem"
"No, Vasudeva, I don't do any of these things"
"Ich wusste es. Du zwingst ihn nicht"
"I knew it. You don't force him"
"Du schlägst ihn nicht und gibst ihm keine Befehle"
"you don't beat him and you don't give him orders"
"Weil du weißt, dass weich stärker ist als hart"
"because you know that soft is stronger than hard"
"Du weißt, dass Wasser stärker ist als Steine"
"you know water is stronger than rocks"
"Und du weißt, dass Liebe stärker ist als Gewalt"
"and you know love is stronger than force"
"Sehr gut, ich lobe dich dafür"
"Very good, I praise you for this"
»Aber irren Sie sich nicht in gewisser Weise?«
"But aren't you mistaken in some way?"
"Glaubst du nicht, dass du ihn zwingst?"
"don't you think that you are forcing him?"
"Bestrafst du ihn nicht vielleicht anders?"
"don't you perhaps punish him a different way?"
"Fesselst du ihn nicht mit deiner Liebe?"
"Don't you shackle him with your love?"
"Gibst du ihm nicht jeden Tag das Gefühl, minderwertig zu sein?"
"Don't you make him feel inferior every day?"
"Macht es ihm deine Güte und Geduld nicht noch schwerer?"
"doesn't your kindness and patience make it even harder for him?"
"Zwingst du ihn nicht, in einer Hütte mit zwei alten Bananenfressern zu leben?"
"aren't you forcing him to live in a hut with two old banana-eaters?"
"Alte Männer, für die sogar Reis eine Delikatesse ist"
"old men to whom even rice is a delicacy"
"Alte Männer, deren Gedanken nicht die seinen sein

können"
"old men whose thoughts can't be his"
"Alte Männer, deren Herzen alt und still sind"
"old men whose hearts are old and quiet"
"Alte Männer, deren Herz in einem anderen Rhythmus schlägt als seines"
"old men whose hearts beat in a different pace than his"
"Wird er nicht durch all das gezwungen und bestraft?"
"Isn't he forced and punished by all this?""
Beunruhigt blickte Siddhartha zu Boden
Troubled, Siddhartha looked to the ground
Leise fragte er: "Was soll ich Ihrer Meinung nach tun?"
Quietly, he asked, "What do you think should I do?"
Vasudeva sprach: "Bringt ihn in die Stadt."
Vasudeva spoke, "Bring him into the city"
"Bringt ihn in das Haus seiner Mutter"
"bring him into his mother's house"
"Es werden immer noch Diener da sein, gebt ihn ihnen"
"there'll still be servants around, give him to them"
"Und wenn keine Diener da sind, bringt ihn zu einem Lehrer"
"And if there aren't any servants, bring him to a teacher"
"Aber bringen Sie ihn nicht um der Lehre willen zu einem Lehrer"
"but don't bring him to a teacher for teachings' sake"
"Bringt ihn zu einem Lehrer, damit er unter anderen Kindern ist"
"bring him to a teacher so that he is among other children"
"und bringe ihn in die Welt, die ihm gehört"
"and bring him to the world which is his own"
"Hast du noch nie daran gedacht?"
"have you never thought of this?"
»Du siehst mir ins Herz,« sprach Siddhartha traurig
"you're seeing into my heart," Siddhartha spoke sadly
"Oft habe ich daran gedacht"
"Often, I have thought of this"
"Aber wie kann ich ihn in diese Welt setzen?"

"but how can I put him into this world?"
»Wird er nicht überschwänglich werden?«
"Won't he become exuberant?"
"Wird er sich nicht dem Vergnügen und der Macht hingeben?"
"won't he lose himself to pleasure and power?"
"Wird er nicht alle Fehler seines Vaters wiederholen?"
"won't he repeat all of his father's mistakes?"
"Wird er sich nicht vielleicht ganz in Sansara verirren?"
"won't he perhaps get entirely lost in Sansara?"
Hell leuchtete das Lächeln des Fährmanns auf
Brightly, the ferryman's smile lit up
sanft berührte er Siddharthas Arm
softly, he touched Siddhartha's arm
"Frag den Fluss danach, mein Freund!"
"Ask the river about it, my friend!"
"Hör den Fluss darüber lachen!"
"Hear the river laugh about it!"
"Würdest du wirklich glauben, dass du deine törichten Taten begangen hast?
"Would you actually believe that you had committed your foolish acts?
"Um Ihrem Sohn zu ersparen, sie auch zu begehen"
"in order to spare your son from committing them too"
"Und könntest du deinen Sohn in irgendeiner Weise vor Sansara schützen?"
"And could you in any way protect your son from Sansara?"
"Wie konntest du ihn vor Sansara beschützen?"
"How could you protect him from Sansara?"
"Durch Lehren, Gebete, Ermahnungen?"
"By means of teachings, prayer, admonition?"
"Meine Liebe, hast du diese Geschichte ganz vergessen?"
"My dear, have you entirely forgotten that story?"
"Die Geschichte, die so viele Lektionen enthält"
"the story containing so many lessons"
"die Geschichte von Siddhartha, dem Sohn eines Brahmanen"

"the story about Siddhartha, a Brahman's son"
"Die Geschichte, die du mir einst hier an dieser Stelle erzählt hast?"
"the story which you once told me here on this very spot?"
"Wer hat die Samana Siddhartha vor Sansara beschützt?"
"Who has kept the Samana Siddhartha safe from Sansara?"
"Wer hat ihn vor Sünde, Habgier und Torheit bewahrt?"
"who has kept him from sin, greed, and foolishness?"
"War die religiöse Hingabe seines Vaters in der Lage, ihn zu beschützen?"
"Were his father's religious devotion able to keep him safe?"
"Waren die Warnungen seines Lehrers in der Lage, ihn zu schützen?"
"were his teacher's warnings able to keep him safe?"
"Könnte sein eigenes Wissen ihn beschützen?"
"could his own knowledge keep him safe?"
"War seine eigene Suche in der Lage, ihn in Sicherheit zu bringen?"
"was his own search able to keep him safe?"
"Welcher Vater hat seinen Sohn beschützen können?"
"What father has been able to protect his son?"
"Welcher Vater könnte seinen Sohn davon abhalten, sein Leben für sich selbst zu leben?"
"what father could keep his son from living his life for himself?"
"Welcher Lehrer hat es geschafft, seinen Schüler zu beschützen?"
"what teacher has been able to protect his student?"
"Welcher Lehrer kann seinen Schüler davon abhalten, sich mit Leben zu beschmutzen?"
"what teacher can stop his student from soiling himself with life?"
"Wer könnte ihn davon abhalten, sich selbst mit Schuldgefühlen zu belasten?"
"who could stop him from burdening himself with guilt?"
"Wer könnte ihn davon abhalten, das bittere Getränk für sich selbst zu trinken?"

"who could stop him from drinking the bitter drink for himself?"
"Wer könnte ihn davon abhalten, seinen Weg für sich selbst zu finden?"
"who could stop him from finding his path for himself?"
"Dachtest du, dass irgendjemand davon verschont werden könnte, diesen Weg zu gehen?"
"did you think anybody could be spared from taking this path?"
"Dachtest du, dass dein kleiner Sohn vielleicht verschont bleiben würde?"
"did you think that perhaps your little son would be spared?"
"Hast du gedacht, dass deine Liebe das alles kann?"
"did you think your love could do all that?"
"Dachtest du, deine Liebe könnte ihn vor dem Leiden bewahren?"
"did you think your love could keep him from suffering"
"Dachtest du, deine Liebe könnte ihn vor Schmerz und Enttäuschung schützen?
"did you think your love could protect him from pain and disappointment?
"Du könntest zehnmal für ihn sterben"
"you could die ten times for him"
"Aber du konntest keinen Teil seines Schicksals auf dich nehmen"
"but you could take no part of his destiny upon yourself"
Nie zuvor hatte Vasudeva so viele Worte gesprochen
Never before, Vasudeva had spoken so many words
Siddhartha dankte ihm freundlich
Kindly, Siddhartha thanked him
Er ging beunruhigt in die Hütte
he went troubled into the hut

Er konnte lange nicht schlafen
he could not sleep for a long time
Vasudeva hatte ihm nichts gesagt, was er nicht schon gedacht und gewusst hatte

Vasudeva had told him nothing he had not already thought and known

Aber das war ein Wissen, nach dem er nicht handeln konnte
But this was a knowledge he could not act upon
Stärker als das Wissen war seine Liebe zu dem Jungen
stronger than knowledge was his love for the boy
Stärker als das Wissen war seine Zärtlichkeit
stronger than knowledge was his tenderness
Stärker als das Wissen war seine Angst, ihn zu verlieren
stronger than knowledge was his fear to lose him
Hatte er jemals sein Herz so sehr an etwas verloren?
had he ever lost his heart so much to something?
Hatte er je einen Menschen so blind geliebt?
had he ever loved any person so blindly?
Hatte er jemals so erfolglos für jemanden gelitten?
had he ever suffered for someone so unsuccessfully?
Hatte er jemals für irgendjemanden solche Opfer gebracht und war doch so unglücklich gewesen?
had he ever made such sacrifices for anyone and yet been so unhappy?
Siddhartha konnte den Rat seines Freundes nicht befolgen
Siddhartha could not heed his friend's advice
Er konnte den Jungen nicht aufgeben
he could not give up the boy
Er ließ sich von dem Jungen Befehle geben
He let the boy give him orders
Er ließ sich von ihm ignorieren
he let him disregard him
Er sagte nichts und wartete
He said nothing and waited
Täglich versuchte er den Kampf der Freundlichkeit
daily, he attempted the struggle of friendliness
Er leitete den stillen Krieg der Geduld ein
he initiated the silent war of patience
Auch Vasudeva sagte nichts und wartete
Vasudeva also said nothing and waited
Beide waren Meister der Geduld

They were both masters of patience

Einmal erinnerte ihn das Gesicht des Jungen sehr an Kamala
one time the boy's face reminded him very much of Kamala
Siddhartha musste plötzlich an etwas denken, was Kamala einmal gesagt hatte
Siddhartha suddenly had to think of something Kamala had once said
"Du kannst nicht lieben", hatte sie zu ihm gesagt
"You cannot love" she had said to him
und er hatte ihr zugestimmt
and he had agreed with her
und er hatte sich mit einem Stern verglichen
and he had compared himself with a star
und er hatte die kindlichen Menschen mit fallenden Blättern verglichen
and he had compared the childlike people with falling leaves
Trotzdem habe er auch einen Vorwurf in dieser Richtung gespürt
but nevertheless, he had also sensed an accusation in that line
Ja, er hatte nie lieben können
Indeed, he had never been able to love
Er war nie in der Lage gewesen, sich ganz einem anderen Menschen hinzugeben
he had never been able to devote himself completely to another person
Er hatte sich selbst nie vergessen können
he had never been able to to forget himself
Er war nie in der Lage gewesen, aus Liebe zu einem anderen Menschen törichte Taten zu begehen
he had never been able to commit foolish acts for the love of another person
Damals schien es ihn von den kindlichen Menschen zu unterscheiden
at that time it seemed to set him apart from the childlike people
Aber seit sein Sohn hier ist, ist auch Siddhartha ein

kindlicher Mensch geworden
But ever since his son was here, Siddhartha also become a childlike person
Er litt um eines anderen willen
he was suffering for the sake of another person
Er liebte eine andere Person
he was loving another person
Er verlor sich an die Liebe zu jemand anderem
he was lost to a love for someone else
Er war aus Liebe zum Narren geworden
he had become a fool on account of love
Nun empfand auch er die stärkste und seltsamste aller Leidenschaften
Now he too felt the strongest and strangest of all passions
Er litt elend unter dieser Leidenschaft
he suffered from this passion miserably
und er war dennoch in Glückseligkeit
and he was nevertheless in bliss
In einer Hinsicht wurde er dennoch erneuert
he was nevertheless renewed in one respect
Er wurde durch diese eine Sache bereichert
he was enriched by this one thing
Er spürte sehr wohl, dass diese blinde Liebe zu seinem Sohn eine Leidenschaft war
He sensed very well that this blind love for his son was a passion
Er wusste, dass es etwas sehr Menschliches war
he knew that it was something very human
er wußte, daß es Sansara war
he knew that it was Sansara
Er wusste, dass es eine trübe Quelle war, dunkles Wasser
he knew that it was a murky source, dark waters
aber er fühlte, dass es nicht wertlos, sondern notwendig war
but he felt it was not worthless, but necessary
Es kam aus der Essenz seines eigenen Wesens
it came from the essence of his own being
Auch dieses Vergnügen musste gesühnt werden

This pleasure also had to be atoned for
Auch dieser Schmerz musste ertragen werden
this pain also had to be endured
Auch diese törichten Taten mussten begangen werden
these foolish acts also had to be committed
Bei alledem ließ der Sohn ihn seine törichten Taten begehen
Through all this, the son let him commit his foolish acts
Er ließ ihn um seine Zuneigung werben
he let him court for his affection
Er ließ ihn jeden Tag sich erniedrigen
he let him humiliate himself every day
Er gab sich den Launen seines Sohnes hin
he gave in to the moods of his son
Sein Vater hatte nichts, was ihn hätte entzücken können
his father had nothing which could have delighted him
und er nichts, was der Knabe fürchtete
and he nothing that the boy feared
Er war ein guter Mann, dieser Vater
He was a good man, this father
Er war ein guter, freundlicher, weicher Mann
he was a good, kind, soft man
Vielleicht war er ein sehr frommer Mann
perhaps he was a very devout man
Vielleicht war er ein Heiliger, dachte der Junge
perhaps he was a saint, the boy thought
Doch all diese Eigenschaften konnten den Jungen nicht für sich gewinnen
but all these attributes could not win the boy over
Er langweilte sich von diesem Vater, der ihn gefangen hielt
He was bored by this father, who kept him imprisoned
ein Gefangener in seiner elenden Hütte
a prisoner in this miserable hut of his
Er langweilte sich davon, dass er jede Ungezogenheit mit einem Lächeln beantwortete
he was bored of him answering every naughtiness with a smile
Er schätzte es nicht, wenn auf Beleidigungen mit

Freundlichkeit reagiert wurde
he didn't appreciate insults being responded to by friendliness
Er mochte es nicht, wenn Bösartigkeit in Güte erwidert wurde
he didn't like viciousness returned in kindness
Genau das war der verhasste Trick dieser alten Schleicherei
this very thing was the hated trick of this old sneak
Viel mehr hätte es dem Jungen gefallen, wenn er von ihm bedroht worden wäre
Much more the boy would have liked it if he had been threatened by him
Er wollte von ihm missbraucht werden
he wanted to be abused by him

Es kam der Tag, an dem der junge Siddhartha genug hatte
A day came when young Siddhartha had had enough
Was ihm durch den Kopf ging, brach hervor
what was on his mind came bursting forth
und er wandte sich offen gegen seinen Vater
and he openly turned against his father
Siddhartha hatte ihm eine Aufgabe gegeben
Siddhartha had given him a task
Er hatte ihm gesagt, er solle Reisig sammeln
he had told him to gather brushwood
Aber der Junge verließ die Hütte nicht
But the boy did not leave the hut
In hartnäckigem Ungehorsam und Wut blieb er, wo er war
in stubborn disobedience and rage, he stayed where he was
Er stampfte mit den Füßen auf den Boden
he thumped on the ground with his feet
Er ballte die Fäuste und schrie in einem gewaltigen Ausbruch
he clenched his fists and screamed in a powerful outburst
Er schrie seinem Vater seinen Hass und seine Verachtung ins Gesicht
he screamed his hatred and contempt into his father's face
"Hol dir das Reisig!", rief er und schäumte vor dem Mund

"Get the brushwood for yourself!" he shouted, foaming at the mouth

"Ich bin nicht dein Diener"
"I'm not your servant"

"Ich weiß, dass du mich nicht schlagen wirst, du würdest es nicht wagen"
"I know that you won't hit me, you wouldn't dare"

"Ich weiß, dass du mich ständig bestrafen willst"
"I know that you constantly want to punish me"

"Du willst mich mit deiner religiösen Hingabe und deiner Nachsicht niedermachen"
"you want to put me down with your religious devotion and your indulgence"

"Du willst, dass ich so werde wie du"
"You want me to become like you"

"Du willst, dass ich genauso fromm, weich und weise bin wie du"
"you want me to be just as devout, soft, and wise as you"

"Aber ich werde es nicht tun, nur um dich leiden zu lassen"
"but I won't do it, just to make you suffer"

"Ich möchte lieber ein Straßenräuber werden, als so weich zu sein wie du"
"I would rather become a highway-robber than be as soft as you"

"Ich wäre lieber ein Mörder, als so weise zu sein wie du"
"I would rather be a murderer than be as wise as you"

"Ich würde lieber in die Hölle kommen, als so zu werden wie du!"
"I would rather go to hell, than to become like you!"

"Ich hasse dich, du bist nicht mein Vater
"I hate you, you're not my father

"Auch wenn du zehnmal mit meiner Mutter geschlafen hast, bist du nicht mein Vater!"
"even if you've slept with my mother ten times, you are not my father!"

Wut und Trauer kochten in ihm über
Rage and grief boiled over in him

Er schäumte seinen Vater in hundert wilden und bösen Worten an
he foamed at his father in a hundred savage and evil words
Da lief der Knabe in den Wald
Then the boy ran away into the forest
Es war spät in der Nacht, als der Junge zurückkehrte
it was late at night when the boy returned
Doch am nächsten Morgen war er verschwunden
But the next morning, he had disappeared
Was auch verschwunden war, war ein kleiner Korb
What had also disappeared was a small basket
der Korb, in dem die Fährleute die Kupfer- und Silbermünzen aufbewahrten
the basket in which the ferrymen kept those copper and silver coins
die Münzen, die sie als Fahrgeld erhielten
the coins which they received as a fare
Auch das Boot war verschwunden
The boat had also disappeared
Siddhartha sah das Boot am gegenüberliegenden Ufer liegen
Siddhartha saw the boat lying by the opposite bank
Siddhartha hatte vor Kummer gezittert
Siddhartha had been shivering with grief
Die schimpfenden Reden, die der Junge gehalten hatte, berührten ihn
the ranting speeches the boy had made touched him
»Ich muß ihm folgen,« sagte Siddhartha
"I must follow him," said Siddhartha
"Ein Kind kann nicht alleine durch den Wald gehen, es wird zugrunde gehen"
"A child can't go through the forest all alone, he'll perish"
"Wir müssen ein Floß bauen, Vasudeva, um über das Wasser zu kommen"
"We must build a raft, Vasudeva, to get over the water"
"Wir werden ein Floß bauen", sagte Vasudeva
"We will build a raft" said Vasudeva
"Wir werden es bauen, um unser Boot zurückzubekommen"

"we will build it to get our boat back"
"Aber du sollst deinem Kinde nicht nachlaufen, mein Freund"
"But you shall not run after your child, my friend"
"Er ist kein Kind mehr"
"he is no child any more"
"Er weiß, wie man sich fortbewegt"
"he knows how to get around"
"Er sucht den Weg in die Stadt"
"He's looking for the path to the city"
"Und er hat recht, vergiss das nicht"
"and he is right, don't forget that"
"Er tut das, was du selbst nicht geschafft hast"
"he's doing what you've failed to do yourself"
"Er kümmert sich um sich selbst"
"he's taking care of himself"
"Er geht seinen Lauf für sich"
"he's taking his course for himself"
"Ach, Siddhartha, ich sehe dich leiden"
"Alas, Siddhartha, I see you suffering"
"Aber du leidest an einem Schmerz, über den man lachen möchte"
"but you're suffering a pain at which one would like to laugh"
"Du leidest unter einem Schmerz, über den du bald selbst lachen wirst"
"you're suffering a pain at which you'll soon laugh yourself"
Siddhartha antwortete seinem Freund nicht
Siddhartha did not answer his friend
Er hielt die Axt bereits in den Händen
He already held the axe in his hands
und er fing an, ein Floß aus Bambus zu machen
and he began to make a raft of bamboo
Vasudeva half ihm, die Stöcke mit Grasseilen zusammenzubinden
Vasudeva helped him to tie the canes together with ropes of grass
Als sie den Fluss überquerten, trieben sie weit von ihrem

Kurs ab
When they crossed the river they drifted far off their course
Sie zogen das Floß am gegenüberliegenden Ufer flussaufwärts
they pulled the raft upriver on the opposite bank
»Warum hast du die Axt mitgenommen?« fragte Siddhartha
"Why did you take the axe along?" asked Siddhartha
"Es wäre möglich gewesen, dass das Ruder unseres Bootes verloren gegangen ist"
"It might have been possible that the oar of our boat got lost"
Aber Siddhartha wußte, was sein Freund dachte
But Siddhartha knew what his friend was thinking
Er dachte, der Junge hätte das Ruder weggeworfen
He thought, the boy would have thrown away the oar
um sich zu rächen
in order to get some kind of revenge
und um sie davon abzuhalten, ihm zu folgen
and in order to keep them from following him
Und tatsächlich, es war kein Ruder mehr im Boot
And in fact, there was no oar left in the boat
Vasudeva deutete auf den Boden des Bootes
Vasudeva pointed to the bottom of the boat
und er sah seinen Freund mit einem Lächeln an
and he looked at his friend with a smile
Er lächelte, als wolle er etwas sagen
he smiled as if he wanted to say something
"Verstehst du nicht, was dein Sohn dir sagen will?"
"Don't you see what your son is trying to tell you?"
"Siehst du nicht, dass er nicht verfolgt werden will?"
"Don't you see that he doesn't want to be followed?"
"Aber er hat das nicht mit Worten gesagt"
But he did not say this in words
Er fing an, ein neues Ruder zu bauen
He started making a new oar
Siddhartha aber nahm Abschied, um den Entlaufenen zu suchen
But Siddhartha bid his farewell, to look for the run-away

Vasudeva hat ihn nicht davon abgehalten, nach seinem Kind zu suchen
Vasudeva did not stop him from looking for his child

Siddhartha war schon lange durch den Wald gewandert
Siddhartha had been walking through the forest for a long time
Ihm kam der Gedanke, dass seine Suche nutzlos war
the thought occurred to him that his search was useless
Entweder war der Junge weit voraus und hatte die Stadt bereits erreicht
Either the boy was far ahead and had already reached the city
oder er würde sich vor ihm verbergen
or he would conceal himself from him
Er dachte weiter an seinen Sohn
he continued thinking about his son
Er stellte fest, dass er sich keine Sorgen um seinen Sohn machte
he found that he was not worried for his son
Tief in seinem Inneren wusste er, dass er nicht umgekommen war
he knew deep inside that he had not perished
auch war er im Wald nicht in Gefahr
nor was he in any danger in the forest
Trotzdem rannte er ohne anzuhalten
Nevertheless, he ran without stopping
Er rannte nicht, um ihn zu retten
he was not running to save him
Er rannte, um sein Verlangen zu befriedigen
he was running to satisfy his desire
Er wollte ihn vielleicht noch einmal sehen
he wanted to perhaps see him one more time
Und er rannte bis kurz vor die Stadt
And he ran up to just outside of the city
Als er in der Nähe der Stadt eine breite Straße erreichte
When, near the city, he reached a wide road
Er blieb am Eingang des schönen Lustgartens stehen

he stopped, by the entrance of the beautiful pleasure-garden
der Garten, der früher Kamala gehörte
the garden which used to belong to Kamala
den Garten, in dem er sie zum ersten Mal gesehen hatte
the garden where he had seen her for the first time
als sie in ihrer Sänfte saß
when she was sitting in her sedan-chair
Die Vergangenheit stieg in seiner Seele auf
The past rose up in his soul
Wieder sah er sich dort stehen
again, he saw himself standing there
eine junge, bärtige, nackte Samana
a young, bearded, naked Samana
sein Haar und sein Haar war voller Staub
his hair hair was full of dust
Lange stand Siddhartha da
For a long time, Siddhartha stood there
Er blickte durch das offene Tor in den Garten
he looked through the open gate into the garden
Er sah Mönche in gelben Gewändern zwischen den schönen Bäumen wandeln
he saw monks in yellow robes walking among the beautiful trees
Lange stand er da und dachte nach
For a long time, he stood there, pondering
Er sah Bilder und lauschte der Geschichte seines Lebens
he saw images and listened to the story of his life
Lange stand er da und schaute die Mönche an
For a long time, he stood there looking at the monks
er sah den jungen Siddhartha an ihrer Stelle
he saw young Siddhartha in their place
Er sah die junge Kamala zwischen den hohen Bäumen spazieren gehen
he saw young Kamala walking among the high trees
Offensichtlich sah er, wie er von Kamala mit Essen und Trinken versorgt wurde
Clearly, he saw himself being served food and drink by

Kamala
Er sah, wie er seinen ersten Kuss von ihr erhielt
he saw himself receiving his first kiss from her
er sah sich stolz und verächtlich auf sein Leben als Brahmane zurückblicken
he saw himself looking proudly and disdainfully back on his life as a Brahman
Er sah sich selbst sein weltliches Leben beginnen, stolz und voller Sehnsucht
he saw himself beginning his worldly life, proudly and full of desire
Er sah Kamaswami, die Diener, die Orgien
He saw Kamaswami, the servants, the orgies
Er sah die Spieler mit den Würfeln
he saw the gamblers with the dice
er sah Kamalas Singvogel im Käfig
he saw Kamala's song-bird in the cage
Er hat das alles noch einmal durchlebt
he lived through all this again
er atmete Sansara und war wieder alt und müde
he breathed Sansara and was once again old and tired
Er fühlte den Ekel und den Wunsch, sich noch einmal zu vernichten
he felt the disgust and the wish to annihilate himself again
und er wurde abermals geheilt durch das heilige Om
and he was healed again by the holy Om
lange hatte Siddhartha am Tor gestanden
for a long time Siddhartha had stood by the gate
Er erkannte, dass sein Verlangen töricht war
he realised his desire was foolish
Er erkannte, dass es Torheit war, die ihn an diesen Ort hatte gehen lassen
he realized it was foolishness which had made him go up to this place
Er erkannte, dass er seinem Sohn nicht helfen konnte
he realized he could not help his son
und er erkannte, dass er sich nicht an ihn klammern durfte

and he realized that he was not allowed to cling to him
Er fühlte die Liebe zu dem Ausreißer tief in seinem Herzen
he felt the love for the run-away deeply in his heart
Die Liebe zu seinem Sohn fühlte sich an wie eine Wunde
the love for his son felt like a wound
aber diese Wunde war ihm nicht gegeben worden, um das Messer darin zu drehen
but this wound had not been given to him in order to turn the knife in it
Die Wunde musste zu einer Blüte werden
the wound had to become a blossom
und seine Wunde musste glänzen
and his wound had to shine
Dass diese Wunde noch nicht aufblühte oder glänzte, machte ihn traurig
That this wound did not blossom or shine yet made him sad
Statt des ersehnten Ziels herrschte Leere
Instead of the desired goal, there was emptiness
Die Leere hatte ihn hierher gezogen, und traurig setzte er sich
emptiness had drawn him here, and sadly he sat down
Er fühlte, wie etwas in seinem Herzen starb
he felt something dying in his heart
Er erlebte Leere und sah keine Freude mehr
he experienced emptiness and saw no joy any more
Es gab kein Ziel, das man anstreben konnte
there was no goal for which to aim for
Er saß in Gedanken versunken da und wartete
He sat lost in thought and waited
Das hatte er am Fluss gelernt
This he had learned by the river
Warten, Geduld haben, aufmerksam zuhören
waiting, having patience, listening attentively
Und er saß und lauschte im Staub des Weges
And he sat and listened, in the dust of the road
Er hörte auf sein Herz, das müde und traurig schlug
he listened to his heart, beating tiredly and sadly

und er wartete auf eine Stimme
and he waited for a voice
Viele Stunden kauerte er und lauschte
Many an hour he crouched, listening
Er sah keine Bilder mehr
he saw no images any more
Er fiel ins Leere und ließ sich fallen
he fell into emptiness and let himself fall
Er konnte keinen Weg vor sich sehen
he could see no path in front of him
Und als er fühlte, wie die Wunde brannte, sprach er leise das Om
And when he felt the wound burning, he silently spoke the Om
er füllte sich mit Om
he filled himself with Om
Die Mönche im Garten sahen ihn
The monks in the garden saw him
Staub sammelte sich auf seinem grauen Haar
dust was gathering on his gray hair
Da er viele Stunden in der Hocke lag, legte einer der Mönche zwei Bananen vor ihn
since he crouched for many hours, one of monks placed two bananas in front of him
Der alte Mann sah ihn nicht
The old man did not see him

Aus diesem versteinerten Zustand wurde er durch eine Hand geweckt, die seine Schulter berührte
From this petrified state, he was awoken by a hand touching his shoulder
Sofort erkannte er diese zärtliche, schüchterne Berührung
Instantly, he recognised this tender bashful touch
Vasudeva war ihm gefolgt und hatte gewartet
Vasudeva had followed him and waited
er kam wieder zur Besinnung und erhob sich, um Vasudeva zu begrüßen

he regained his senses and rose to greet Vasudeva
Er blickte in Vasudevas freundliches Gesicht
he looked into Vasudeva's friendly face
Er schaute in die kleinen Fältchen
he looked into the small wrinkles
Seine Falten waren, als wären sie mit nichts als seinem Lächeln gefüllt
his wrinkles were as if they were filled with nothing but his smile
Er blickte in die glücklichen Augen, und dann lächelte auch er
he looked into the happy eyes, and then he smiled too
Nun sah er die Bananen vor sich liegen
Now he saw the bananas lying in front of him
Er hob die Bananen auf und gab sie dem Fährmann
he picked the bananas up and gave one to the ferryman
Nachdem sie die Bananen gegessen hatten, gingen sie schweigend zurück in den Wald
After eating the bananas, they silently went back into the forest
Sie kehrten nach Hause zur Fähre zurück
they returned home to the ferry
Keiner von beiden sprach darüber, was an diesem Tag geschehen war
Neither one talked about what had happened that day
Keiner von beiden erwähnte den Namen des Jungen
neither one mentioned the boy's name
Keiner sprach davon, dass er weggelaufen war
neither one spoke about him running away
Keiner von beiden sprach über die Wunde
neither one spoke about the wound
In der Hütte legte sich Siddhartha auf sein Bett
In the hut, Siddhartha lay down on his bed
nach einer Weile kam Vasudeva zu ihm
after a while Vasudeva came to him
aber er schlief schon
but he was already asleep

Om

Lange brannte die Wunde weiter
For a long time the wound continued to burn
Siddhartha musste viele Reisende über den Fluss bringen
Siddhartha had to ferry many travellers across the river
Viele der Reisenden wurden von einem Sohn oder einer Tochter begleitet
many of the travellers were accompanied by a son or a daughter
und er sah keinen von ihnen, ohne sie zu beneiden
and he saw none of them without envying them
Er konnte sie nicht sehen, ohne an seinen verlorenen Sohn zu denken
he couldn't see them without thinking about his lost son
"So viele Tausende besitzen das süßeste aller Glücke"
"So many thousands possess the sweetest of good fortunes"
"Warum besitze ich dieses Glück nicht auch?"
"why don't I also possess this good fortune?"
"Auch Diebe und Räuber haben Kinder und lieben sie"
"even thieves and robbers have children and love them"
"Und sie werden von ihren Kindern geliebt"
"and they are being loved by their children"
"Alle werden von ihren Kindern geliebt, nur ich nicht"
"all are loved by their children except for me"
Er dachte jetzt wie die kindlichen Menschen, ohne Vernunft
he now thought like the childlike people, without reason
Er war einer der kindlichen Menschen geworden
he had become one of the childlike people
Er sah die Menschen anders als zuvor
he looked upon people differently than before
Er war weniger klug und weniger stolz auf sich
he was less smart and less proud of himself
Stattdessen war er wärmer und neugieriger
but instead, he was warmer and more curious
Wenn er Reisende beförderte, war er mehr involviert als zuvor

when he ferried travellers, he was more involved than before
kindliche Menschen, Geschäftsleute, Krieger, Frauen
childlike people, businessmen, warriors, women
Diese Menschen schienen ihm nicht fremd zu sein, wie sie es früher taten
these people did not seem alien to him, as they used to
Er verstand sie und teilte ihr Leben
he understood them and shared their life
ein Leben, das nicht von Gedanken und Einsichten geleitet war
a life which was not guided by thoughts and insight
sondern ein Leben, das nur von Trieben und Wünschen geleitet wird
but a life guided solely by urges and wishes
Er fühlte sich wie das kindliche Volk
he felt like the the childlike people
Er trug seine letzte Wunde
he was bearing his final wound
Er näherte sich der Vollkommenheit
he was nearing perfection
aber die kindlichen Menschen schienen immer noch seine Brüder zu sein
but the childlike people still seemed like his brothers
Ihre Eitelkeiten, ihr Besitzverlangen waren ihm nicht mehr lächerlich
their vanities, desires for possession were no longer ridiculous to him
Sie wurden verständlich und liebenswert
they became understandable and lovable
sie wurden ihm sogar würdig, verehrt zu werden
they even became worthy of veneration to him
Die blinde Liebe einer Mutter zu ihrem Kind
The blind love of a mother for her child
der dumme, blinde Stolz eines eingebildeten Vaters auf seinen einzigen Sohn
the stupid, blind pride of a conceited father for his only son
das blinde, wilde Verlangen einer jungen, eitlen Frau nach

Schmuck
the blind, wild desire of a young, vain woman for jewellery
ihr Wunsch nach bewundernden Blicken von Männern
her wish for admiring glances from men
All diese einfachen Triebe waren keine kindischen Vorstellungen
all of these simple urges were not childish notions
aber sie waren ungeheuer starke, lebendige und vorherrschende Triebe
but they were immensely strong, living, and prevailing urges
Er sah Menschen, die um ihrer Triebe willen lebten
he saw people living for the sake of their urges
Er sah, wie Menschen für ihre Triebe seltene Dinge erreichten
he saw people achieving rare things for their urges
Reisen, Kriege führen, Leiden
travelling, conducting wars, suffering
sie ertrugen unendlich viel Leid
they bore an infinite amount of suffering
und er konnte sie dafür lieben, weil er das Leben sah
and he could love them for it, because he saw life
dass das, was lebendig ist, in jeder ihrer Leidenschaften war
that what is alive was in each of their passions
dass das, was unzerstörbar ist, in ihren Trieben lag, dem Brahman
that what is indestructible was in their urges, the Brahman
Diese Menschen verdienten Liebe und Bewunderung
these people were worthy of love and admiration
Sie verdienten es für ihre blinde Treue und blinde Stärke
they deserved it for their blind loyalty and blind strength
Es gab nichts, was ihnen fehlte
there was nothing that they lacked
Siddhartha besaß nichts, was ihn über die anderen erheben konnte, außer einer Sache
Siddhartha had nothing which would put him above the rest, except one thing
Es gab immer noch eine Kleinigkeit, die er hatte, die sie

nicht hatten
there still was a small thing he had which they didn't
Er hatte den bewussten Gedanken an die Einheit allen Lebens
he had the conscious thought of the oneness of all life
aber Siddhartha zweifelte sogar, ob dieses Wissen so hoch geschätzt werden sollte
but Siddhartha even doubted whether this knowledge should be valued so highly
Es könnte auch eine kindische Vorstellung der denkenden Menschen sein
it might also be a childish idea of the thinking people
Das weltliche Volk war den Weisen gleichgestellt
the worldly people were of equal rank to the wise men
Auch Tiere können in manchen Momenten dem Menschen überlegen erscheinen
animals too can in some moments seem to be superior to humans
Sie sind überlegen in ihrer harten, unerbittlichen Ausführung dessen, was notwendig ist
they are superior in their tough, unrelenting performance of what is necessary
eine Idee blühte langsam in Siddhartha auf
an idea slowly blossomed in Siddhartha
und die Idee reifte langsam in ihm
and the idea slowly ripened in him
Er begann zu erkennen, was Weisheit eigentlich ist
he began to see what wisdom actually was
Er erkannte, was das Ziel seiner langen Suche war
he saw what the goal of his long search was
Seine Suche war nichts anderes als eine Bereitschaft der Seele
his search was nothing but a readiness of the soul
eine geheime Kunst, jeden Moment zu denken, während er sein Leben lebt
a secret art to think every moment, while living his life
Es war der Gedanke des Einsseins

it was the thought of oneness
in der Lage zu sein, das Einssein zu fühlen und einzuatmen
to be able to feel and inhale the oneness
Langsam blühte dieses Bewußtsein in ihm auf
Slowly this awareness blossomed in him
es strahlte ihm aus Vasudevas altem, kindlichem Gesicht entgegen
it was shining back at him from Vasudeva's old, childlike face
Harmonie und Wissen um die ewige Vollkommenheit der Welt
harmony and knowledge of the eternal perfection of the world
Lächeln und Teil des Einsseins sein
smiling and to be part of the oneness
Aber die Wunde brannte immer noch
But the wound still burned
sehnsüchtig und bitter dachte Siddhartha an seinen Sohn
longingly and bitterly Siddhartha thought of his son
Er nährte seine Liebe und Zärtlichkeit in seinem Herzen
he nurtured his love and tenderness in his heart
Er ließ zu, dass der Schmerz an ihm nagte
he allowed the pain to gnaw at him
Er beging alle törichten Taten der Liebe
he committed all foolish acts of love
Diese Flamme würde nicht von selbst erlöschen
this flame would not go out by itself

Eines Tages brannte die Wunde heftig
one day the wound burned violently
von einer Sehnsucht getrieben, überquerte Siddhartha den Fluss
driven by a yearning, Siddhartha crossed the river
Er stieg aus dem Boot und war bereit, in die Stadt zu fahren
he got off the boat and was willing to go to the city
Er wollte seinen Sohn noch einmal suchen
he wanted to look for his son again
Der Fluss floss sanft und leise dahin
The river flowed softly and quietly

Es war Trockenzeit, aber seine Stimme klang seltsam
it was the dry season, but its voice sounded strange
Es war deutlich zu hören, dass der Fluss lachte
it was clear to hear that the river laughed
Er lachte hell und deutlich über den alten Fährmann
it laughed brightly and clearly at the old ferryman
Er beugte sich über das Wasser, um noch besser hören zu können
he bent over the water, in order to hear even better
und er sah sein Antlitz in den ruhig fließenden Wassern gespiegelt
and he saw his face reflected in the quietly moving waters
In diesem gespiegelten Gesicht lag etwas
in this reflected face there was something
etwas, das ihn daran erinnerte, aber er hatte es vergessen
something which reminded him, but he had forgotten
Als er darüber nachdachte, fand er es
as he thought about it, he found it
Dieses Gesicht glich einem anderen Gesicht, das er kannte und liebte
this face resembled another face which he used to know and love
Aber er fürchtete sich auch vor diesem Gesicht
but he also used to fear this face
Es glich dem Gesicht seines Vaters, des Brahmanen
It resembled his father's face, the Brahman
Er erinnerte sich daran, wie er seinen Vater gezwungen hatte, ihn gehen zu lassen
he remembered how he had forced his father to let him go
Er erinnerte sich, wie er sich von ihm verabschiedet hatte
he remembered how he had bid his farewell to him
Er erinnerte sich, wie er gegangen war und nie wieder zurückgekommen war
he remembered how he had gone and had never come back
Hatte nicht auch sein Vater den gleichen Schmerz für ihn erlitten?
Had his father not also suffered the same pain for him?

War der Schmerz seines Vaters nicht der Schmerz, den Siddhartha jetzt erleidet?
was his father's pain not the pain Siddhartha is suffering now?
War sein Vater nicht schon lange gestorben?
Had his father not long since died?
War er gestorben, ohne seinen Sohn wiedergesehen zu haben?
had he died without having seen his son again?
Musste er nicht das gleiche Schicksal für sich selbst erwarten?
Did he not have to expect the same fate for himself?
War es nicht eine Komödie in einem schicksalhaften Kreis?
Was it not a comedy in a fateful circle?
Der Fluss lachte über all das
The river laughed about all of this
alles kam zurück, was nicht erlitten worden war
everything came back which had not been suffered
Alles kam zurück, was nicht gelöst worden war
everything came back which had not been solved
Der gleiche Schmerz wurde immer und immer wieder erlitten
the same pain was suffered over and over again
Siddhartha stieg wieder in das Boot
Siddhartha went back into the boat
und er kehrte in die Hütte zurück
and he returned back to the hut
Er dachte an seinen Vater und an seinen Sohn
he was thinking of his father and of his son
Er dachte daran, vom Fluss ausgelacht worden zu sein
he thought of having been laughed at by the river
Er war mit sich selbst zerstritten und neigte zur Verzweiflung
he was at odds with himself and tending towards despair
Aber er war auch versucht zu lachen
but he was also tempted to laugh
Er konnte über sich selbst und die ganze Welt lachen
he could laugh at himself and the entire world

Leider blühte die Wunde noch nicht auf
Alas, the wound was not blossoming yet
sein Herz kämpfte immer noch gegen sein Schicksal
his heart was still fighting his fate
Heiterkeit und Sieg leuchteten noch nicht aus seinem Leiden
cheerfulness and victory were not yet shining from his suffering
Trotzdem fühlte er neben der Verzweiflung auch Hoffnung
Nevertheless, he felt hope along with the despair
Als er in die Hütte zurückkehrte, verspürte er ein unbesiegbares Verlangen, sich Vasudeva zu öffnen
once he returned to the hut he felt an undefeatable desire to open up to Vasudeva
Er wollte ihm alles zeigen
he wanted to show him everything
Er wollte dem Meister des Zuhörens alles sagen
he wanted to say everything to the master of listening

Vasudeva saß in der Hütte und flechtete einen Korb
Vasudeva was sitting in the hut, weaving a basket
Er benutzte die Fähre nicht mehr
He no longer used the ferry-boat
Seine Augen fingen an, schwach zu werden
his eyes were starting to get weak
Auch seine Arme und Hände wurden schwach
his arms and hands were getting weak as well
nur die Freude und das heitere Wohlwollen seines Antlitzes waren unveränderlich
only the joy and cheerful benevolence of his face was unchanging
Siddhartha setzte sich neben den Alten
Siddhartha sat down next to the old man
Langsam fing er an, über das zu sprechen, worüber sie noch nie gesprochen hatten
slowly, he started talking about what they had never spoke about

Er erzählte ihm von seinem Spaziergang in die Stadt
he told him of his walk to the city
Er erzählte ihm von der brennenden Wunde
he told at him of the burning wound
Er erzählte ihm von dem Neid, glückliche Väter zu sehen
he told him about the envy of seeing happy fathers
sein Wissen um die Torheit solcher Wünsche
his knowledge of the foolishness of such wishes
sein vergeblicher Kampf gegen seinen Willen
his futile fight against his wishes
Er war in der Lage, alles zu sagen, selbst die peinlichsten Stellen
he was able to say everything, even the most embarrassing parts
Er erzählte ihm alles, was er ihm sagen konnte
he told him everything he could tell him
Er zeigte ihm alles, was er ihm zeigen konnte
he showed him everything he could show him
Er präsentierte ihm seine Wunde
He presented his wound to him
Er erzählte ihm auch, wie er heute geflohen war
he also told him how he had fled today
Er erzählte ihm, wie er über das Wasser fuhr
he told him how he ferried across the water
ein kindlicher Ausreißer, der bereit ist, zu Fuß in die Stadt zu gehen
a childish run-away, willing to walk to the city
und er erzählte ihm, wie der Fluss gelacht hatte
and he told him how the river had laughed
Er sprach lange
he spoke for a long time
Vasudeva hörte mit ruhigem Gesicht zu
Vasudeva was listening with a quiet face
Vasudevas Zuhören gab Siddhartha eine stärkere Empfindung als je zuvor
Vasudeva's listening gave Siddhartha a stronger sensation than ever before

Er spürte, wie sein Schmerz und seine Ängste auf ihn überströmten
he sensed how his pain and fears flowed over to him
Er spürte, wie seine geheime Hoffnung ihn überkam
he sensed how his secret hope flowed over him
Diesem Zuhörer seine Wunde zu zeigen, war dasselbe, wie sie im Fluss zu baden
To show his wound to this listener was the same as bathing it in the river
der Fluß hätte Siddharthas Wunde gekühlt
the river would have cooled Siddhartha's wound
das stille Lauschen kühlte Siddharthas Wunde
the quiet listening cooled Siddhartha's wound
Es kühlte ihn ab, bis er eins mit dem Fluss wurde
it cooled him until he become one with the river
Während er noch sprach, immer noch zugab und beichtete
While he was still speaking, still admitting and confessing
Siddhartha fühlte immer mehr, daß dies nicht mehr Vasudeva war
Siddhartha felt more and more that this was no longer Vasudeva
Es war kein Mensch mehr, der ihm zuhörte
it was no longer a human being who was listening to him
Dieser regungslose Zuhörer nahm sein Geständnis in sich auf
this motionless listener was absorbing his confession into himself
Dieser regungslose Zuhörer war wie ein Baum der Regen
this motionless listener was like a tree the rain
Dieser regungslose Mann war der Fluss selbst
this motionless man was the river itself
dieser regungslose Mensch war Gott selbst
this motionless man was God himself
Der regungslose Mensch war der Ewige selbst
the motionless man was the eternal itself
Siddhartha hörte auf, an sich und seine Wunde zu denken
Siddhartha stopped thinking of himself and his wound

diese Erkenntnis von Vasudevas verändertem Charakter ergriff Besitz von ihm
this realisation of Vasudeva's changed character took possession of him
und je mehr er sich darauf einließ, desto weniger wundersam wurde es
and the more he entered into it, the less wondrous it became
desto mehr erkannte er, dass alles in Ordnung und natürlich war
the more he realised that everything was in order and natural
Er erkannte, dass Vasudeva schon lange so gewesen war
he realised that Vasudeva had already been like this for a long time
Er hatte es nur noch nicht ganz erkannt
he had just not quite recognised it yet
Ja, er selbst hatte fast den gleichen Zustand erreicht
yes, he himself had almost reached the same state
Er fühlte, dass er jetzt die alte Vasudeva sah, wie die Menschen die Götter sehen
He felt, that he was now seeing old Vasudeva as the people see the gods
und er fühlte, dass dies nicht von Dauer sein konnte
and he felt that this could not last
in seinem Herzen begann er, sich von Vasudeva zu verabschieden
in his heart, he started bidding his farewell to Vasudeva
Währenddessen redete er unaufhörlich
Throughout all this, he talked incessantly
Als er zu Ende gesprochen hatte, wandte Vasudeva ihm seine freundlichen Augen zu
When he had finished talking, Vasudeva turned his friendly eyes at him
die leicht schwach gewordenen Augen
the eyes which had grown slightly weak
Er sagte nichts, sondern ließ seine stille Liebe und Heiterkeit leuchten
he said nothing, but let his silent love and cheerfulness shine

Sein Verstand und sein Wissen strahlten von ihm aus
his understanding and knowledge shone from him
Er ergriff Siddharthas Hand und führte ihn zu dem Platz bei der Bank
He took Siddhartha's hand and led him to the seat by the bank
Er setzte sich zu ihm und lächelte auf den Fluss
he sat down with him and smiled at the river
"Du hast es lachen hören", sagte er
"You've heard it laugh," he said
"Aber du hast noch nicht alles gehört"
"But you haven't heard everything"
"Lasst uns zuhören, ihr werdet mehr hören"
"Let's listen, you'll hear more"
Leise klang der Fluss, der vielstimmig sang
Softly sounded the river, singing in many voices
Siddhartha blickte ins Wasser
Siddhartha looked into the water
Bilder erschienen ihm im bewegten Wasser
images appeared to him in the moving water
Sein Vater erschien, einsam und in Trauer um seinen Sohn
his father appeared, lonely and mourning for his son
Er selbst erschien im bewegten Wasser
he himself appeared in the moving water
Er war auch mit der Knechtschaft der Sehnsucht an seinen fernen Sohn gebunden
he was also being tied with the bondage of yearning to his distant son
Sein Sohn erschien, ebenfalls einsam
his son appeared, lonely as well
Der Knabe, gierig auf dem brennenden Lauf seiner jungen Wünsche
the boy, greedily rushing along the burning course of his young wishes
Jeder steuerte auf sein Ziel zu
each one was heading for his goal
Jeder war besessen von dem Ziel
each one was obsessed by the goal

Jeder von ihnen litt unter der Verfolgung
each one was suffering from the pursuit
Der Fluss sang mit einer Stimme des Leidens
The river sang with a voice of suffering
Sehnsüchtig sang und floss es seinem Ziel entgegen
longingly it sang and flowed towards its goal
»Hörst du?« fragte Vasudeva mit stummem Blick
"Do you hear?" Vasudeva asked with a mute gaze
Siddhartha nickte erwidernd
Siddhartha nodded in reply
"Hört besser zu!" flüsterte Vasudeva
"Listen better!" Vasudeva whispered
Siddhartha bemühte sich, besser zuzuhören
Siddhartha made an effort to listen better
Das Bild seines Vaters erschien
The image of his father appeared
Sein eigenes Bild verschmolz mit dem seines Vaters
his own image merged with his father's
Das Bild seines Sohnes verschmolz mit seinem Bild
the image of his son merged with his image
Kamalas Bild erschien ebenfalls und wurde zerstreut
Kamala's image also appeared and was dispersed
und das Bild von Govinda und andere Bilder
and the image of Govinda, and other images
und alle Abgebildeten verschmolzen miteinander
and all the imaged merged with each other
Alle Abgebildeten verwandelten sich in den Fluss
all the imaged turned into the river
Da es sich um den Fluss handelte, steuerten sie alle auf das Ziel zu
being the river, they all headed for the goal
Sehnsucht, Begehren, Leid flossen zusammen
longing, desiring, suffering flowed together
und die Stimme des Flusses klang voller Sehnsucht
and the river's voice sounded full of yearning
Die Stimme des Flusses war voll brennenden Leids
the river's voice was full of burning woe

Die Stimme des Flusses war voll unstillbaren Verlangens
the river's voice was full of unsatisfiable desire
Auf das Tor zusteuerte der Fluss
For the goal, the river was heading
Siddhartha sah den Fluss seinem Ziel entgegeneilen
Siddhartha saw the river hurrying towards its goal
der Fluss von ihm und seinen Lieben und von allen Menschen, die er je gesehen hatte
the river of him and his loved ones and of all people he had ever seen
All diese Wellen und Gewässer eilten
all of these waves and waters were hurrying
Sie alle litten unter vielen Zielen
they were all suffering towards many goals
Der Wasserfall, der See, die Stromschnellen, das Meer
the waterfall, the lake, the rapids, the sea
und alle Ziele wurden erreicht
and all goals were reached
und auf jedes Tor folgte ein neues
and every goal was followed by a new one
und das Wasser verwandelte sich in Dampf und stieg zum Himmel auf
and the water turned into vapour and rose to the sky
Das Wasser verwandelte sich in Regen und ergoss sich vom Himmel
the water turned into rain and poured down from the sky
Das Wasser wurde zur Quelle
the water turned into a source
Dann verwandelte sich die Quelle in einen Bach
then the source turned into a stream
Der Bach verwandelte sich in einen Fluss
the stream turned into a river
und der Fluss floss wieder vorwärts
and the river headed forwards again
Aber die sehnsüchtige Stimme hatte sich verändert
But the longing voice had changed
Es hallte immer noch wider, voller Leid, suchend

It still resounded, full of suffering, searching
Aber andere Stimmen schlossen sich dem Fluss an
but other voices joined the river
Es gab Stimmen der Freude und des Leids
there were voices of joy and of suffering
Gute und schlechte Stimmen, lachende und traurige
good and bad voices, laughing and sad ones
Hundert Stimmen, tausend Stimmen
a hundred voices, a thousand voices
Siddhartha hörte alle diese Stimmen
Siddhartha listened to all these voices
Er war jetzt nur noch ein Zuhörer
He was now nothing but a listener
Er war ganz auf das Zuhören konzentriert
he was completely concentrated on listening
Er war jetzt völlig leer
he was completely empty now
Er fühlte, dass er nun das Zuhören gelernt hatte
he felt that he had now finished learning to listen
All das hatte er schon oft gehört
Often before, he had heard all this
Er hatte diese vielen Stimmen im Fluss gehört
he had heard these many voices in the river
Heute klangen die Stimmen im Fluss neu
today the voices in the river sounded new
Schon konnte er die vielen Stimmen nicht mehr auseinanderhalten
Already, he could no longer tell the many voices apart
Es gab keinen Unterschied zwischen den fröhlichen und den weinenden Stimmen
there was no difference between the happy voices and the weeping ones
Die Stimmen der Kinder und die Stimmen der Menschen waren eins
the voices of children and the voices of men were one
All diese Stimmen gehörten zusammen
all these voices belonged together

das Wehklagen der Sehnsucht und das Lachen des Wissenden
the lamentation of yearning and the laughter of the knowledgeable one
der Wutschrei und das Stöhnen der Sterbenden
the scream of rage and the moaning of the dying ones
Alles war eins und alles war miteinander verflochten
everything was one and everything was intertwined
Alles war tausendfach miteinander verbunden und verschränkt
everything was connected and entangled a thousand times
Alles zusammen, alle Stimmen, alle Ziele
everything together, all voices, all goals
alles Sehnsucht, alles Leid, alles Vergnügen
all yearning, all suffering, all pleasure
alles, was gut und böse war
all that was good and evil
All dies zusammen war die Welt
all of this together was the world
Alles zusammen war der Fluss der Ereignisse
All of it together was the flow of events
Alles war die Musik des Lebens
all of it was the music of life
als Siddhartha diesem Fluß aufmerksam zuhörte,
when Siddhartha was listening attentively to this river
Das Lied der tausend Stimmen
the song of a thousand voices
als er weder auf das Leiden noch auf das Lachen hörte
when he neither listened to the suffering nor the laughter
wenn er seine Seele nicht an eine bestimmte Stimme band,
when he did not tie his soul to any particular voice
als er sich selbst in den Fluss tauchte
when he submerged his self into the river
Aber als er sie alle hörte, nahm er das Ganze, die Einheit wahr
but when he heard them all he perceived the whole, the oneness

Da bestand das große Lied der tausend Stimmen aus einem einzigen Wort
then the great song of the thousand voices consisted of a single word
dieses Wort war Om; Die Perfektion
this word was Om; the perfection

"**Hörst du?**", **fragte Vasudevas Blick erneut**
"Do you hear" Vasudeva's gaze asked again
Strahlend strahlte Vasudevas Lächeln
Brightly, Vasudeva's smile was shining
es schwebte strahlend über alle Falten seines alten Gesichts
it was floating radiantly over all the wrinkles of his old face
auf die gleiche Weise schwebte das Om in der Luft über alle Stimmen des Flusses
the same way the Om was floating in the air over all the voices of the river
Strahlend strahlte sein Lächeln, als er seinen Freund ansah
Brightly his smile was shining, when he looked at his friend
und hell fing nun dasselbe Lächeln auf Siddharthas Antlitz zu leuchten an
and brightly the same smile was now starting to shine on Siddhartha's face
Seine Wunde war aufgeblüht und sein Leiden leuchtete
His wound had blossomed and his suffering was shining
Sein Selbst war in die Einheit geflogen
his self had flown into the oneness
In dieser Stunde hörte Siddhartha auf, gegen sein Schicksal anzukämpfen
In this hour, Siddhartha stopped fighting his fate
Gleichzeitig hörte er auf zu leiden
at the same time he stopped suffering
Auf seinem Antlitz blühte die Heiterkeit eines Wissens
On his face flourished the cheerfulness of a knowledge
ein Wissen, dem kein Wille mehr entgegenstand
a knowledge which was no longer opposed by any will
Ein Wissen, das Perfektion kennt

a knowledge which knows perfection
ein Wissen, das mit dem Fluss der Ereignisse übereinstimmt
a knowledge which is in agreement with the flow of events
ein Wissen, das mit dem Strom des Lebens ist
a knowledge which is with the current of life
voller Mitgefühl für den Schmerz anderer
full of sympathy for the pain of others
voller Sympathie für das Vergnügen anderer
full of sympathy for the pleasure of others
Dem Fluss gewidmet, dem Einssein zugehörig
devoted to the flow, belonging to the oneness
Vasudeva erhob sich von dem Sitz an der Bank
Vasudeva rose from the seat by the bank
er sah Siddhartha in die Augen
he looked into Siddhartha's eyes
und er sah die Heiterkeit des Wissens in seinen Augen leuchten
and he saw the cheerfulness of the knowledge shining in his eyes
Er berührte sanft seine Schulter mit der Hand
he softly touched his shoulder with his hand
"Ich habe auf diese Stunde gewartet, meine Liebe"
"I've been waiting for this hour, my dear"
"Jetzt, wo es gekommen ist, lass mich gehen"
"Now that it has come, let me leave"
"Lange habe ich auf diese Stunde gewartet"
"For a long time, I've been waiting for this hour"
"Ich war lange Zeit Vasudeva, der Fährmann"
"for a long time, I've been Vasudeva the ferryman"
"Jetzt ist es genug. Leb wohl"
"Now it's enough. Farewell"
»Leb wohl, Fluss, leb wohl, Siddhartha!«
"farewell river, farewell Siddhartha!"
Siddhartha verneigte sich tief vor dem, der sich von ihm verabschiedete
Siddhartha made a deep bow before him who bid his farewell
»Ich habe es gewusst«, sagte er leise

"I've known it," he said quietly
"Du gehst in die Wälder?"
"You'll go into the forests?"
"Ich gehe in die Wälder"
"I'm going into the forests"
"Ich gehe in die Einheit", sprach Vasudeva mit einem strahlenden Lächeln
"I'm going into the oneness" spoke Vasudeva with a bright smile
Mit einem strahlenden Lächeln ging er
With a bright smile, he left
Siddhartha sah ihn fort
Siddhartha watched him leaving
Mit tiefer Freude, mit tiefer Feierlichkeit sah er ihn gehen
With deep joy, with deep solemnity he watched him leave
Er sah, dass seine Schritte voller Frieden waren
he saw his steps were full of peace
Er sah, dass sein Kopf voller Glanz war
he saw his head was full of lustre
Er sah, dass sein Körper voller Licht war
he saw his body was full of light

Govinda

Govinda war schon lange bei den Mönchen
Govinda had been with the monks for a long time
Wenn er nicht gerade pilgerte, verbrachte er seine Zeit im Lustgarten
when not on pilgrimages, he spent his time in the pleasure-garden
den Garten, den die Kurtisane Kamala den Anhängern Gotama's geschenkt hatte
the garden which the courtesan Kamala had given the followers of Gotama
Er hörte von einem alten Fährmann reden, der eine Tagesreise entfernt wohnte
he heard talk of an old ferryman, who lived a day's journey away
Er hörte, dass viele ihn für einen weisen Mann hielten
he heard many regarded him as a wise man
Als Govinda zurückkehrte, wählte er den Weg zur Fähre
When Govinda went back, he chose the path to the ferry
Er war begierig, den Fährmann zu sehen
he was eager to see the ferryman
Er hatte sein ganzes Leben nach den Regeln gelebt
he had lived his entire life by the rules
Er wurde von den jüngeren Mönchen mit Verehrung betrachtet
he was looked upon with veneration by the younger monks
Sie respektierten sein Alter und seine Bescheidenheit
they respected his age and modesty
aber seine Unruhe war nicht aus seinem Herzen gewichen
but his restlessness had not perished from his heart
Er suchte, was er nicht gefunden hatte
he was searching for what he had not found
Er kam an den Fluss und bat den alten Mann, ihn hinüberzubringen
He came to the river and asked the old man to ferry him over
Als sie auf der anderen Seite aus dem Boot stiegen, sprach er

mit dem alten Mann
when they got off the boat on the other side, he spoke with the old man

"Ihr seid sehr gut zu uns Mönchen und Pilgern"
"You're very good to us monks and pilgrims"
"Ihr habt viele von uns über den Fluss gebracht"
"you have ferried many of us across the river"
"Bist du nicht auch ein Fährmann, ein Suchender nach dem rechten Weg?"
"Aren't you too, ferryman, a searcher for the right path?"
Siddhartha lächelte aus seinen alten Augen und sprach
smiling from his old eyes, Siddhartha spoke
"Oh Ehrwürdiger, nennst du dich einen Suchenden?"
"oh venerable one, do you call yourself a searcher?"
"Bist du immer noch ein Suchender, obwohl du schon in die Jahre gekommen bist?"
"are you still a searcher, although already well in years?"
"Suchst du, während du die Robe von Gotamas Mönchen trägst?"
"do you search while wearing the robe of Gotama's monks?"
»Es ist wahr, ich bin alt«, sprach Govinda
"It's true, I'm old," spoke Govinda
"Aber ich habe nicht aufgehört zu suchen"
"but I haven't stopped searching"
"Ich werde nie aufhören zu suchen"
"I will never stop searching"
"Das scheint mein Schicksal zu sein"
"this seems to be my destiny"
"Auch du, so scheint es mir, hast gesucht"
"You too, so it seems to me, have been searching"
"Möchtest du mir etwas sagen, oh Ehrwürdiger?"
"Would you like to tell me something, oh honourable one?"
"Was könnte ich dir sagen, oh Ehrwürdiger?"
"What might I have that I could tell you, oh venerable one?"
"Vielleicht kann ich dir sagen, dass du viel zu viel suchst?"
"Perhaps I could tell you that you're searching far too much?"

"Darf ich dir sagen, dass du dir keine Zeit für die Suche nimmst?"
"Could I tell you that you don't make time for finding?"
»Wie kommt das?« fragte Govinda
"How come?" asked Govinda
"Wenn jemand sucht, sieht er vielleicht nur das, wonach er sucht"
"When someone is searching they might only see what they search for"
"Er wird vielleicht nicht in der Lage sein, etwas anderes in seinen Kopf zu lassen"
"he might not be able to let anything else enter his mind"
"Er sieht nicht, was er nicht sucht"
"he doesn't see what he is not searching for"
"weil er immer an nichts anderes denkt als an das Objekt seiner Suche"
"because he always thinks of nothing but the object of his search"
"Er hat ein Ziel, von dem er besessen ist"
"he has a goal, which he is obsessed with"
"Suchen heißt, ein Ziel haben"
"Searching means having a goal"
"Aber Finden bedeutet, frei und offen zu sein und kein Ziel zu haben"
"But finding means being free, open, and having no goal"
"Du, oh Ehrwürdiger, bist vielleicht tatsächlich ein Suchender"
"You, oh venerable one, are perhaps indeed a searcher"
"Denn wenn man sein Ziel anstrebt, gibt es viele Dinge, die man nicht sieht"
"because, when striving for your goal, there are many things you don't see"
"Es kann sein, dass man Dinge, die man direkt vor Augen hat, nicht sieht"
"you might not see things which are directly in front of your eyes"
»Ich verstehe noch nicht ganz«, sagte Govinda, »was meinst

du damit?«
"I don't quite understand yet," said Govinda, "what do you mean by this?"
"Oh Ehrwürdiger, du warst schon einmal an diesem Fluss, vor langer Zeit"
"oh venerable one, you've been at this river before, a long time ago"
"Und du hast einen schlafenden Mann am Fluss gefunden"
"and you have found a sleeping man by the river"
"Du hast dich zu ihm gesetzt, um seinen Schlaf zu bewachen"
"you have sat down with him to guard his sleep"
»Aber, o Govinda, du hast den Schlafenden nicht erkannt.«
"but, oh Govinda, you did not recognise the sleeping man"
Govinda war erstaunt, als wäre er Gegenstand eines Zauberspruchs gewesen
Govinda was astonished, as if he had been the object of a magic spell
Der Mönch sah dem Fährmann in die Augen
the monk looked into the ferryman's eyes
»Bist du Siddhartha?« fragte er mit schüchterner Stimme
"Are you Siddhartha?" he asked with a timid voice
"Diesmal hätte ich dich auch nicht erkannt!"
"I wouldn't have recognised you this time either!"
"Von Herzen grüße ich Dich, Siddhartha"
"from my heart, I'm greeting you, Siddhartha"
"Ich freue mich von Herzen, dich wiederzusehen!"
"from my heart, I'm happy to see you once again!"
"Du hast dich sehr verändert, mein Freund"
"You've changed a lot, my friend"
»Und du bist jetzt Fährmann geworden?«
"and you've now become a ferryman?"
Freundlich lachte Siddhartha
In a friendly manner, Siddhartha laughed
"Ja, ich bin Fährmann"
"yes, I am a ferryman"
"Viele Menschen, Govinda, müssen viel ändern"

- 284 -

"Many people, Govinda, have to change a lot"
"Sie müssen viele Gewänder tragen"
"they have to wear many robes"
"Ich gehöre zu denen, die sich stark verändern mussten"
"I am one of those who had to change a lot"
"Sei willkommen, Govinda, und übernachte in meiner Hütte"
"Be welcome, Govinda, and spend the night in my hut"
Govinda übernachtete in der Hütte
Govinda stayed the night in the hut
er schlief auf dem Bett, das früher Vasudevas Bett war
he slept on the bed which used to be Vasudeva's bed
Er stellte dem Freund seiner Jugend viele Fragen
he posed many questions to the friend of his youth
Siddhartha hatte ihm viele Dinge aus seinem Leben zu erzählen
Siddhartha had to tell him many things from his life

Dann kam der nächste Morgen
then the next morning came
Es war an der Zeit, die Tagesreise anzutreten
the time had come to start the day's journey
Ohne zu zögern stellte Govinda noch eine Frage
without hesitation, Govinda asked one more question
"Ehe ich meinen Weg fortsetze, Siddhartha, erlaube mir, noch eine Frage zu stellen"
"Before I continue on my path, Siddhartha, permit me to ask one more question"
"Hast du eine Lehre, die dich leitet?"
"Do you have a teaching that guides you?"
"Hast du einen Glauben oder ein Wissen, dem du folgst?"
"Do you have a faith or a knowledge you follow"
"Gibt es ein Wissen, das dir hilft, richtig zu leben und zu handeln?"
"is there a knowledge which helps you to live and do right?"
"Du weißt gut, meine Liebe, ich war immer misstrauisch gegenüber Lehrern"

"You know well, my dear, I have always been distrustful of teachers"
"Schon als junger Mann fing ich an, an Lehrern zu zweifeln"
"as a young man I already started to doubt teachers"
"Als wir mit den Büßern im Wald lebten, misstraute ich ihren Lehren"
"when we lived with the penitents in the forest, I distrusted their teachings"
"Und ich habe ihnen den Rücken zugekehrt"
"and I turned my back to them"
"Ich bin den Lehrern gegenüber misstrauisch geblieben"
"I have remained distrustful of teachers"
"Trotzdem habe ich seither viele Lehrer gehabt"
"Nevertheless, I have had many teachers since then"
"Eine schöne Kurtisane ist seit langem meine Lehrerin"
"A beautiful courtesan has been my teacher for a long time"
"Ein reicher Kaufmann war mein Lehrer"
"a rich merchant was my teacher"
"Und einige Spieler mit Würfeln haben es mir beigebracht"
"and some gamblers with dice taught me"
"Einmal war sogar ein Anhänger Buddhas mein Lehrer"
"Once, even a follower of Buddha has been my teacher"
"Er war zu Fuß unterwegs und hat geplündert"
"he was travelling on foot, pilgering"
"Und er saß bei mir, als ich im Walde eingeschlafen war"
"and he sat with me when I had fallen asleep in the forest"
"Ich habe auch von ihm gelernt, wofür ich sehr dankbar bin"
"I've also learned from him, for which I'm very grateful"
"Aber vor allem habe ich von diesem Fluss gelernt"
"But most of all, I have learned from this river"
"und ich habe am meisten von meinem Vorgänger, dem Fährmann Vasudeva, gelernt"
"and I have learned most from my predecessor, the ferryman Vasudeva"
"Er war ein sehr einfacher Mensch, Vasudeva, er war kein Denker"
"He was a very simple person, Vasudeva, he was no thinker"

"aber er wusste ebensogut wie Gotama, was nötig ist"
"but he knew what is necessary just as well as Gotama"
"Er war ein vollkommener Mensch, ein Heiliger"
"he was a perfect man, a saint"
"Siddhartha liebt es immer noch, sich über Menschen lustig zu machen, wie mir scheint"
"Siddhartha still loves to mock people, it seems to me"
"Ich glaube an dich und weiß, dass du keinem Lehrer gefolgt bist"
"I believe in you and I know that you haven't followed a teacher"
"Aber hast du nicht selbst etwas gefunden?"
"But haven't you found something by yourself?"
"Obwohl du keine Lehren gefunden hast, hast du dennoch bestimmte Gedanken gefunden"
"though you've found no teachings, you still found certain thoughts"
"Bestimmte Einsichten, die deine eigenen sind"
"certain insights, which are your own"
"Einsichten, die helfen zu leben"
"insights which help you to live"
"Hast du so etwas nicht gefunden?"
"Haven't you found something like this?"
"Wenn du es mir sagen möchtest, würdest du mein Herz erfreuen"
"If you would like to tell me, you would delight my heart"
"Sie haben recht, ich habe mir Gedanken gemacht und viele Einsichten gewonnen"
"you are right, I have had thoughts and gained many insights"
"Manchmal habe ich eine Stunde lang Wissen in mir gespürt"
"Sometimes I have felt knowledge in me for an hour"
"zu anderen Zeiten habe ich einen ganzen Tag lang Wissen in mir gespürt"
"at other times I have felt knowledge in me for an entire day"
"Das gleiche Wissen, das man fühlt, wenn man das Leben in seinem Herzen fühlt"

"the same knowledge one feels when one feels life in one's heart"
"Es gab viele Gedanken"
"There have been many thoughts"
"Aber es würde mir schwer fallen, Ihnen diese Gedanken zu vermitteln"
"but it would be hard for me to convey these thoughts to you"
"mein lieber Govinda, das ist einer meiner Gedanken, den ich gefunden habe"
"my dear Govinda, this is one of my thoughts which I have found"
"Weisheit kann man nicht weitergeben"
"wisdom cannot be passed on"
"Weisheit, die ein weiser Mann zu vermitteln versucht, klingt immer wie Torheit"
"Wisdom which a wise man tries to pass on always sounds like foolishness"
»Machst du Witze?« fragte Govinda
"Are you kidding?" asked Govinda
"Ich mache keine Witze, ich erzähle Ihnen, was ich gefunden habe"
"I'm not kidding, I'm telling you what I have found"
"Wissen kann vermittelt werden, Weisheit aber nicht"
"Knowledge can be conveyed, but wisdom can't"
"Weisheit kann gefunden werden, sie kann gelebt werden"
"wisdom can be found, it can be lived"
"Es ist möglich, sich von der Weisheit tragen zu lassen"
"it is possible to be carried by wisdom"
"Wunder können mit Weisheit vollbracht werden"
"miracles can be performed with wisdom"
"Aber Weisheit kann nicht in Worten ausgedrückt oder gelehrt werden"
"but wisdom cannot be expressed in words or taught"
"Das habe ich manchmal geahnt, schon als junger Mann"
"This was what I sometimes suspected, even as a young man"
"Das ist es, was mich von den Lehrern weggetrieben hat"
"this is what has driven me away from the teachers"

"Ich habe einen Gedanken gefunden, den du für eine Torheit halten wirst"
"I have found a thought which you'll regard as foolishness"
"Aber dieser Gedanke war mein bestes"
"but this thought has been my best"
"Das Gegenteil jeder Wahrheit ist genauso wahr!"
"The opposite of every truth is just as true!"
"Jede Wahrheit kann nur ausgedrückt werden, wenn sie einseitig ist"
"any truth can only be expressed when it is one-sided"
"Nur Einseitiges lässt sich in Worte fassen"
"only one sided things can be put into words"
"Alles, was man denken kann, ist einseitig"
"Everything which can be thought is one-sided"
"Es ist alles einseitig, also ist es nur die eine Hälfte"
"it's all one-sided, so it's just one half"
"Es fehlt alles an Vollständigkeit, Rundheit und Einheit"
"it all lacks completeness, roundness, and oneness"
"Der erhabene Gotama sprach in seinen Lehren über die Welt"
"the exalted Gotama spoke in his teachings of the world"
"aber er musste die Welt in Sansara und Nirwana aufteilen"
"but he had to divide the world into Sansara and Nirvana"
"Er hatte die Welt in Trug und Wahrheit gespalten"
"he had divided the world into deception and truth"
"Er hatte die Welt in Leid und Erlösung geteilt"
"he had divided the world into suffering and salvation"
"Anders lässt sich die Welt nicht erklären"
"the world cannot be explained any other way"
"Es gibt keinen anderen Weg, es zu erklären, für diejenigen, die unterrichten wollen"
"there is no other way to explain it, for those who want to teach"
"Aber die Welt selbst ist nie einseitig"
"But the world itself is never one-sided"
"Die Welt existiert um uns herum und in uns"
"the world exists around us and inside of us"

"Eine Person oder eine Handlung ist nie ganz Sansara oder ganz Nirvana"
"A person or an act is never entirely Sansara or entirely Nirvana"
"Ein Mensch ist nie ganz heilig oder gänzlich sündig"
"a person is never entirely holy or entirely sinful"
"Es scheint, als ob die Welt in diese Gegensätze unterteilt werden kann"
"It seems like the world can be divided into these opposites"
"Aber das liegt daran, dass wir der Täuschung unterworfen sind"
"but that's because we are subject to deception"
"Es ist, als wäre die Täuschung etwas Reales"
"it's as if the deception was something real"
"Die Zeit ist nicht real, Govinda"
"Time is not real, Govinda"
"Das habe ich oft und oft wieder erlebt"
"I have experienced this often and often again"
"Wenn die Zeit nicht real ist, ist auch die Kluft zwischen der Welt und der Ewigkeit eine Täuschung"
"when time is not real, the gap between the world and the eternity is also a deception"
"Die Kluft zwischen Leiden und Glückseligkeit ist nicht real"
"the gap between suffering and blissfulness is not real"
"Es gibt keine Kluft zwischen Gut und Böse"
"there is no gap between evil and good"
"All diese Lücken sind Täuschungen"
"all of these gaps are deceptions"
"Aber diese Lücken erscheinen uns trotzdem"
"but these gaps appear to us nonetheless"
»Wie kommt das?« fragte Govinda schüchtern
"How come?" asked Govinda timidly
»Hör gut zu, mein Lieber,« antwortete Siddhartha
"Listen well, my dear," answered Siddhartha
"Der Sünder, der ich bin und der du bist, ist ein Sünder"
"The sinner, which I am and which you are, is a sinner"

"aber in den kommenden Zeiten wird der Sünder wieder Brahma sein"
"but in times to come the sinner will be Brahma again"
"Er wird das Nirwana erreichen und Buddha sein"
"he will reach the Nirvana and be Buddha"
"Die kommenden Zeiten sind eine Täuschung"
"the times to come are a deception"
"Die kommenden Zeiten sind nur ein Gleichnis!"
"the times to come are only a parable!"
"Der Sünder ist nicht auf dem Weg, ein Buddha zu werden"
"The sinner is not on his way to become a Buddha"
"Er ist nicht dabei, sich zu entwickeln"
"he is not in the process of developing"
"Unser Denkvermögen weiß nicht, wie wir uns diese Dinge sonst vorstellen sollen"
"our capacity for thinking does not know how else to picture these things"
"Nein, im Sünder gibt es bereits den zukünftigen Buddha"
"No, within the sinner there already is the future Buddha"
"Seine Zukunft ist schon da"
"his future is already all there"
"Man muss den Buddha im Sünder verehren"
"you have to worship the Buddha in the sinner"
"Man muss den Buddha verehren, der in jedem verborgen ist"
"you have to worship the Buddha hidden in everyone"
"der verborgene Buddha, der ins Dasein kommt, das Mögliche"
"the hidden Buddha which is coming into being the possible"
"Die Welt, mein Freund Govinda, ist nicht unvollkommen"
"The world, my friend Govinda, is not imperfect"
"Die Welt ist nicht auf einem langsamen Weg zur Perfektion"
"the world is on no slow path towards perfection"
"Nein, die Welt ist in jedem Moment perfekt"
"no, the world is perfect in every moment"
"Alle Sünde trägt bereits die göttliche Vergebung in sich"

"all sin already carries the divine forgiveness in itself"
"Alle kleinen Kinder haben den alten Menschen schon in sich"
"all small children already have the old person in themselves"
"Alle Säuglinge haben bereits den Tod in sich"
"all infants already have death in them"
"Alle Sterbenden haben das ewige Leben"
"all dying people have the eternal life"
"Wir können nicht sehen, wie weit ein anderer auf seinem Weg bereits fortgeschritten ist"
"we can't see how far another one has already progressed on his path"
"Im Räuber und Würfelspieler wartet der Buddha"
"in the robber and dice-gambler, the Buddha is waiting"
"Im Brahman wartet der Räuber"
"in the Brahman, the robber is waiting"
"In tiefer Meditation gibt es die Möglichkeit, die Zeit aus dem Dasein zu verbannen"
"in deep meditation, there is the possibility to put time out of existence"
"Es gibt die Möglichkeit, alles Leben gleichzeitig zu sehen"
"there is the possibility to see all life simultaneously"
"Es ist möglich, alles Leben zu sehen, das war, ist und sein wird"
"it is possible to see all life which was, is, and will be"
"und dort ist alles gut, vollkommen und Brahman"
"and there everything is good, perfect, and Brahman"
"Deshalb sehe ich alles, was existiert, als gut an"
"Therefore, I see whatever exists as good"
"Der Tod ist für mich wie das Leben"
"death is to me like life"
"Für mich ist die Sünde wie Heiligkeit"
"to me sin is like holiness"
"Weisheit kann wie Torheit sein"
"wisdom can be like foolishness"
"Alles muss so sein, wie es ist"
"everything has to be as it is"

"Alles bedarf nur meiner Zustimmung und Bereitwilligkeit"
"everything only requires my consent and willingness"
"Alles, was meine Ansicht verlangt, ist meine liebevolle Zustimmung, gut für mich zu sein"
"all that my view requires is my loving agreement to be good for me"
"Meine Ansicht muss nichts anderes tun, als zu meinem Vorteil zu arbeiten"
"my view has to do nothing but work for my benefit"
"Und dann kann mir meine Wahrnehmung nie etwas anhaben"
"and then my perception is unable to ever harm me"
"Ich habe erfahren, dass ich die Sünde sehr nötig habe"
"I have experienced that I needed sin very much"
"Ich habe das in meinem Körper und in meiner Seele erlebt"
"I have experienced this in my body and in my soul"
"Ich brauchte Lust, das Verlangen nach Besitz und Eitelkeit"
"I needed lust, the desire for possessions, and vanity"
"und ich brauchte die schändlichste Verzweiflung"
"and I needed the most shameful despair"
"um zu lernen, wie man jeden Widerstand aufgibt"
"in order to learn how to give up all resistance"
"um zu lernen, die Welt zu lieben"
"in order to learn how to love the world"
"um aufzuhören, die Dinge mit einer Welt zu vergleichen, die ich mir gewünscht habe"
"in order to stop comparing things to some world I wished for"
"Ich stellte mir eine Art Perfektion vor, die ich mir ausgedacht hatte"
"I imagined some kind of perfection I had made up"
"Aber ich habe gelernt, die Welt so zu lassen, wie sie ist"
"but I have learned to leave the world as it is"
"Ich habe gelernt, die Welt so zu lieben, wie sie ist"
"I have learned to love the world as it is"
"Und ich habe gelernt, es zu genießen, ein Teil davon zu sein"

"and I learned to enjoy being a part of it"
"Das, oh Govinda, sind einige der Gedanken, die mir in den Sinn gekommen sind."
"These, oh Govinda, are some of the thoughts which have come into my mind"

Siddhartha bückte sich und hob einen Stein vom Boden auf
Siddhartha bent down and picked up a stone from the ground
Er den Stein in seiner Hand
he weighed the stone in his hand
»Das hier«, sagte er, indem er mit dem Felsen spielte, »ist ein Stein.«
"This here," he said playing with the rock, "is a stone"
"Dieser Stein wird sich nach einer gewissen Zeit vielleicht in Erde verwandeln"
"this stone will, after a certain time, perhaps turn into soil"
"Es wird sich aus der Erde in eine Pflanze, ein Tier oder einen Menschen verwandeln"
"it will turn from soil into a plant or animal or human being"
"Früher hätte ich gesagt, dass dieser Stein nur ein Stein ist"
"In the past, I would have said this stone is just a stone"
"Ich hätte sagen können, dass es wertlos ist"
"I might have said it is worthless"
"Ich hätte dir gesagt, dass dieser Stein zur Welt der Maya gehört"
"I would have told you this stone belongs to the world of the Maya"
"aber ich hätte nicht gesehen, dass es wichtig ist"
"but I wouldn't have seen that it has importance"
"Es könnte ein Geist im Kreislauf der Transformationen werden"
"it might be able to become a spirit in the cycle of transformations"
"Deshalb gebe ich ihm auch Wichtigkeit"
"therefore I also grant it importance"
"So hätte ich es früher vielleicht gedacht"
"Thus, I would perhaps have thought in the past"

"**Aber heute denke ich anders über den Stein**"
"But today I think differently about the stone"
"**Dieser Stein ist ein Stein, und er ist auch Tier, Gott und Buddha**"
"this stone is a stone, and it is also animal, god, and Buddha"
"**Ich verehre und liebe es nicht, weil es sich in dieses oder jenes verwandeln könnte**"
"I do not venerate and love it because it could turn into this or that"
"**Ich liebe es, weil es diese Dinge sind**"
"I love it because it is those things"
"**Dieser Stein ist schon alles**"
"this stone is already everything"
"**Er erscheint mir jetzt und heute wie ein Stein**"
"it appears to me now and today as a stone"
"**Deshalb liebe ich das**"
"that is why I love this"
"**Deshalb sehe ich in jeder seiner Adern und Hohlräume Wert und Sinn**"
"that is why I see worth and purpose in each of its veins and cavities"
"**Ich sehe Wert in seinem Gelb, Grau und seiner Härte**"
"I see value in its yellow, gray, and hardness"
"**Ich schätzte das Geräusch, das es macht, wenn ich darauf klopfe**"
"I appreciated the sound it makes when I knock at it"
"**Ich liebe die Trockenheit oder Nässe der Oberfläche**"
"I love the dryness or wetness of its surface"
"**Es gibt Steine, die sich wie Öl oder Seife anfühlen**"
"There are stones which feel like oil or soap"
"**Und andere Steine fühlen sich an wie Blätter oder Sand**"
"and other stones feel like leaves or sand"
"**und jeder Stein ist etwas Besonderes und betet das Om auf seine Weise**"
"and every stone is special and prays the Om in its own way"
"**Jeder Stein ist Brahman**"
"each stone is Brahman"

"Aber gleichzeitig und genauso sehr ist es ein Stein"
"but simultaneously, and just as much, it is a stone"
"Es ist ein Stein, egal ob er ölig oder saftig ist"
"it is a stone regardless of whether it's oily or juicy"
"und deshalb mag und schätze ich diesen Stein"
"and this why I like and regard this stone"
"Es ist wunderbar und anbetungswürdig"
"it is wonderful and worthy of worship"
"Aber lassen Sie mich nicht mehr davon reden"
"But let me speak no more of this"
"Worte sind nicht gut, um die geheime Bedeutung zu vermitteln"
"words are not good for transmitting the secret meaning"
"Alles wird immer ein bisschen anders, sobald es in Worte gefasst ist"
"everything always becomes a bit different, as soon as it is put into words"
"Alles wird durch Worte ein wenig verzerrt"
"everything gets distorted a little by words"
"Und dann wird die Erklärung ein bisschen albern"
"and then the explanation becomes a bit silly"
"Ja, und das ist auch sehr gut, und ich mag es sehr"
"yes, and this is also very good, and I like it a lot"
"Dem stimme ich auch sehr zu"
"I also very much agree with this"
"Der Schatz und die Weisheit des einen klingen für den anderen immer wie Torheit"
"one man's treasure and wisdom always sounds like foolishness to another person"
Govinda hörte schweigend zu, was Siddhartha sagte
Govinda listened silently to what Siddhartha was saying
es gab eine Pause, und Govinda stellte zögernd eine Frage
there was a pause and Govinda hesitantly asked a question
"Warum hast du mir das von dem Stein erzählt?"
"Why have you told me this about the stone?"
"Ich habe es ohne besondere Absicht getan"
"I did it without any specific intention"

"Vielleicht meinte ich, dass ich diesen Stein und den Fluss liebe"
"perhaps what I meant was, that I love this stone and the river"
"Und ich liebe all diese Dinge, die wir uns ansehen"
"and I love all these things we are looking at"
"Und aus all diesen Dingen können wir lernen"
"and we can learn from all these things"
"Ich kann einen Stein lieben, Govinda"
"I can love a stone, Govinda"
"und ich kann auch einen Baum oder ein Stück Rinde lieben"
"and I can also love a tree or a piece of bark"
"Das sind Dinge, und man kann sie lieben"
"These are things, and things can be loved"
"Aber ich kann Worte nicht lieben"
"but I cannot love words"
"Deshalb sind Lehren nicht gut für mich"
"therefore, teachings are no good for me"
"Lehren haben keine Härte, Weichheit, Farben, Kanten, Geruch oder Geschmack"
"teachings have no hardness, softness, colours, edges, smell, or taste"
"Lehren haben nichts als Worte"
"teachings have nothing but words"
"Vielleicht sind es Worte, die dich davon abhalten, Frieden zu finden"
"perhaps it is words which keep you from finding peace"
"Weil Heil und Tugend nur Worte sind"
"because salvation and virtue are mere words"
"Sansara und Nirvana sind auch nur Worte, Govinda"
"Sansara and Nirvana are also just mere words, Govinda"
"Es gibt kein Ding, das Nirvana wäre"
"there is no thing which would be Nirvana"
"Dafür ist Nirvana genau das richtige Wort"
"therefor Nirvana is just the word"
Govinda wandte ein: "Nirvana ist nicht nur ein Wort, mein

Freund."
Govinda objected, "Nirvana is not just a word, my friend"
"Nirvana ist ein Wort, aber es ist auch ein Gedanke"
"Nirvana is a word, but also it is a thought"
Siddhartha fuhr fort: »Es könnte ein Gedanke sein«
Siddhartha continued, "it might be a thought"
"Ich muss gestehen, ich unterscheide nicht viel zwischen Gedanken und Worten"
"I must confess, I don't differentiate much between thoughts and words"
"Um ehrlich zu sein, habe ich auch keine hohe Meinung von Gedanken"
"to be honest, I also have no high opinion of thoughts"
"Ich habe eine bessere Meinung von den Dingen als Gedanken"
"I have a better opinion of things than thoughts"
"Hier auf dieser Fähre zum Beispiel ist ein Mann mein Vorgänger gewesen"
"Here on this ferry-boat, for instance, a man has been my predecessor"
"Er war auch einer meiner Lehrer"
"he was also one of my teachers"
"Ein heiliger Mann, der seit vielen Jahren einfach an den Fluss glaubt"
"a holy man, who has for many years simply believed in the river"
"Und er glaubte an nichts anderes"
"and he believed in nothing else"
"Er hatte gemerkt, dass der Fluss zu ihm sprach"
"He had noticed that the river spoke to him"
"Er hat vom Fluss gelernt"
"he learned from the river"
"Der Fluss erzog und lehrte ihn"
"the river educated and taught him"
"Der Fluss schien ihm ein Gott zu sein"
"the river seemed to be a god to him"
"Viele Jahre lang wusste er nicht, dass alles so göttlich war

wie der Fluss"
"for many years he did not know that everything was as divine as the river"
"Der Wind, jede Wolke, jeder Vogel, jeder Käfer"
"the wind, every cloud, every bird, every beetle"
"Sie können genauso viel lehren wie der Fluss"
"they can teach just as much as the river"
"Aber als dieser heilige Mann in die Wälder ging, wusste er alles"
"But when this holy man went into the forests, he knew everything"
"Er wusste mehr als du und ich, ohne Lehrer und Bücher"
"he knew more than you and me, without teachers or books"
"Er wusste mehr als wir, nur weil er an den Fluss geglaubt hatte"
"he knew more than us only because he had believed in the river"

Govinda hatte immer noch Zweifel und Fragen
Govinda still had doubts and questions
"Aber ist das, was du die Dinge nennst, wirklich etwas Reales?"
"But is that what you call things actually something real?"
"Haben diese Dinge Existenz?"
"do these things have existence?"
"Ist es nicht nur eine Täuschung der Maya?"
"Isn't it just a deception of the Maya"
"Sind all diese Dinge nicht ein Bild und eine Illusion?"
"aren't all these things an image and illusion?"
"Dein Stein, dein Baum, dein Fluss"
"Your stone, your tree, your river"
"Sind sie wirklich Realität?"
"are they actually a reality?"
»Auch das,« sprach Siddhartha, »kümmert mich nicht sehr darum.«
"This too," spoke Siddhartha, "I do not care very much about"
"Lasst die Dinge Illusionen sein oder nicht"

"Let the things be illusions or not"
"schließlich wäre ich dann auch eine Illusion"
"after all, I would then also be an illusion"
"Und wenn diese Dinge Illusionen sind, dann sind sie wie ich"
"and if these things are illusions then they are like me"
"Das ist es, was sie für mich so lieb und verehrungswürdig macht"
"This is what makes them so dear and worthy of veneration for me"
"Diese Dinge sind wie ich und so kann ich sie lieben"
"these things are like me and that is how I can love them"
"Das ist eine Lehre, über die du lachen wirst"
"this is a teaching you will laugh about"
"Die Liebe, oh Govinda, scheint mir das Wichtigste von allen zu sein"
"love, oh Govinda, seems to me to be the most important thing of all"
"Die Welt gründlich zu verstehen, ist vielleicht das, was große Denker tun"
"to thoroughly understand the world may be what great thinkers do"
"Sie erklären die Welt und verachten sie"
"they explain the world and despise it"
"Aber ich bin nur daran interessiert, die Welt lieben zu können"
"But I'm only interested in being able to love the world"
"Ich bin nicht daran interessiert, die Welt zu verachten"
"I am not interested in despising the world"
"Ich will die Welt nicht hassen"
"I don't want to hate the world"
"Und ich will nicht, dass die Welt mich hasst"
"and I don't want the world to hate me"
"Ich möchte die Welt und mich selbst mit Liebe betrachten können"
"I want to be able to look upon the world and myself with love"

"Ich möchte alle Wesen mit Bewunderung betrachten"
"I want to look upon all beings with admiration"
"Ich möchte vor allem großen Respekt haben"
"I want to have a great respect for everything"
»Das verstehe ich«, sprach Govinda
"This I understand," spoke Govinda
"Aber gerade diese Sache wurde von dem Erhabenen als eine Täuschung entdeckt."
"But this very thing was discovered by the exalted one to be a deception"
"Er gebietet Wohlwollen, Milde, Mitleid, Toleranz"
"He commands benevolence, clemency, sympathy, tolerance"
"Aber er befiehlt nicht die Liebe"
"but he does not command love"
"Er hat uns verboten, unser Herz in Liebe an irdische Dinge zu binden"
"he forbade us to tie our heart in love to earthly things"
»Ich weiß es, Govinda,« sagte Siddhartha, und sein Lächeln glänzte golden
"I know it, Govinda," said Siddhartha, and his smile shone golden
"Und siehe, damit sind wir mitten im Dickicht der Meinungen"
"And behold, with this we are right in the thicket of opinions"
"Jetzt sind wir im Streit um Worte"
"now we are in the dispute about words"
"Denn ich kann nicht leugnen, meine Worte der Liebe sind ein Widerspruch"
"For I cannot deny, my words of love are a contradiction"
"sie scheinen im Widerspruch zu Gotamas Worten zu stehen"
"they seem to be in contradiction with Gotama's words"
"Genau aus diesem Grund misstraue ich Worten so sehr"
"For this very reason, I distrust words so much"
"weil ich weiß, dass dieser Widerspruch eine Täuschung ist"
"because I know this contradiction is a deception"
"Ich weiß, dass ich mit Gotama übereinstimme"

"I know that I am in agreement with Gotama"
"Wie könnte er die Liebe nicht kennen, wenn er alle Elemente des menschlichen Daseins entdeckt hat"
"How could he not know love when he has discovered all elements of human existence"
"Er hat ihre Vergänglichkeit und ihre Sinnlosigkeit entdeckt"
"he has discovered their transitoriness and their meaninglessness"
"Und doch liebte er die Menschen sehr"
"and yet he loved people very much"
"Er nutzte ein langes, mühsames Leben nur, um ihnen zu helfen und sie zu lehren!"
"he used a long, laborious life only to help and teach them!"
"Selbst bei deinem großen Lehrer ziehe ich die Dinge den Worten vor"
"Even with your great teacher, I prefer things over the words"
"Ich lege mehr Wert auf seine Taten und sein Leben als auf seine Reden"
"I place more importance on his acts and life than on his speeches"
"Ich schätze die Gesten seiner Hand mehr als seine Meinungen"
"I value the gestures of his hand more than his opinions"
"Für mich war nichts in seiner Rede und seinen Gedanken"
"for me there was nothing in his speech and thoughts"
"Ich sehe seine Größe nur in seinen Taten und in seinem Leben"
"I see his greatness only in his actions and in his life"

Lange Zeit sagten die beiden alten Männer nichts
For a long time, the two old men said nothing
Dann ergriff Govinda das Wort, während er sich zum Abschied verneigte
Then Govinda spoke, while bowing for a farewell
»Ich danke dir, Siddhartha, daß du mir einige deiner Gedanken mitgeteilt hast.«

"I thank you, Siddhartha, for telling me some of your thoughts"

"Diese Gedanken sind mir teilweise fremd"

"These thoughts are partially strange to me"

"Nicht alle diese Gedanken waren für mich sofort verständlich"

"not all of these thoughts have been instantly understandable to me"

"Wie dem auch sei, ich danke Ihnen"

"This being as it may, I thank you"

"Und ich wünsche dir, dass du ruhige Tage hast"

"and I wish you to have calm days"

Aber insgeheim dachte er etwas anderes bei sich

But secretly he thought something else to himself

"Dieser Siddhartha ist ein bizarrer Mensch"

"This Siddhartha is a bizarre person"

"Er äußert bizarre Gedanken"

"he expresses bizarre thoughts"

"Seine Lehren klingen töricht"

"his teachings sound foolish"

"Die reinen Lehren des Erhabenen klingen ganz anders"

"the exalted one's pure teachings sound very different"

"Diese Lehren sind klarer, reiner, verständlicher"

"those teachings are clearer, purer, more comprehensible"

"Es gibt nichts Seltsames, Törichtes oder Albernes in diesen Lehren"

"there is nothing strange, foolish, or silly in those teachings"

"Aber Siddharthas Hände schienen anders zu sein, als er dachte"

"But Siddhartha's hands seemed different from his thoughts"

"seine Füße, seine Augen, seine Stirn, sein Atem"

"his feet, his eyes, his forehead, his breath"

"Sein Lächeln, seine Begrüßung, sein Gang"

"his smile, his greeting, his walk"

"Ich habe keinen anderen Mann wie ihn getroffen, seit Gotama eins mit dem Nirwana wurde."

"I haven't met another man like him since Gotama became one

with the Nirvana"
"Seitdem habe ich nicht mehr die Gegenwart eines heiligen Mannes gespürt"
"since then I haven't felt the presence of a holy man"
"Ich habe nur Siddhartha gefunden, der so ist"
"I have only found Siddhartha, who is like this"
"Seine Lehren mögen seltsam sein und seine Worte mögen töricht klingen"
"his teachings may be strange and his words may sound foolish"
"Aber Reinheit leuchtet aus seinem Blick und seiner Hand"
"but purity shines out of his gaze and hand"
"Seine Haut und sein Haar strahlen Reinheit aus"
"his skin and his hair radiates purity"
"Reinheit leuchtet aus jedem Teil von ihm"
"purity shines out of every part of him"
"Eine Ruhe, Heiterkeit, Milde und Heiligkeit strahlt von ihm aus"
"a calmness, cheerfulness, mildness and holiness shines from him"
"etwas, das ich bei keinem anderen Menschen gesehen habe"
"something which I have seen in no other person"
"Ich habe es seit dem endgültigen Tod unseres erhabenen Lehrers nicht mehr gesehen"
"I have not seen it since the final death of our exalted teacher"
Während Govinda so dachte, gab es einen Konflikt in seinem Herzen
While Govinda thought like this, there was a conflict in his heart
er verneigte sich abermals vor Siddhartha
he once again bowed to Siddhartha
Er fühlte, dass ihn die Liebe vorwärts zog
he felt he was drawn forward by love
Er verneigte sich tief vor dem, der ruhig dasaß
he bowed deeply to him who was calmly sitting
»Siddhartha,« sprach er, »wir sind alte Männer geworden.«

"Siddhartha," he spoke, "we have become old men"
"Es ist unwahrscheinlich, dass einer von uns den anderen in dieser Inkarnation wiedersieht"
"It is unlikely for one of us to see the other again in this incarnation"
"Ich sehe, Geliebte, dass du Frieden gefunden hast"
"I see, beloved, that you have found peace"
"Ich gestehe, dass ich es nicht gefunden habe"
"I confess that I haven't found it"
"Sag mir, o Ehrwürdiger, noch ein Wort"
"Tell me, oh honourable one, one more word"
"Gib mir etwas mit auf den Weg, das ich greifen kann"
"give me something on my way which I can grasp"
"Gib mir etwas, das ich verstehe!"
"give me something which I can understand!"
"Gib mir etwas, das ich auf meinen Weg mitnehmen kann"
"give me something I can take with me on my path"
"Mein Weg ist oft hart und dunkel, Siddhartha"
"my path is often hard and dark, Siddhartha"
Siddhartha schwieg und sah ihn an
Siddhartha said nothing and looked at him
Er sah ihn mit seinem stets unveränderten, ruhigen Lächeln an
he looked at him with his ever unchanged, quiet smile
Govinda starrte ihm ängstlich ins Gesicht
Govinda stared at his face with fear
Sehnsucht und Leid lagen in seinen Augen
there was yearning and suffering in his eyes
Die ewige Suche war in seinem Blick sichtbar
the eternal search was visible in his look
Man konnte seine ewige Unfähigkeit sehen,
you could see his eternal inability to find
Siddhartha sah es und lächelte
Siddhartha saw it and smiled
»Verbeuge dich zu mir!« flüsterte er Govinda leise ins Ohr
"Bend down to me!" he whispered quietly in Govinda's ear
"So, und komm noch näher!"

"Like this, and come even closer!"

»Küsse meine Stirn, Govinda!«

"Kiss my forehead, Govinda!"

Govinda war erstaunt, aber von großer Liebe und Erwartung angezogen

Govinda was astonished, but drawn on by great love and expectation

Er gehorchte seinen Worten und beugte sich dicht zu ihm herab

he obeyed his words and bent down closely to him

und er berührte seine Stirn mit den Lippen

and he touched his forehead with his lips

Als er dies tat, geschah etwas Wunderbares mit ihm

when he did this, something miraculous happened to him

seine Gedanken verweilten noch bei Siddharthas wundersamen Worten

his thoughts were still dwelling on Siddhartha's wondrous words

Er kämpfte immer noch widerwillig damit, die Zeit wegzudenken

he was still reluctantly struggling to think away time

er versuchte immer noch, sich Nirvana und Sansara als eine Einheit vorzustellen

he was still trying to imagine Nirvana and Sansara as one

Es gab immer noch eine gewisse Verachtung für die Worte seines Freundes

there was still a certain contempt for the words of his friend

Diese Worte kämpften immer noch in ihm

those words were still fighting in him

Diese Worte kämpften noch gegen eine unermessliche Liebe und Verehrung

those words were still fighting against an immense love and veneration

Und während all dieser Gedanken geschah etwas anderes mit ihm

and during all these thoughts, something else happened to him

Er sah das Gesicht seines Freundes Siddhartha nicht mehr
He no longer saw the face of his friend Siddhartha
statt Siddharthas Gesicht sah er andere Gesichter
instead of Siddhartha's face, he saw other faces
Er sah eine lange Reihe von Gesichtern
he saw a long sequence of faces
Er sah einen fließenden Strom von Gesichtern
he saw a flowing river of faces
Hunderte und Tausende von Gesichtern, die alle kamen und verschwanden
hundreds and thousands of faces, which all came and disappeared
Und doch schienen sie alle gleichzeitig da zu sein
and yet they all seemed to be there simultaneously
Sie veränderten und erneuerten sich ständig
they constantly changed and renewed themselves
sie waren sie selbst, und sie waren immer noch Siddharthas Antlitz
they were themselves and they were still all Siddhartha's face
Er sah das Gesicht eines Fisches mit einem unendlich schmerzhaft geöffneten Maul
he saw the face of a fish with an infinitely painfully opened mouth
das Gesicht eines sterbenden Fisches mit verblassenden Augen
the face of a dying fish, with fading eyes
Er sah das Gesicht eines neugeborenen Kindes, rot und voller Falten
he saw the face of a new-born child, red and full of wrinkles
es war vom Weinen verzerrt
it was distorted from crying
Er sah das Gesicht eines Mörders
he saw the face of a murderer
Er sah, wie er ein Messer in den Körper einer anderen Person stieß
he saw him plunging a knife into the body of another person
Im selben Augenblick sah er diesen Verbrecher in

Knechtschaft
he saw, in the same moment, this criminal in bondage
Er sah ihn vor einer Menschenmenge knien
he saw him kneeling before a crowd
und er sah, wie ihm der Henker den Kopf abschlug
and he saw his head being chopped off by the executioner
Er sah die Leichen von Männern und Frauen
he saw the bodies of men and women
sie waren nackt in Stellungen und Krämpfen rasender Liebe
they were naked in positions and cramps of frenzied love
Er sah Leichen ausgestreckt, regungslos, kalt, leer
he saw corpses stretched out, motionless, cold, void
Er sah die Köpfe von Tieren
he saw the heads of animals
Köpfe von Wildschweinen, Krokodilen und Elefanten
heads of boars, of crocodiles, and of elephants
Er sah die Köpfe von Stieren und Vögeln
he saw the heads of bulls and of birds
Er sah Götter; Krishna und Agni
he saw gods; Krishna and Agni
Er sah alle diese Gestalten und Gesichter in tausend Beziehungen zueinander
he saw all of these figures and faces in a thousand relationships with one another
Jede Figur half der anderen
each figure was helping the other
Jede Figur liebte ihre Beziehung
each figure was loving their relationship
Jede Figur hasste ihre Beziehung und zerstörte sie
each figure was hating their relationship, destroying it
und jede Figur gab ihrer Beziehung eine Wiedergeburt
and each figure was giving re-birth to their relationship
Jede Figur war ein Sterbewille
each figure was a will to die
Es waren leidenschaftlich schmerzhafte Bekenntnisse der Vergänglichkeit
they were passionately painful confessions of transitoriness

Und doch starb keiner von ihnen, jeder nur verwandelt
and yet none of them died, each one only transformed
Sie wurden immer wieder neu geboren und bekamen immer mehr neue Gesichter
they were always reborn and received more and more new faces
Es verging keine Zeit zwischen dem einen und dem anderen
no time passed between the one face and the other
Alle diese Gestalten und Gesichter ruhten sich aus
all of these figures and faces rested
Sie flossen und erzeugten sich selbst
they flowed and generated themselves
sie schwammen dahin und verschmolzen miteinander
they floated along and merged with each other
und sie waren alle ständig von etwas Dünnem bedeckt
and they were all constantly covered by something thin
sie hatten keine eigene Individualität
they had no individuality of their own
Und doch gab es sie
but yet they were existing
Sie waren wie ein dünnes Glas oder Eis
they were like a thin glass or ice
Sie waren wie eine durchsichtige Haut
they were like a transparent skin
sie waren wie eine Hülle oder ein Schimmel oder eine Maske aus Wasser
they were like a shell or mould or mask of water
und diese Maske lächelte
and this mask was smiling
und diese Maske war Siddharthas lächelndes Antlitz
and this mask was Siddhartha's smiling face
die Maske, die Govinda mit den Lippen berührte
the mask which Govinda was touching with his lips
Und Govinda sah das so
And, Govinda saw it like this
Das Lächeln der Maske
the smile of the mask

das Lächeln des Einsseins über den fließenden Formen
the smile of oneness above the flowing forms
das Lächeln der Gleichzeitigkeit über den tausend Geburten und Todesfällen
the smile of simultaneousness above the thousand births and deaths
das Lächeln Siddharthas war genau dasselbe
the smile of Siddhartha's was precisely the same
Siddharthas Lächeln war das gleiche wie das ruhige Lächeln von Gotama, dem Buddha
Siddhartha's smile was the same as the quiet smile of Gotama, the Buddha
Es war ein zartes und undurchdringliches Lächeln
it was delicate and impenetrable smile
Vielleicht war es wohlwollend und spöttisch und weise
perhaps it was benevolent and mocking, and wise
das tausendfache Lächeln von Gotama, dem Buddha
the thousand-fold smile of Gotama, the Buddha
wie er es selbst hundertmal mit großem Respekt gesehen hatte
as he had seen it himself with great respect a hundred times
Govinda wusste, dass die Vervollkommneten so lächeln
Like this, Govinda knew, the perfected ones are smiling
Er wusste nicht mehr, ob die Zeit existierte
he did not know anymore whether time existed
Er wusste nicht, ob die Vision eine Sekunde oder hundert Jahre gedauert hatte
he did not know whether the vision had lasted a second or a hundred years
er wußte nicht, ob ein Siddhartha oder ein Gotama existierte
he did not know whether a Siddhartha or a Gotama existed
Er wusste nicht, ob es ein Ich oder ein Du gab
he did not know if a me or a you existed
Er fühlte sich, als wäre er von einem göttlichen Pfeil verwundet worden
he felt in his as if he had been wounded by a divine arrow
Der Pfeil durchbohrte sein Innerstes

the arrow pierced his innermost self
Die Verletzung des göttlichen Pfeils schmeckte süß
the injury of the divine arrow tasted sweet
Govinda war verzaubert und löste sich in seinem Innersten auf
Govinda was enchanted and dissolved in his innermost self
Er blieb eine Weile stehen
he stood still for a little while
er beugte sich über Siddharthas stilles Gesicht, das er eben geküßt hatte
he bent over Siddhartha's quiet face, which he had just kissed
das Gesicht, in dem er soeben den Schauplatz aller Erscheinungen gesehen hatte
the face in which he had just seen the scene of all manifestations
das Antlitz aller Verwandlungen und aller Existenz
the face of all transformations and all existence
Das Gesicht, in das er blickte, war unverändert
the face he was looking at was unchanged
Unter seiner Oberfläche hatte sich die Tiefe der tausend Falten wieder geschlossen
under its surface, the depth of the thousand folds had closed up again
Er lächelte still, leise und sanft
he smiled silently, quietly, and softly
Vielleicht lächelte er sehr wohlwollend und spöttisch
perhaps he smiled very benevolently and mockingly
Genau so lächelte der Erhabene
precisely this was how the exalted one smiled
Tief verneigte sich Govinda vor Siddhartha
Deeply, Govinda bowed to Siddhartha
Tränen, von denen er nichts wußte, liefen ihm über das alte Gesicht
tears he knew nothing of ran down his old face
seine Tränen brannten wie ein Feuer der innigsten Liebe
his tears burned like a fire of the most intimate love
Er fühlte die demütigste Verehrung in seinem Herzen

he felt the humblest veneration in his heart
Tief verneigte er sich und berührte den Boden
Deeply, he bowed, touching the ground
Er verneigte sich vor dem, der regungslos dasaß
he bowed before him who was sitting motionlessly
Sein Lächeln erinnerte ihn an alles, was er je in seinem Leben geliebt hatte
his smile reminded him of everything he had ever loved in his life
Sein Lächeln erinnerte ihn an alles in seinem Leben, was er wertvoll und heilig fand
his smile reminded him of everything in his life that he found valuable and holy

www.ingramcontent.com/pod-product-compliance
Lightning Source LLC
Chambersburg PA
CBHW010020130526
44590CB00048B/3830